Dhp. 183.

모든 죄악을 짓지 않고
모든 착하고 건전한 것들을 성취하고
자신의 마음을 깨끗이 하는 것,
이것이 모든 깨달은 님들의 가르침이다.

Not to commit any sin, to do good, and to purify one's mind, that is the teaching of (all) the Awakened.

쿳다까니까야

Khuddakanikāya

법구경 - 진리의 말씀

法句經

Dhammapada

ॐ सत्यमेव जयते ॐ

법구경-진리의 말씀

값 20,000 원

발행일 2014년 7월 5일 초판발행
2017년 2월 5일 재판발행
2022년 7월 5일 삼판발행
발행인 도 법
역주자 전재성
편집위원 김광하 최훈동 수지행 최민철 최명진
발행처 한국빠알리성전협회
1999년5월31일(신고번호:제318-1999-000052호)
서울 서대문구 모래내로430 #102-102
전화 02-2631-1381
홈페이지 www.kptsoc.org
Korea Pali Text Society
Moraenaero 430 #Seongwon 102-102
Seoul 03728 Korea
TEL 82-2-2631-1381 FAX 82-2219-3748
전자우편 kptsoc@kptsoc.org
홈페이지 www.kptsoc.org

ISBN 978-89-8996-691-3 04220

우리말빠알리대장경

韓英漢巴對照

법구경 – 진리의 말씀

धम्मपद

퇴현 전 재 성 역주

한국빠알리성전협회
Korea Pāli Text Society

譯註 退玄 全在星

철학박사. 서울대학교를 졸업했고,
한국대학생불교연합회 13년차 회장을 역임했다.
동국대학교 인도철학과 석·박사과정을 수료하고,
독일 본대학 인도학세미나에서 인도학 및 티베트학을 연구했으며,
독일 본대학과 쾰른 동아시아 박물관 강사,
동국대 강사, 중앙승가대학 교수, 경전연구소 상임연구원,
한국불교대학(스리랑카 빠알리불교대학 분교)교수,
충남대 강사, 가산불교문화원 객원교수를 역임했고,
현재 한국빠알리성전협회 회장을 역임하고 있다.
저서에는 ‹거지성자›(선재, 안그라픽스),
‹빠알리어사전› ‹티베트어사전›
‹범어문법학› ‹초기불교의 연기사상›
‹천수다라니와 앙코르와트의 신비›이 있고,
역주서로는 ‹금강경-번개처럼 자르는 지혜의 완성›
‹붓다의 가르침과 팔정도› ‹쌍윳따니까야 전집› ‹오늘 부처님께 묻는다면›
‹맛지마니까야› ‹명상수행의 바다› ‹디가니까야 전집› ‹신들과 인간의 스승›
‹앙굿따라니까야 전집› ‹생활 속의 명상수행›
‹법구경-담마파다› ‹숫타니파타› ‹우다나-감흥어린 싯구›
‹이띠붓따까-여시어경› ‹예경지송-쿳다까빠타›
‹테라가타-장로게경› ‹테리가타-장로니게경›
‹비숫디막가-청정도론›
‹비나야삐따까› ‹빅쿠빠디목카› ‹빅쿠니빠띠목카›(이상, 한국빠알리 성전협회)
그리고 역서로 ‹인도사회와 신불교›(일역, 한길사)가 있다.
주요논문으로<初期佛敎의 緣起性 硏究><中論歸敬偈無畏疏硏究>
<學問梵語의 硏究> <梵巴藏音聲論>등 다수 있다.

धम्मपद

translated by **Jae-Seong Cheon**
Published and Distributed by
Korea Pali Text Society ©2014

법구경 - 진리의 말씀

이 책에 대한
상세한 주석은
본회 발행의

『법구경-담마파다』에 실려 있습니다.

ॐ सत्यमेव जयते ॐ

발 간 사

명상은 마음에 대한 순일한 집중과 부드러운 통찰입니다. 집중과 관찰은 명상의 두 날개로서 몸통의 지혜와 통합되어 고통의 궁극적 해결로 비상하게 합니다. 이러한 명상의 특징을 가장 아름답고도 강력한 시로써 드러내고 있는 것이 바로 다음과 같은 법구경의 게송입니다.

원하는 곳에는 어디든 내려 앉지만,
지극히 보기 어렵고 미묘한 마음을
현명한 님은 수호해야 하리.
마음이 수호되면 안락을 가져온다.

마음은 어디든지 내려 앉기 때문에 무의식적으로 행동하고 충동에 끌려 살아간다면 어두운 밤에 헤매며 이리 부딪치고 저리 부딪치는 고달픈 삶이 됩니다. 그러므로 법구경의 독자들은 늘 깨어 바라보며 마음을 성찰하고 그 전후맥락을 잘 살피며 마음을 수호하여, 고통스러운 어두움이 빛으로 전환되는 안락한 삶이 되기를 기원합니다.

퇴현 전재성 박사가 『법구경』을 빠알리 원전에서 번역하여 출간한 지 벌써 15년이나 흘렀습니다. 이번에 실제적인 명상수행 지침서로 활용하고 법회의 교재로 널리 활용할 수 있도록 소책자로 만든 『법구경-진리의 말씀』의 간행에 발간사를 쓰게 되어 대단히 기쁘게 생각합니다.

불기 2566(2022)년 7월 5일

대한명상의학회 고문 운강 최훈동 합장

머 리 말

부처님께서는, 훌륭한 시인이기도 했기 때문에, 원래의 핵심적인 가르침을 사람들이 외워 마음에 새기기 좋게, 중요한 가르침을 아름다운 운율이 들어간 시로 만들어 제자들에게 전파했습니다. 여기에는 무상에 관한 시, 악행에 관한 시, 분노에 관한 시 등으로 분류되어 있어 나름대로의 체계를 갖고 있습니다. 그러나 그 체재 안에서만 상호관련된 것이 아니라, 『법구경』의 모든 시들은 팔만대장경을 통틀어 가장 핵심적인 시들을 모아 놓은 것이라 페르시아의 양탄자처럼 잘 짜여진 부처님의 가르침을 전모를 드러내고 있습니다. 따라서 『법구경』은 불교를 핵심에 두고 있는 오늘날의 명상수행의 가장 훌륭한 지침서가 될 수 있습니다.

이 『법구경-진리의 말씀』는 2008년 본협회에서 발간되어 유통되고 있는 『법구경-담마파다』는 방대한 인연담과 철학적 주석이 포함되어 있는데, 2014년 람림선원의 혜능 스님의 제안과 후원에 따라 일선포교를 위해 『법구경』에 대한 붓다고싸의 주석인 『법구의석』을 제외한 것으로, 영역 법구경을 병기하고 주석에는 한역 법구경과 빠알리어 법구경을 달고 극히 긴요한 주석만을 달은 것입니다. 끝으로 이번 삼판 발행에 발간사를 써주신 대한병상의학회 고문 최훈동 원장과 출간비를 후원하신 이근우 변호사님께 깊은 감사를 드립니다.

불기 2566(2022)년 7월 5일

역자 퇴현 전재성 합장

해 제

1. 법구경의 의미와 중요성

『법구경』은 팔만대장경 가운데 전 세계적으로도 가장 많이 읽히는 책이다. 원래의 책이름은 빠알리어로 『담마빠다(Dhammapada)』, 또는 산스크리트어로는 『다르마파다(Dharmapada)』라고 한다. 그 뜻은 오늘날의 말로 '가르침의 조각들' 또는 '진리의 길' '진리의 말씀'이라고 번역할 수 있다. 가르침은 부처님의 가르침을 말하고 그것은 다시 '진리'라고 표현될 수 있고, '행복으로 이끄는 길'이라고 이해될 수도 있다. 그것은 무지의 어둠 속에서 우리가 가야 할 길을 비추어주는 횃불이기도 하고, 태풍이 몰아치는 삶의 바다에서 안전하게 정박할 수 있는 섬이기도 하다. 그래서 『법구경』은 불교도가 아닌 일반사람에게는 삶의 이정표를 제시해 주기 때문에 교양서이고, 불교도들에게는 짧게 서술된 시들의 의미가 광대한 부처님의 가르침과 깊이 연관되어 있어 팔만대장경의 입문서와 같은 역할을 한다.

모든 죄악을 짓지 않고
모든 착하고 건전한 것들을 성취하고
자신의 마음을 깨끗이 하는 것
이것이 모든 깨달은 님의 가르침이다.(Dhp. 183)

부처님의 가르침은 너무도 호한하다. 호한하다는 것은 '크고 넓다.'는 말이다. 그래서 당나라 때에 백거이(白居易) 같은 대시인도 불교가 무엇인지 알 수가 없었다. 그래서 도림선사(道

林禪師)를 찾아가 '부처님의 가르침의 대의가 무엇입니까?'라고 물었다. 도림선사는 이 『법구경』의 시를 바로 그 대답으로 제시했다. 그 때 대답한 시는 위의 『법구경』 구절을 한역한 다음과 같은 한 시였다. 즉, '제악막작(諸惡莫作) 중선봉행(衆善奉行) 자정기의(自淨其意) 시제불교(是諸佛教)'라는 것이었다. 백거이는 "'모든 죄악을 짓지 말고 모든 착하고 건전한 것을 받들어 행하라.'는 말은 세 살 먹은 어린아이도 아는 말이 아닙니까?"라고 물었으나 선사는 "세 살 먹은 어린아이도 알 수 있으나 여든 살 먹은 노인도 행하기 어렵다."고 대답했다. 이 시는 부처님께서 자신의 가르침인 팔만대장경의 내용을 한마디로 압축한 것이다. 그 가운데, 일체의 악하고 불건전한 죄악을 짓지 않는 것을 다루고 있는 것이 율장(律藏)이고, 모든 착하고 건전한 것을 다루고 있는 것은 경장(經藏)이고, 마음을 깨끗이 하는 것을 다루고 있는 것이 논장(論藏)이다.

그런데 『법구경』의 시들은 부처님의 말씀이긴 하지만, 또한 인류의 지혜를 담은 격언적인 성격도 띠고 있다. 부처님은 원래 왕자로 태어나 당시의 학문을 섭렵했기 때문에, 유구한 인도역사에서 전해 내려오는 교훈들에 대해 너무나 잘 알고 있었다. 부처님께서는 우리가 행복한 길을 갈 수 있도록, 그러한 교훈들을 인용하여 제자들에게 가르쳤던 것이다. 그래서 그 가운데 많은 부분은 초기경전에서 발견되는 것들이지만 일부는 인도의 대서사시인 마하바라타(Mahābhārata)나 인도의 고전인 마누스므리띠(Manusmṛti)에도 등장하는 격언이기도 하다.

2. 법구경의 대장경에서의 위치

그리고 『법구경』에는 한 종류만 있는 것은 아니다. 부처님께서는 살아 계실 때에 북인도의 여러 지역을 돌아다니며 가르침을 전했기 때문에, 어떻게 가르침을 모았느냐, 어떻게 시들을 모았느냐에 따라서 여러 가지 경전들이 있다. 그리고 경전들 가운데는 같은 경이라도 시들의 숫자나 해설이 차이가 나는 여러 가지 종류가 있다. 빠알리 『법구경』은 부처님께서 살던 당대(B.C 6세기) 인도의 언어였던 빠알리어로 이루어진 것으로 스리랑카, 태국, 미얀마, 캄보디아 등에서 자기나라의 문자로 표기하여 오늘날까지 전해 내려오는 것이 있는 가장 간략한 판본이다.

불교경전은 율장(律藏 : Vinayapiṭaka), 경장(經藏 : Suttapiṭaka), 논장(論藏 : Abhidhammapiṭaka)의 삼장으로 나누어진다. 율장은 부처님께서 만든 승단의 계율에 관한 서적으로 이루어져 있는데, 또한 부처님께서 승단을 창시한 이래로 여러 가지 사건의 이야기와 많은 다른 전 생애에 걸친 흥미 있는 이야기가 첨가되어 있다. 논장은 불교심리학이라고 불릴 수 있는 불교교리에 대한 조직적인 해설로 구성되어 있다. 그리고 경장은 삼장 가운데 가장 방대한 조직으로 이루어진 경전군을 포함하고 있는데, 다섯 모음집 즉, 오부니까야로 이루어져 있다. 오부니까야는 사부니까야와 소부니까야로 구성되어 있다.

사부니까야의 첫 번째 니까야인 ≪디가니까야≫(Dīghanikāya)는 긴 법문의 모음집으로 인도 종교와 사회적 배경 하에서의 부처님의 위대성과 그 가르침의 위대성을 전파하기 위해 특수하게 편집된 것이다. 그래서 첫 경전부터 삿된 이론들에 대한 열거와 비판으로 시작하며 이어지는 많은 경들이 부처님과 바라문이나 이교도와의 논쟁을 다루고 있다. 그리고 나머지 경들은 신들이나 정령들이나 이교도의 지도자들에 비해서 월등한 부처님의 위대성을 다루고 있다. 그리고 두 번째 니까야인 ≪맛지마니까야≫(Majjhimanikāya)는 중간 크기의 법문의 모음집으로 법문의 관점을 안으로 돌려 교단 안에서의 수행생활과 수행승들의 명상수행에 알맞은 정교한 기본적인 교리를 소개하고 있다. 그리고 짧은 경들의 방대한 집합을 보여 주는 ≪쌍윳따니까야≫(Saṃyuttanikāya)와 ≪앙굿따라니까야≫(Aṅguttaranikāya)는 모두 긴 경들이 보여 주는 희곡적인 요소는 결여되어 있지만, 문학적 비유나 철학적 이론, 종교적 수행의 구조 등을 밝히는 데서는 비교적 긴 스토리의 경들로 구성된 ≪맛지마니까야≫나 ≪디가니까야≫보다 짧지만, 훨씬 다양하고 심오한 가르침의 측면을 갖고 있다. 특히 ≪쌍윳따니까야≫는 심오한 철학적 이론과 다양한 수행의 주요한 구조를 명확히 표현해 주고 있어, 이미 수행의 초보적 단계를 지났고 부처님의 지혜의 심오한 측면에 관심을 갖는 수행자들에게 궁극적 지혜를 깨닫게 할 목적으로 편집되었다. 이러한 ≪쌍윳따니까야≫에 비해 ≪앙굿따라니까야≫는 부처님의 가르침 가운데 심리적 측면이나 윤리적 측면을 재가신도의 일상적인 관심과 연결시키고 교육적 측면을 고려하여 편집한 것이다.

이에 비해서 소부니까야는 원래 ≪쿳다까니까야≫(Khuddakanikāya)라고 불리는 것으로 삼부의 오 책으로 이루어진 열다섯 책으로 구성되어 있다. ≪쿳다까니까야≫는 이 열다섯 책 가운데 가장 중요한 것이 『숫타니파타』(Suttanipāta)와 『법구경』(Dhammapada)과 『자타카』(Jātaka)와 『우다나』(Udāna)와 『이띠붓따까』(Itivuttaka)이다. 『숫타니파타』는 모든 니까야의 법문 가운데 가장 오래된 것으로 정각을 이루신 부처님께서 승단을 이루기 전에 거친 사바세계를 항해하는 고독한 은둔자, 치열한 구도자로서의 경험을 표현하고 있다. 이에 비해『법구경』은 부처님께서 45년간의 전 생애에 걸쳐 가르친 진리의 말씀 가운데 중요한 것들을 사행시의 형태로 모아 놓은 선집이라고 볼 수 있다.『법구경』은 성립될 당시에 이미 부처님의 가르침이 경전들로서 존재하고 있다는 것을 전제로 하고 있고(Dhp. 392), 뿐만 아니라『법구경』주석서인『법구의석』(法句義釋 : Dhammapadaṭṭhakathā)에 의하면, 삼장의 존재를 인정하고 있기 때문이다.(Dhp. 19) 법구의석이 들어가 있는 광본으로는 본 협회에서 출간한 법구경-담마파다를 보기 바란다.

3. 빠알리어 법구경과 법구의석

이『법구경』은 주제에 따라 26품으로 나뉘어 423개의 시들을 포함하는 시선집이다. 이 시들은 대부분은 다른 빠알리 경전에서 부처님께서 직설한 것과 병행되는 것들이지만, 어떤 것은 굉장히 고층에 속하는 시(Dhp. 265)로서 역사적 부처님의 초기 가르침으로 올라가고 어떤 것들은 후대에 속하고 부처님께서 직설한 것은 아니더라도 ― 올바로 원만히 깨달은 님의 가르침을 누군가로부터 알 수 있다면, 사제가 제화(祭火)를 섬기듯, 공손히 그에게 경의를 표해야 하리.(Dhp. 392)― 부처님의 가르침과 일치하는 내용을 담고 있다.

이 빠알리『법구경』에 대하여 붓다고싸(Buddhaghosa)의 주석서라고 알려져 빠알리 대장경에 편입되어 있는 주석서가 있다. 여기에는 시가 성립하게 된 배경으로서의 방대한 인연담과 약간의 원문에 대한 주석이 포함되어 있다. 우리는 그것을『법구의석』(法句義釋 : Dhammapadaṭṭhakathā)이라고 부른다. 이 『법구의석』은 『자따까』 즉, 본생경(本生經)보다 오래된 것이다. 아주 질서있게 짜여진 도입부의 시에 따르면, 싱할리 원본의 고대의소에서 꾸마라 깟싸빠(Kūmara Kassapa) 장로의 요청으로 빠알리어로 번역된 것이다. 따라서 이것이 붓다고싸의 저술이라고는 볼 수 없다. 단지 그에게 가탁된 것에 지나지 않는다. 이 『법구의석』에 나오는 인연담은 보다 오래된 원본에 근거한다는 강력한 의존성이 엿보인다.

베다시대부터 힌두 주석가들은 설명적인 이야기를 주석에 첨가하길 즐겨했다. 브라흐마나문헌에는 색다른 흥미있는 이야기들이 많이 있다. 베다나 산스크리트 문헌의 주석에서 저자들의 주요한 관심사는 문헌의 단어들을 설명하는 것이었다. 그런데 좋은 이야기들이 단어의 의미를 설명하는데 어원학적인 논의보다 탁월하다는 것을 발견한 이래, 저자들은 주석에서 그러한 이야기를 도입하는 것을 스스로 허락하게 되었다. 그러나 동시에 경전해석에 허구적 이야기를 도입하는 데는 신중을 기했다. 단지 이야기를 위한 이야기의 도입은 결코 없었다. 그러나 빠알리 경전의 주석가들의 경향은 이와 정반대였다. 언어적인 설명은 크기에서나 중요성에서나 줄어들었지만, 이야기의 도입은 늘어나기 시작했다. 결국 『법구의석』에 와서는 『법구경』의 경전 자체의 해석은 이차적인 것이 되어버렸고 주석의 말미로 밀려났다. 적어도 표면적으로는 이름이나 형태에서 주석은 주석으로 남게 되었다.

그 주석은 『법구의석』에 나와 있듯이, 꾸마라 깟싸빠 장로의 요청으로 이 『법구경』을 번역한 번역가는 『법구경』의 시들을 언어적으로 문자적으로 분명히 밝힌 것을 명확히 번역하는 것 이외에 나머지 것들은 사행시의 가르침이 주는 정신에 맞게 자유롭게 빠알리어로 표현하고자 했다. 경장과 다른 주석과 비교해서 『법구의석』을 연구해보면, 그 구조는 매우 단순한 것을 알 수 있다. 독자는 먼저 누가 그 시를 설했는지를 알고 싶어 한다. 그러면 주석가는 부처님께서 설한 것이라고 말한다. 그러나 이것으로서 독자의 호기심을 만족시킬 수는 없다. 독자는 계속 '어디서 설해졌는가? 언제, 왜, 어떠한 목적으로 어떠한 상황 속에서, 누구와 관련하여 설해졌는가?'라고 묻는다. 주석가는 이러한 모든 질문에 독자의 호기심을 만족시켜야 한다. 그렇게 하려면, 주석가는 경전에 정통해야 하고 빠알리어나 싱할리어로 된 주석에도 정통해야 했을 것이고, 그 밖에도 방대한 힌두적인 전설에도 친숙해야 했을 것이다. 그는 그러한 문헌에 있는 이야기를 목적에 맞게 변환하거나 확대하거나 축소해서 주석에 실었다. 그리고 여행자나 항해자나 마을사람이나 동료승려로부터 들은 이야기도 거기에 실었다. 주석서에 등장하는 많은 훌륭한 이야기들은 다른 문헌으로 소급할 수 있지만 어떤 것들은 소급할 수 없을 정도로 오리지널한 것이다. 『법구의석』에는 부처님께서 설법한 이야기를 실었고 그 이야기 말미에 『법구경』의 사행시를 부가했다. 여기에는 본생담보다 훨씬 많은 불교적인 이야기가 나온다. 특히 불교승려와 성자들이 중요한 역할을 담당한다. 주인공에 대한 전생담인 과거사(過去事)도 드물지 않게 섞여 있다. 이러한 전생담의 삽입은 본생경을 통해서 증명된다. 뿐만 아니라 본생경의 현재사(現在事)가 인용될 때도 있다. 이 법구의석에 삽입된 이야기에는 본생경

이외에도 ≪니까야≫, 『천궁사』(Vimānavatthu), 『아귀사』(Petavatthu), 『숫타니파타』, ≪율장≫ 등에서 인용된 이야기도 있다. 『법구의석』과 다른 작품들 사이의 자료적 일치가 있다면, 공통적 제3의 원전에서 유래한 것일 수도 있다.

『법구의석』의 대부분을 차지하는 <법구경-인연담>의 편집자는 『우다나』나 『자타카』를 모범으로 사용했다. 『우다나』나 『자타카』가 시와 산문으로 구성되어 그 둘 사이에는 유기적인 관계가 있는 것처럼 『법구의석』의 시와 산문 사이에서도 그러한 관계성이 있다. 이러한 유형의 이야기는 여덟 가지의 유형으로 나누어진다. ① 이야기와 관계된 게송의 인용 ② 이야기와 관계된 사람의 언급 ③ 현재의 인연 이야기 ④ 게송 ⑤ 게송의 단어에 대한 주석 ⑥ 청자의 정신적 이익에 대한 언급 ⑦ 전생의 인연 이야기 ⑧ 현재의 인연 이야기와 전생의 인연 이야기 사이의 인물의 일치. 때로는 현재의 인연 이야기와 전생의 인연 이야기가 뒤바뀌기도 한다.

그 『법구의석』에서 전설적인 이야기 부분을 빼놓고 보면, 본문 게송의 철학적 주석은 단지 원래 있었던 싱할리 주석에 대한 개괄적인 소개에 지나지 않는다는 것을 알 수 있다. 따라서 원래의 주석적 전통에서 보완하지 않으면 그 의미를 충분히 알 수 없는 경우가 많다. 최근 마힌다 빨리하와다나의 연구 결과에 의하면, 그 주석은 붓다고싸(Buddhaghosa)의 주석도 담마빨라(Dhammapala)의 주석도 아니다. 『법구경』의 주석서는 원래의 고대 싱할리 주석서들 가운데 빠알리어로 환원하여 번역하지 않은 주석서들 가운데 하나였다. 고대 주석서의 빠알리 환원역과 더불어 원래의 고대 싱할리 주석서는 지금 사용할 수 없지만, 스리랑카 사원에서 수세기간 전승되어 온 주석은 사용 가능하다. 고대의 불교학자들은 그것을 읽었다. 그 가운데 한 학자는 10세기경에 고대 싱할리어로 쓰여진 작품인 『담삐야-아뚜와-게따빠다야(Dhampiyā-Aṭuvā-Gäṭapadaya)』의 저자였다. 전승에 따르면, 그는 스리랑카의 왕 깟싸빠 5세(Kassapa V : 914-923)였다. 이것은 사실은 『법구의석』의 빠알리 번역 용어와 그 사용방법에 대한 해설서였다. 저자가 그 작품을 쓰면서 고대 싱할리 주석서를 참고로 했다는 사실은 그가 여러 군데에서 인용하는 구절로 보아 자명하다. 이보다 200년 뒤에 담마쎄나(Dhammasena)라는 수행승이 『법구의석』의 이야기를 자유롭게 각색한 『쌋다르마-라뜨나발리야(Saddharma-Ratnāvaliya)』라는 싱할리 설화를 썼다. 『법구경』의 시에 대한 요약된 인연담을 열거한 뒤, 담마쎄나는 윤리적 측면에서 관계된 시를 요약하고 그와 관계된 빠알리 단어에 대한 설명을 부여했다. 담마쎄나로부터 2세기 뒤에 『법구경』에 대한 고대 싱할리 주해를 의미하는 『담마빠다-뿌라나-싼나야(Dhammapada-Pūrāṇa-Sannaya)』라는 싱할리 작품이 등장했다. 이름이 밝혀지지 않은 이 15세기 작품의 저자는 빠알리어 시들에 대하여 한 단어 한 단어 일치하는 싱할리어로 번역하고 때때로 보충적 주석을 달았다. 이 작품도 테라바다 불교의 전통 속에서 시들에 부여된 의미를 밝히는 데 상당히 도움이 된다.

번역하고 주석서를 쓰고 복주를 쓰는 스리랑카의 인문적 전통이 식민지 시대의 정신적 외상에 의해서 최악의 시기에 접어든다. 그 명맥은 유지됐지만 포르투칼 인이 도착한 1505년부터 19세기 말까지는 스리랑카의 이러한 전통의 역사에서 보면

암흑시기에 해당한다. 이 시기에 전통이 핍박을 받는 흥망성쇠 가운데 – 비록 식민주의와는 상관없지만 – 최악의 경우는 힌두교의 시바신앙으로 개종한 스리랑카의 왕 라자싱하 1세(Rājasiṁha 1 : 1581-1591)의 잘못된 신앙으로 수많은 패엽불경들이 불타버린 것이었다. 그리고 수많은 불교사원이 16, 17세기의 포르투칼 침략자들에 의해서 불타버렸다. 이러한 연이은 불운으로 불교승단은 소멸되었고, 18세기에 수행승 싸라낭까라(Väliviṭa Siri Saraṇaṅkara)의 주도로 부활되었다. 싸라낭까라가 주도한 불교부흥운동을 도운 왕은 낏띠씨리 라자씽하(Kittisiri Rājasiṁha : 1767-1782)였다. 그는 태국에서 비구계를 받은 수행승을 모셔 옴으로써 스리랑카의 승단을 다시 부활시켰다. 이로서 스리랑카의 불교학도 점차 부활하기 시작했다. 19세기 후반부터 고대문헌이 연구되고 새로운 문헌들이 쓰여졌다. 그 연구의 결과로 만개된 것이 바로 『법구경』이었다. 20세기 초부터는 빠알리 경전과 주석서뿐만 아니라 싱할리어로 된 많은 번역서들과 주석서들, 복주서들을 목격할 수 있게 되었다.

그러나 스리랑카의 『법구경』에 대한 싱할리 문헌도 전승과정에서 단절과 왜곡 때문에 우리가 원하는 만큼 『법구경』의 시들의 의미를 충분히 밝혀낼 만큼, 주석적 설명을 제공하지는 못하고 있다. 1987년 옥스퍼드 대학에서 출판된 『법구경』의 저자 존 로스 카터와 마힌다 빨리하와다나는 진정한 의미에서 『법구경』에 대한 최초의 정통성을 갖는 철학적 주석을 시도했는데, 그것은 위에서 언급한 『법구경』에 대한 고대 싱할리 주석의 실마리를 제공하는 싱할리 고대 문헌에 바탕을 둔 것이었다. 그들은 자신의 책 서문에서 『법구경』에 대한 주석을 달려고 노력했으나, 많은 문제가 해결되지 않은 채로 남겨졌다고 솔직히 고백하고 있다.

4. 북전의 범어 · 서장어역 법구경과 한역법구경

그리고 인도에서는 발견된 산스크리트어로 쓰여진 '스스로 설한 것의 모음'이라는 의미의 다르마뜨라타(Dharmatrāta : 法求)가 편찬한 『우다나바르가』(Udānāvarga)가 있다. 이 『우다나바르가』는 근래에 중앙아시아에서 그 단편이 발굴 된 것으로 1912년 레비(Sylvain Lévi)와 1930년 차끄라바르띠(P. N. Chakravarti)의 연구로 그 전모가 드러났다. 1912년 뿌쌩(L. de la Vallée Poussin)의 연구로 이 『우다나바르가』가 빠알리어 『법구경』과 빠알리어 『우다나』(Udāna)에 포함된 대부분의 시들과 다른 빠알리삼장의 시들로 이루어졌다는 것이 밝혀졌다. 그밖에 서북인도의 방언의 일종인 쁘라끄리뜨어로 이루어지고 카로슈티(Kharoṣṭhi) 문자로 쓰여진 『간다리 다르마파다』(Gāndhārī Dharmapada)의 단편이 우전(于闐)에서 발견되어 1898년 세나르트(E. Senart)와 1921년 바루아(H. Barua)의 연구로 시대적으로 A.D. 1-3세기에 속하는 문헌이며, 내용은 빠알리어 『법구경』이나 범어의 『우다나바르가』와도 일치하지 않는 독립된 이본(異本)인 것이 밝혀졌다. 그리고 『마하바쓰뚜』(Mahāvastu : III. 434)는 『법구경』(Dharmapada)이 천품(千品: sahasravarga) — 현존하는 빠알리본은 26품 한역본은 33품이나 39품으로 되어 있음 — 로 구성된 것이라고 밝히고 있어 대중부가 독립된 『법구경』의 이본을 갖고 있었음을 알 수 있다. 또한 중앙아시아에서 발견된 토하리어 사본은 1933년 레비

(Syvain Lévi)와 지크(E. Sieg)에 의해서 연구되었는데, 『우다나바르가』가 범어의 일종인 토하라어(Tochara) – 구자어(龜玆語)와 언기어(焉耆語)는 토하라어의 방언임 – 로 번역되었을 뿐만 아니라 주해서인 『우다나아랑카라』(Udānālaṃkāra)가 존재했고 그것도 토하라어로 번역되었다는 사실을 증명해 주고 있다. 그 빠알리어와 유사한 언어로 쓰여진 『빠뜨나 다르마파다』(Patna Dharmapada)는 구스타프 로스(Gustav Roth)에 의해서 1980년 연구성과가 발표되었다. 이들 범본은 빠알리어 『법구경』보다 시들의 숫자가 많은 것이 특징이다.

이들 『법구경』이 불교가 전파되면서 여러 나라 말로 번역되기 시작했다. 중국에서 오(吳)나라의 유기난(維祇難)이 『다르마파다』를 번역하면서 『법구경(法句經)』이란 이름이 생겨났다. 중국의 한역은 3세기 초에 시작하여, 11세기에 이르기까지 네 종류의 번역으로 출간되어 오늘날 우리가 아는 팔만대장경 속의 본연부(本緣部)에 속해 있는데, 그것들은 다음과 같다.

1. 법구경(法句經) 2권, 법구(法救)의 찬술, 오(吳)의 유기난(維祇難)의 번역, A. D. 224년. [大正 4, 559-574]
2. 법구비유경(法句比喩經) 4권, 법구(法救)의 찬술, 서진(西秦)의 법거(法炬)·법립(法立)의 공역, A. D. 209-306년. [大正 4, 575-608]
3. 출요경(出曜經) 30권, 법구(法救)의 찬술, 요진(姚秦)의 축불념(竺佛念)의 번역, A. D. 398-389년. [大正 4, 609-776]
4. 법집요송경(法集要頌經) 4권, 법구(法救)의 찬술, 송(宋)의 천식재(天息災)의 번역, A. D. 980-1000년. [大正 4, 777-798]

이 가운데 『법구비유경』과 『출요경』은 '진리의 말씀'이 있기까지의 방대한 인연담이 첨가된 것이고, 『법구경』과 『법집요송경』은 시로 이루어진 '진리의 말씀'만이 기록된 것이다. 이 가운데 남방계통의 빠알리어장경의 『담마파다』(Dhammapada)를 모본으로 번역한 것은 『법구경』과 『법집요송경』이고, 북방의 범어계통의 '『우다나바르가』(Udānavarga)'를 모본으로 한 것은 『법집요송경』과 『출요경』이다. 원래의 테라바다 전통의 빠알리 『법구경』은 26품 423개의 아름다운 시로 구성되었는데, 북전에는 많은 가르침이 더 추가되어 유기난의 『법구경』은 39품 752개로 늘어났고, 『우다나바르가』를 모본으로 하는 『출요경』, 『법집요송경』에는 33품 950개의 방대한 작품이 되었다. 이 한역 대장경들은 게송이 빠알리어 『법구경』과 구성상도 차이가 있고, 동일한 근원을 갖고 있는 시라도 운율을 맞추어 번역해야하는 어려운 번역상의 문제점 때문에 완전히 일치하지는 않는다. 그리고 같은 번역용어의 해석에서도 차이를 보인다. 한역은 범어에서 번역되었는데, 빠알리어 『법구경』의 '섬(*pali.* dīpa=*sk.* dvīpa)'이란 단어가 등불(*sk.* dīpa)의 의미로 번역되었다. 즉, 유기난 번역의 『법구경』에서는 '정명(錠明)', 축불념 번역의 『출요경』에서는 '지명(智明)'으로 번역되었다.

그리고 티베트에 불교가 전파되기 시작한 것은 AD. 7세기인데, 그 이후에 중국보다는 늦지만, 『법구경』의 하나인 한역된 경전과 마찬가지로 법구찬술의 『우다나바르가』가 일찍이 티베트어로도 번역되어 티베트대장경에 들어가 있다. 비교적 범본에 가장 가깝게 번역된 고전적 번역으로 티베트에서는 『우다나바르가』를 『체두죄빠촘』(Ched-du-brjod-pa'i Tshoms)이라고 부르는데, 품은 33품, 게송은 일부가 산실되어 985내지 989게송으로 이루어져 있다.

1. Che-du brjod-pa'i tshoms(Udānavarga : 優陀那遍). ed. by Chos-skyob(Dharma-

trāta : 法救), trs. by Rin-chen-mchog(Vidyāparabhakara), Tibetan Tripiṭaka 36, Peking edition. no. 992.

2. Che-du brjod-pa'i tshoms(Udānavarga:法集要頌經). ed. by Chos-skyob(Dharmatrāta : 法救), trs. by Rin-chen-mchog(Vidyāparabhakara), Tibetan Tripiṭaka 119, Peking edition. no. 5600.

3. Che-du brjod-pa'i tshoms kyi rnam-par 'grel-pa(Udānavargavivaraṇa : 優陀那遍註解), ed. by Prajñāvarman, trs. by Śākya bLo-gros(Janadhana), Tibetan Tripiṭaka 119, Peking edition. no. 5601.

4. dGe-'dun Chos-'phel, Dhammapada, trs. into English from Tibetan by Dharma Publishing Staff. Dharma Publishing. Califonia 1985.

이 티베트 장경의 『우다나바르가(no. 992)』는 깐규루(bKa'-'gyur : 諸經部)에 들어 있고 게송만을 포함하는 한역 『법구경』에 해당하는 것으로 린첸촉(Rin-chen-mchog)이 번역한 것이며, 『우다나바르가 : no. 5600』 땐규르(bsTan-'gyur : 經疏部)에 들어 있고 게송만을 포함하는 한역 법집요송경에 해당하며, 역시 린첸촉(Rin-chen-mchog)이 번역한 것이다. 그리고 『우다나바르가비바라나 : no. 5601』는 한역 출요경에 해당하고 게송과 인연담을 포함하며, 싸끼야 로죄(Śākya bLo-gros)가 번역한 것이다. 티베트 장경의 『우다나바르가』는 록힐(W. W. Rockhill)에 의해서 1892년 영역되었다. 나중에 원문교열은 1911년 베크(H. Beckh)에 의해서 이루어졌다. 그리고 티베트 대장경에 아직 편입되지는 않았지만, 근세의 티베트의 역사가, 번역사, 여행가로서 스리랑카에서 공부한 겐뒨최펠(dGe-'dun Chos-'phel)이 20세기 초에 빠알리어에서 티베트어로 번역한 『담마파다』가 1985년 캘리포니아에서 출간되었다. 그의 번역은 티베트불교인 금강승의 이론에 따른 해석적 번역으로 새로운 창작물에 가깝다.

5. 법구경의 근현대적 번역

서양에서는 덴마크의 학자 파우스 뵐(Faus Bøll)이 1855년 빠알리어 『법구경』을 라틴어로 번역하여 유럽에 전파하면서 '동방성서'라고 불렀다. 이후 전 세계에 알려져서 인류의 고전으로 사랑받고 있는 『법구경』은 빠알리 『법구경』이다. 그래서 오늘날 빠알리어 『법구경』은 백여 종의 영어 번역, 십여 종의 일어, 한국어 번역, 다수의 독일어, 불어 번역, 그리고 스페인어, 이태리어, 중국어, 티베트, 동남아시아 각국의 언어 등 전 세계 수많은 언어로 번역되었다.

이 가운데 가장 오래된 근현대적 번역은 1870년에 이루어진 막스 뮐러(Max Müller)의 영역이 있는데, 유려한 필치로 번역되었지만 당시에 알려진 빠알리어 지식은 한계가 있었고 주석이 제대로 반영되지 않아 정확성이 결여되어 있었다. 뿐만 아니라 그의 번역은 서구에서 불교에 대한 이해가 일천할 당시에 번역했기 때문에 중요한 교리적 표현에서 미숙함을 노정하고 있다. 그의 삼법인(tilakkhaṇa : Dhp. 277-279, sabbe saṅkhārā aniccā, sabbe saṅkhārā dukkhā, sabbe dhammā anattā)에 대한 표현을 예로 들어보자. 막스 뮐러는 '모든 창조된 것은 사라진다. 모든 창조된 것은 슬프고 괴롭다. 모든 형태들은 실재하지 않는다.(All created things perish. All created things are grief and pain. All forms are unreal)'라고 번역했다. 이 번역에는 서양 기독교적인 세계관이 반영되어 있다. 한역 『법구경』에서 삼법인은 출요경(出曜經)에만 등장하는데, 일체행무상(一切行無常)·일체중행고(一切衆行苦)·일체행무아(一切行無我)라고 되어 있는데, 여기서 일체행무아는 잘못 번역된 것으로 비록 본문에서 일체행무아는 일체법무아를 뜻한다라고 밝히고 있으나 철학적으로 미묘한 오류를 범한 것이다. 왜냐하면 일체행에는 열반이 포함되지 않지만, 일체법에는 열반이 포함되기 때문이다.

이후에 서구어로 번역된 대부분의 『법구경』이 빠알리어와 친숙하지 않은 사람들이 뮐러의 번역을 차용해서 개역을 했는데, 점점 아름답고 세련되고 감동적인 문장으로 다양한 번역을 쏟아냈지만, 그것이 정확성을 담보하는 것은 아니었고, 많은 경우에 오히려 정확성과는 거리가 멀어졌다. 그러면서 번역자들은 문헌학적인 서투른 언어와 세련되지만 부정확한 언어 사이에 심각한 고민을 해야만 했다. 노이만(K. Neumann)이 1918년에 독일어로 번역한 『법구경-진리의 길』(Dhammapadam - Der Wahrheitpfad)은 아름다운 독일어로 번역되었지만 해석적인 번역으로 첨삭이 많고 원문과는 거리가 멀다. 그러나 창작적 번역물로는 유려한 독일어 문체로 인해 번역문학의 백미라고 불린다. 그러나 비교적 원문에 가까운 번역물로는 1950년대의 라다크리슈난(Radhakrishnan)의 번역과 독일인 승려 니야나띨로까(Nyanatiloka)의 번역이 있다. 라다크리슈난의 번역은 맑스 뮐러의 번역을 개량한 것인데, 그의 삼법인의 번역은 '모든 창조된 것은 무상하다. 모든 창조된 것은 슬프다. 모든 존재요소들은 무아이다.(All created things impermanent. All created things are sorrowful. All the elements of beings are nonself.)'라고 번역했다. 라다크리슈난의 번역도 절대신을 긍정하는 힌두철학적인 특성을 보여준다. 독일인 승려 니야나띨로까는 오랫동안 스리랑카에 주석하면서 테라바다 불교를 서구에 소개하는데 가장 지대한 공헌을 한 인물이다. 그는 위의 삼법인을 '어떠한 현존재형태이든 무상하다. 어떠한 현존재형

태이든 괴롭다. 모든 것 자체는 실체가 없다(Unstet ist jede Daseinsform; Leidvoll ist Daseinsform; Die Dinge all sind wesenlos)'라고 번역했다. 독일의 관념철학이 그의 번역에 반영되어 있는 것 이외는 비교적 적확한 번역이라고 볼 수 있다. 비교적 최근의 번역으로는 나라다(Nārada) 장로의 영역이 있다. 그는 삼법인을 '모든 조건지어진 것은 무상하다. 모든 조건지어진 것은 슬픈 것이다. 모든 다르마는 영혼이 없다.(Transient are all conditioned things. Sorrowful are all conditioned things. All dharmas are without a soul)'라고 번역했다. 여기서 '모든 다르마는 영혼이 없다.'라는 번역은 문제가 있어 보인다. 일역 가운데는 한역에 토씨를 붙이는 고전적 번역에서 탈피해서 비교적 현대철학적인 용어로 번역한 사람은 나까무라 하지메(中村元)이다. 그는 삼법인을 '일체의 형성된 것은 무상하다. 일체의 형성된 것은 괴롭다. 일체의 사물은 내가 없는 것이다.(一切の形成されたものは無常である. 一切の形成されたものは 苦しみである, 一切の事物は 我ざるものである)'라고 번역했다. 이것은 테라바다의 불교적 전통과는 달리 초월적 자아를 긍정하는 나까무라 하지메의 독특한 철학을 반영하고 있다. 필자는 위의 삼법인을 '일체의 형성된 것은 무상하다', '일체의 형성된 것은 괴롭다,' '일체의 사실은 실체가 없다.'라고 각각 번역했는데, 근현대적인 번역이 이러한 필자의 번역과는 차이가 난다.

6. 세계적인 법구경 번역의 문제점

『법구경』이 한역이나 티베트역의 고전적 번역과 근세의 현대적인 번역에 이르기까지 번역상 문제가 없는가를 살펴보자. 모든 시들을 점검하는 것은 지면 관계상 불가능하고 Dhp.

283(vanaṃ chindatha mā rukkhaṃ | vanato jāyatī bhayaṃ | chetvā vanañca vanathañca | nibbanā hotha bhikkhavo ||)의 시를 살펴보자. 이 시의 필자의 번역은 아래와 같다.

> 숲을 잘라버려라.
> 나무는 말고.
> 숲에서 두려움이 생기니
> 수행승들이여, 숲과 덤불을 자르면
> 그대들은 숲에서 벗어나리.(Dhp. 283)

그런데 위의 시를 한역한 사람은 유기난(維祇難)이다. 그는 천축의 스님으로 그의 전기에 의하면, 삼장에 밝고 아함경에 밝아 서역에서 중국으로 와서 위(魏)나라 문제 황무(黃武) 3년에 입율염(笠律炎)과 이 『법구경』을 번역했다. 유기난의 한역은 '벌수물휴 수생제악 단수진주 비구멸도(伐樹勿休 樹生諸惡 斷樹盡株 比丘滅度)'라고 되어 있다. 그것을 필자가 한글로 중역하자면 '나무를 베어 쉬지 말라. 나무는 모든 악함을 생기게 하니, 나무를 끊고 그루터기를 다 캐내면, 수행승은 멸도한다.'라고 할 수 있다. 왜 이러한 유기난의 번역대본이 지금의 빠알리본과는 다른 이본인지는 알 수 없으나 빠알리본과는 대의는 일치하지만 상세한 부분에서는 커다란 차이를 보이는 것을 알 수 있다. 한편 티베트어 번역을 살펴보자. 앞에서 소개한 겐뒨 최펠은 위의 시를 다음과 같이 '나무를 자르고 숲을 자르라. 숲에서 위험이 닥친다. 나무들과 뿌리들을 자르면, 수행승들이여, 그대들은 슬픔에서 벗어날 것이다.(ljon pa žog la nags tshal chod/nags tshal las ni 'jigs pa skye/nags daṅ rtsa pa ba cad byas na/ dge sloṅ mya ṅan 'da' bar 'gyur/)라고 번역했다. 이 번역에서 '나무를 자르고 숲을 자르라.'는 것은 역자의 번역 '숲을 자르라. 나무를 자르지 말고.'라는 것과는 완전히 반대되는 번역이다. 그 이유는 아마도 근대 위대한 인도학자 막스 뮐러의 『법구경』 번역에만 의존했기 때문에 생겨난 결과일지도 모른다.

오늘날 서구에서 현대어로 번역된 주요한 『법구경』들은 파우스 뵐의 라틴어 『법구경』을 제외하면, 최초의 영어 『법구경』의 역자인 막스 뮐러에 주로 의존한다. 그러나 막스 뮐러류의 번역은 역자의 번역과 큰 차이를 보인다. 그들은 위 시의 '숲을 잘라버려라. 나무는 말고,'라는 대목을 '숲을 자르라. 하나의 나무만이 아니라.'라고 번역한다. 막스 뮐러류의 번역에서 막스 뮐러 자신의 영역과 라다크리슈난의 영역과 니야나띨로까의 독역, 무니쉬 쉬켈(Munish. B. Schiekel)의 독역이 여기에 속한다. 그리고 나까무라 하지메를 비롯한 일역도 여기에 속한다.

[Max Müller] 'Cut down the forest, not one tree only! Danger comes out of the forest. When you have cut down the forest and its undergrowth, then you will be free!'
[Nyanatiloka] 'Haut's Dichicht um, nicht bloßen Baum! Im Dickicht lauert die Gefahr. Haut's groß' und kleine Dickicht um, Und seid vom Gierdendicht frei.
[S. Radhakrishnan] 'Cut down the (whole) forest, not the tree (only); Danger comes out of the forest and desire. O mendicants, do you attain freedom.'
[Munish. B. Schiekel] 'Du mußt den ganzen Dschungel der Begierden roden, Nicht nur einen einzelnen Baum umfällen! Denn aus diesem Dschungel erwächst dir die Gefahr. Rode den Dschungel und das Dickicht, o Mönch, Und werde so frei von allem Verlangen.'
[辻直四郎] '欲林を伐れ。樹木を(伐るに止る)勿れ。欲林より怖畏生ず。 欲林と欲叢とを伐りて、比丘等よ、欲林より脫せよ。
[中村元] '一つの樹を伐るのではなくて, 煩惱の林を伐れ。危險は林から生じる。 煩

惱の林とその下生えとを切って 林(=煩惱) 脫れた 者となれ。修行僧らよ！'

이에 비해 역자의 번역은 장로 나라다류의 번역에 속한다. 이것은 전통적인 빠알리 주석서를 참고한 번역이다. 여기에는 오래된 현대적 번역으로는 노이만의 독역이 있다. 그의 번역은 너무 자의적인 철학 속에서 강한 윤문의 형태를 보여 주고 있긴 하지만, 비교적 원의를 잘 파악하고 있다. 그리고 존 로스 카터와 마힌다 빨리하와다나의 주석적 번역이 여기에 속한다. 나라다류의 번역에서는 '숲을 자르라. 실제의 나무는 말고.'라고 번역하고 있다.

[K. E. Neumann] 'Den Willen fället, nicht den Wald, Im Willenswalde eohnet Graus; Habt diesen Wald ihr ganz gefällt, Dann, Junger, seid ihr willenlos.'
[Nārada] 'Cut down the forest (of the passions), but not real trees. From the forest (of the passions) springs fear. Cutting down boyth forest and brushwood (of the passions), be forestless, O Bhikkhus.'
[John Ross Carter & Mahinda Palihawadana] 'Cut down the forest, not a tree. From the forest, fear arises. Having cut down the forest and underbrush, be ye without forests, O Bhikkhus.'

역자가 막스 뮐러와는 달리 첫 번째 시행을 '바남친다타 마룩캄(vanaṃ chindatha mā rukkhaṃ)을 '숲을 자르라. 나무는 말고.'라고 번역한 이유는 붓다고싸의 주석서(DhpA. III. 424)에 따른 것이다. 따라서 역자의 번역은 나라다류의 번역이라고 할 수 있다. 국내에서는 서경수 교수가 필자를 제외하고 유일하게 이 번역을 따르고 있지만, 그것이 라다크리슈난의 영문 – 막스 뮐러류의 번역에 속함에 대한 번역이다 – 당시에 정말 비판적으로 번역했는지는 의심스럽다. 붓다고싸에 따르면, '숲을 잘라버려라.'라는 말은 부처님께서 출가한지 오래되지 않은 수행승들에게 탐욕, 성냄, 어리석음과 관련하여 말한 것이다. 그러나 그들이 '스승이 우리로 하여금 도끼를 가지고 숲을 잘라버리게끔 하고 있다.'라고 생각했다. '숲을 잘라버려라. 나무는 말고'라는 말은 실제 나무들을 자르는 것을 방지하기 위해 말한 것으로 '나는 이 말을 감각적 쾌락의 욕망, 성냄, 어리석음과 같은 번뇌의 '숲'과 관련하여 말한 것이지 실제의 나무들과 관련해서 말한 것은 아니다.'는 뜻이다.

7. 국내의 법구경 번역의 문제점

국내에 많은 번역본이 있지만, 대부분 일역이나 영역에서 옮긴 것이다. 그 가운데 빠알리 본의 라드하크리슈난(Radhakrishnan)의 영문번역본을 중역한 서경수의 중역『히말라야의 지혜 - 법구경』은 1966년 그 초판이 발행된 이후 널리 익히는 책이 되었다. 그러나 유감스럽게도 중역에 의한 번역상의 심각한 왜곡을 피하지 못하고 있다. 더구나 전혀 문헌학적·철학적인 주석이 없어 그 원래의 의미를 알기 어렵다. 그리고 1991년 정태혁 편역의『법구경 에피소드』는 비교적 서경수의 번역보다는 개선되었지만 빠알리본을 그대로 번역하지 않고 이본에서 유래할지도 모르는 한역의 한글중역을 빠알리 시문번역인 것처럼 왕왕 삽입하고 있어 번역상의 일관성을 상실하고 있다. 다만 법구를 설하게 된 동기가 되는 인연담을 극히 간략히 소개하여 독자를 이해를 돕고 있는 것이 특징인데, 너무 간략해서 오히려 본래의 인연담과 대조하면, 엉뚱한 이야기가 들어간 것도 적지 않다. 그 다음에 나온 것이 거해 스님이 1992년에 번역한『법구경 I, II』인데, 그『법구경』은 원문조차 기본적으로 빠알리어에 기초한『법구경』이라고 볼 수 없을 뿐만아니라 전체적으로 붓다고싸의 주석인『법구경-인연담』에 대한 편저인데, 빠알리 원문과 대조하면, 원문을 자의적으로 간추리거나 부풀리며 때로는 심각하게 왜곡했을 뿐만 아니라, 설법장소가 뒤바뀐 곳도 많다. 그 이후의 번역은 주석 없는 시구의 번역으로 1994년 석지현 스님과 2003년 활안의『법구경』번역은 라다크리슈난 영역의 중역이고, 2003년 이병두의 번역은 담마딘나 스님의 영역의 중역이다. 1994년 한갑진과 1999년 법정 스님의『진리의 말씀』은 나까무라 하지메에 의한 일역의 중역이라 막스 뮐러류의 번역을 따르고 있다.

『법구경』한 게송 – '믿음을 여의고 무위를 아는 님, 결박을 끊은 님, 기회를 부수고 소망을 여읜 님, 그가 참으로 위없는 사람이다.'(Dhp. 97. 'assaddho akataññū ca sandhicchedo ca yo naro, hatāvakāso vantāso sa ve uttamaporiso') – 을 샘플로 취해서 국내 번역들과 역자의 번역을 비교해보자. 국내 번역을 소개하기 전에 유기난의 한역을 소개하면 '기욕무착 결계삼장 망의기절 시위상인(棄欲無着 缺三界障 望意已絶 是謂上人)' – 역자가 중역하자면, '욕심을 버리고 집착이 없고 삼계의 장애가 없고 바라는 마음이 끊어지면 최상의 사람이라고 부른다.'가 된다.

[원문시번역-S 교수] '쉽게 믿어버리는 성질도 없고, 애써 꾸미려는 마음 일으키지 않는 사람, 모든 속박을 끊고, (선행이건 악행이건) 여러 가지 경우를 버리고, 온갖 욕망마저 내던진 사람은 가장 훌륭한 사람이다.'

[원문시번역-C 교수] '망녕되게 남을 믿지 않고, 탐욕이 없는 것(열반)을 알아서 윤회의 속박을 끊고 선악을 떠나며 욕망을 버린 사람을 최상인이라 하느니.'

[원문시번역-H 거사] '무엇인가 믿는 일 없이 만들지 못하는 (열반)을 알고 생사의 올

가미를 끊고 (선악을 하는데) 이유없이 욕구를 버리고 떠난 사람 그분이 최상의 사람이다.'
[원문시번역-H 스님] '영원한 열반 맛본 현자, 얕은 믿음에서 벗어나고, 세속 굴레 모두 벗어버리고, 온갖 유혹 멀리 떠나보내고, 모든 욕망 조복하니, 참으로 위대한 가운데 위대한 사람이네.'
[원문시번역-P 스님] '그릇된 믿음 없이 절대를 깨달아 윤회의 줄을 끊어버리고 온갖 유혹을 물리치고 욕망을 버린 사람 그는 참으로 뛰어난 사람이다.'
[원문시번역-K 스님] '닙바나를 깨달은 사람은 다른 사람의 말을 쉽게 믿지 않는다. 그는 생사윤회의 얽매임을 끊었고 그는 착하고 악한 행동의 결과를 파괴했으며 또한 모든 욕망도 던져버렸다. 그는 실로 중생 속에 으뜸가는 성자일지니.'
[원문시번역-필자] '믿음을 여의고 무위를 아는 님, 결박을 끊은 님, 기회를 부수고 소망을 여읜 님, 그가 참으로 위없는 사람이다.'

이상의 『법구경』 원문에 대한 번역은 필자의 번역을 제외하고는 모두 라다크리슈난의 영역과 나까무라 하지메의 일역에 의존하고 있음을 알 수 있다. 위에서 살펴본 바와 같이 원전에 의지 않고 중역을 통해서 부처님의 금구(金口)가 크게 훼손될 수 있다는 것을 보여 주고 있다. 우선 필자의 번역 '믿음을 여의고(assaddho)'를 상기의 역자들은 각각 '쉽게 믿어버리는 성질도 없고' '망녕되게 남을 믿지 않고' '무엇인가 믿는 일 없이' '얕은 믿음에서 벗어나고' '그릇된 믿음 없이' '다른 사람의 말을 쉽게 믿지 않는다.'라고 번역하고 있다. 주석을 살펴보면, 그 의미는 명상수행을 통해 믿음을 극복하고 길(道)과 경지(果)를 자각한다는 의미를 갖고 있는 것이다. 그래서 역자는 '믿음을 여의고'라고 번역한 것이다. 필자의 번역 '무위를 알고(akataññū)'를 상기의 역자들은 각각 '만들지 못하는 (열반)을 알고' '애써 꾸미려는 마음 일으키지 않는 사람' '영원한 열반 맛본 현자' '절대를 깨달아' '닙바나를 깨달은 사람은'이라고 번역하고 있다. 그 의미는 주석에 따르면, 무위는 '창조되지 않은 것, 만들어지지 않은 것'이라는 뜻을 지녔다. 그것은 바로 열반(nibbāna)을 뜻한다. 우리는 즉각적으로 '애써 꾸미려는 마음 일으키지 않는 사람'이라는 번역은 원의와는 너무나 동떨어진 것이라는 사실을 알 수 있다. 그리고 나머지는 열반과 관련하여 해석적인 번역을 하고 있는데, 무위라는 훌륭한 번역구 용어가 있는데, 굳이 어원적으로 너무 현격한 차이가 있는 '열반'이라는 용어를 사용하는 것은 필연적이라고 볼 수 없다. 특히 그것을 '절대'라고 번역하는 것은 불교의 무아사상에 비추어 볼 때, 맞지 않는 것이다. 그리고 필자의 번역인 '결박을 끊은 님(sandhicchedo)'을 각각 '모든 속박을 끊고' '윤회의 속박을 끊고' '생사의 올가미를 끊고' '세속 굴레 모두 벗어버리고' '윤회의 줄을 끊어버리고' '생사윤회의 얽매임을 끊었고'라고 번역한 것은 주석적 번역을 그대로 차용하여 원문에 없는 윤회를 부가하여 자유롭게 번역한 것이다. 그리고 필자의 번역 '기회를 부수고(hatāvakāso)'는 각각 '(선행이건 악행이건) 여러 가지 경우를 버리고' '선악을 떠나며' '(선악을 하는데) 이유없이' '온갖 유혹 멀리 떠나보내고' '온갖 유혹을 물리치고' '착하고 악한 행동의 결과를 파괴했으며'라고 번역했다. 주석에 따르면 그 원의는 '악하고 불건전하거나 착하고 건전한 씨앗이 제거되어 윤회의 기회가 부수어진 자'를 의미한다. 우리는 역자들은 대부분이 '기회'를 그 말의 해석적인 용어인 '유혹'이나 '선악'으로 대체해서 해석적 번역하고 있음을 알 수 있다. 필자의 번역 '소망을 여읜 님(vantāso)'은 각각 '온갖 욕망마저 내던진 사람은' '욕망을 버린 사람을' '욕구를 버리고 떠난 사람' '모든 욕망 조복하니' '욕망을 버린 사람' '모든 욕망도 던져버렸다.'라고 한 것은 모두 잘못 번역된 것이다. 여기서 소망은 나쁜 의미의 욕망이 아니라 좋은 의미의 소망을 뜻한다. 주석에 따르면, 네 가지 길[四向 : cattāro maggā]을 통해서 해야 할 일을 성취하여 소망을 여읜 것을 뜻한다. 그리고 필자의 번역 '위없는 사람(uttamaporiso)'에 대해서도 아마도 저작권 문제를 의식해서 그렇게 번역한 것이지 모르지만, 너무나 다양한 번역 형태 즉, '가장 훌륭한 사람' '최상인' '최상의 사람' '위대한 가운데 위대한 사람' '뛰어난 사람' '중생 속에 으뜸가는 성자'를 보여준다. 그러나 이러한 해석적이고도 군더더기가 낀 설명적인 번역은 에쎄이로서 가치가 있을지는 몰라도 그것을 가지고 명상수행을 하기에는 적합하지 않다. 『법구경』은 부처님의 금구에서 나온 말이다. 방대한 주석을 달더라도 그 원의를 있는 그대로 음미해야하는 것이다.

8. 중요한 번역술어에 대한 해명

1) 담마(dhamma)와 가르침, 사실, 현상, 원리

다양한 의미를 지닌 빠알리어를 거기에 일대일 대응되는 하나의 한글로 옮긴다는 것은 불가능하다. 한역에서는 가능했지만 초기의 한역경전들을 보면, 동일한 빠알리어 경전들도 다양하게 역자에 따라 달리 번역되었음을 알 수가 있다. 그러나 한역에서는 모든 담마(dhamma)를 법(法)이라고 번역하는 등의 번역에서의 경직성이 강했다. 이러한 경직성은 한역 장경을 이해하기 어렵게 만드는 중요한 요인이 된다.

담마(dhamma; *sk.* dharma)는 적어도 부처님의 가르침이라는 의미로 가장 많이 쓰이기는 하지만, 담마는 부처님에게서 기원하는 것이 아니라 일반적인 무시이래로 과거, 현재, 미래의 모

든 부처님께서 가르치는 진리, 선행, 해탈의 기본적인 '원리'를 말하는 것이다. 이것은 담마가 단지 인간역사의 특수한 시기에 나타나는 종교적인 가르침을 넘어서는 시공간적으로 보편적인 원리인 것을 의미한다. 그것은 실재, 진리, 정의가 하나로 통일되어 최종목표인 열반으로 이끄는 정신적이고 윤리적인 실재를 말한다. 그 정신적이고 윤리적인 실재 속에서 부처님께서는 과학적 인과관계를 배제하지는 않았고, 우주 자체를 전적으로 인간의 입김을 배제하는 무도덕적인 것으로 보지는 않았기 때문에, 그에게 도덕적이고 종교적인 현상을 의미하는 담마는 신비적인 것이 아니라 원인과 결과의 법칙이 작용하는 '윤리적 우주 자체'를 말한다.

담마가 담마라자(法王 : dhammarāja)가 될 경우에는 그 의미가 '정의로운 왕'이라는 뜻이 된다. 그리고 담마가 복수로 나올 경우에는 가르침이나 사실을 의미하는데 사실에는 단지 물리적인 사실만이 아니라 정신적인 사실까지 포괄한다. 거기에는 십이연기의 고리, 다섯 가지 존재의 다발, 여섯 가지 감역, 깨달음으로 이끄는 다양한 수행방법도 포함된다. 그리고 두 경전(12 : 33; 42 : 11)에서 발견되는 '이미나 담메나(imina dhammena)'는 '이러한 원리에 의해서'라고 번역될 수 있다. 그리고 어떤 경전(7 : 9, 11)에서 발견되는 '담마싸띠(dhammasati)'는 '원리가 있다면'이라고 번역이 가능하다. 또한 복수의 담마는 '현상'이나 '사실' 또는 '원리'로 번역할 수 있다. 그러나 빠띳짜쌈웃빤나 담마(paṭiccasamuppannā dhammā : 緣生法; 12 : 20)는 연기법과 대칭되는 의미에서 '조건적으로 발생된 법'이라는 의미에서 '연생의 법'이라고 번역한다. 그러나 다섯 가지 존재의 다발을 두고 로께 로까담마(loke lokadhammā; 22 : 94)라고 할 때 그것을 '세상속의 세상의 사실'이라고 번역할 수 있다. 그리고 심리적인 측면에서 해석될 때에는 담마는 '상태'라고 번역될 수 있다. 담마비짜야삼보장가(dhammavicayasambojjh-aṅga : 擇法覺分)의 경우에는 담마(dhamma)를 생략하여 '탐구의 깨달음 고리'라고 번역했다. 담마야따나(dhammāyatana : 法處)의 경우에는 마나야따나(manāyatana)에 대응되는 말인데 정신의 감역에 대한 정신적 대상으로서의 사실을 의미하지만 역자는 '사실의 감역'으로 번역한다. 따라서 담마싸띠빳타나(dhammasatipaṭṭhāna : 法念處)도 사실에 대한 새김의 토대라고 번역했다. 여기서 필자가 사용한 사실이란 광의의 의미로 곧 유위법(有爲法)은 물론이고 정신의 대상으로서의 무위법인 열반까지 포함하는 전체를 지시한다. 비구 보디(Cdb. 1777)는 '현상(phenomena)'이라는 말을 사용했는데 이렇게 되면 불교를 단순히 현상론으로 해석할 소지가 많고 열반도 단지 현상으로 전락함으로 이 말은 단지 정신적인 현상을 명확히 지칭할 때를 제외하고는 되도록 피했다. 담마다뚜(dhammadhātu : 法界)도 역시 '사실의 세계'라고 번역하고 거기에 대응하는 마노빈냐나다뚜(manoviññānadhātu : 意識界)는 '정신의식의 세계'라고 번역했다. 그리고 복합어의 뒷부분을 구성하는 담마는 문법적으로 독특한 성질을 지닌다. 예를 들어 카야담마(khayadhamma), 바야담마(vayadhamma), 니로다담마(nirodhadhamma)에서 담마는 단순히 '것'이라고 하거나 '해야만 하는 것'이란 문법적 의미를 지니므로 그것들은 '파괴되고야마는 것, 괴멸되고야마는 것이고 소멸되고야마는 것' 또는 '파괴되는 것, 괴멸되는 것이고 소멸되는 것'이라고 번역되어야 한다. 그리고 아닛짜담마(aniccadhamma), 둑카담마(dukkhadhamma), 아낫따담마(anattadhamma)는 '무상한 것, 괴로운 것, 실체가 없는 것'이라고 번역할 수 있다.

2) 쌍카라(saṅkhārā)와 형성

빠알리어 쌍카라는 한역에서 행(行)이라고 하는 것인데, 그것은 불교술어 가운데 번역하기 가장 힘들고 난해한 용어이다. 이 용어에 대한 현대적 번역에는 '결정, 구성, 결합, 형성, 의도'가 있는데 그 가운데 가장 보편적인 것이 형성이다. 원래 쌍카라(saṅkhārā)는 '함께 만들다(saṁkaroti)'의 명사형으로 '함께 만드는 것, 조건 짓는 것' 뿐만 아니라 '함께 만들어진 것, 조건 지어진 것'을 의미한다. 단어의 철학적인 특성상 주로 복수로 쓰인다. ≪쌍윳따니까야≫에는 이와 관련하여 7가지의 교리적인 문맥이 발견된다.

① 십이연기에서의 형성은 무지나 갈애와 관련하여 윤회를 지속시키는 능동적이고 의도적인 형성이다. 여기서 형성은 업(kamma : 業)과 동의어이고 세 가지가 있다. 즉 신체적 형성, 언어적 형성, 정신적 형성(12 : 2) 또는 공덕을 갖춘 형성, 공덕을 갖추지 못한 형성, 중성적인 형성(12 : 51)이다. 신체적 형성에는 호흡이 포함된다.

② 다섯 가지 존재의 다발[五蘊]에서 형성은 여섯 가지 감각대상에 대한 의도(22 : 56)로 분류된다. 이때의 형성은 의도로서 느낌과 지각 이외의 의식의 정신적 동반자는 모두 형성이라고 한다. 따라서 착하고 건전하거나 악하고 불건전한 다양한 모든 정신적인 요소들이 모두 형성에 속한다.

③ 형성은 가장 넓은 의미로 모든 조건지어진 것(22 : 90)을 뜻한다. 모든 것들은 조건의 결합에 의해서 생겨난다. 형성이라는 말은 우주전체가 조건지어진 것이라는 철학적인 조망을 할 수 있는 주춧돌이 된다. 제행무상(諸行無常)과 일체개고(一切皆苦)의 제행과 일체는 바로 이 형성을 말하는 것이다.

④ 형성의 삼개조 — 신체적 형성, 언어적 형성, 정신적 형성 —가 지각과 느낌의 소멸(想受滅)과 관련해서 언급된다.(41 : 6) 신체적 형성은 호흡을 뜻하고 언어적 형성은 사유와 숙고를 뜻하고, 정신적 형성은 지각과 느낌을 뜻하는데, 그 지각과 느낌이 소멸한 자에 도달하려면, 그 소멸의 순서는 언어적 형성, 신체적 형성, 정신적 형성이다.

⑤ 네 가지 신통의 기초[四神足]와 관련하여 정신적인 힘의 기초로서 '노력의 형성(padhānasaṅkhāra)'이 있다.

⑥ 그 밖에 수명의 형성(āyusaṅkhāra; 20 : 6; 51 : 10), 생명의 형성(jīvitasaṅkhāra; 47 : 9), 존재의 형성(bhavasaṅkhāra; 51 : 10)이란 개념이 있는데, 그것들에 대해서는 각각 생명력의 상이한 양상으로 이해할 수 있다.

⑦ 그 밖에 이 쌍카라(saṅkhārā)와 연관된 수동태의 쌍카따(saṅkhata)란 단어가 있다. 쌍카라가 조건짓는 것이라면 쌍카따는 조건지어진 것을 의미한다. 쌍카라는 의도에 의해서 활성화되는 능동적인 조건짓는 힘으로 조건지어진 현상인 쌍카따를 만들어낸다. 이에 비해서 쌍카따는 수동적인 의미로 쌍카라에 의해서 만들어진 것으로 존재의 다발이나 여섯 가지 감역이나 조건지어진 현상세계를 의미한다. 쌍카따에 대해서 한역에 유위(有爲)라는 번역이 있는데 역자는 때로는 유위 때로는 '조

건지어진 것'이라고 번역했다. 그 반대의 용어 아쌍카따는 '조건지어지지 않은 것', 즉 무위(無爲)를 뜻하는데 바로 열반을 지칭한 것이다.

3) 나마루빠(nāmarūpa)와 명색(名色) 및 정신·신체적 과정

명색이라는 말은 불교 이전의 우파니샤드 철학에서 유래한 것이다. 유일자인 하느님[梵天]이 세상에 현현할 때의 그 다양한 세계의 현현에 대해 사용된 말이다. 세계는 다양한 이름과 다양한 형상으로 구성되어 있다. 그런데 흥미로운 것은 이 ≪쌍윳따니까야≫에 명색의 우파니샤드적 의미를 나타내는 '외부에 명색(bahiddhā nāmarūpam)'이라는 단어가 나온다.(12 : 19) 명색(名色)은 유일자인 신이 이름과 형상으로 현현한 것을 말하는데, 그것들이 세계를 구성하는 개체의 인식적인 측면과 재료적인 측면을 구성한다고 볼 수 있다. 불교에 와서는 이러한 인식적인 측면이 명(名), 즉 정신이 되었고 재료적 측면이 색(色), 즉 물질이 되었다. 그래서 정신적 요소에 속하는 느낌, 지각, 의도, 접촉, 정신활동(vedanā, saññā, cetanā, phassa, mansikāra; 12 : 2)은 명(名)이고 물질적 요소인 지수화풍(地·水·火·風)과 거기에서 파생된 물질(upādāya rūpaṁ : 所造色)은 색(色)으로서 모두 합해서 명색이라고 한다. 따라서 명색은 '정신·신체적 과정'이라고 말할 수 있다. 니까야에서 정신적인 요소를 의미하는 명(名)에 의식이 포함되지 않은 것은 의식은 물질적인 신체(色)에 접촉하나 정신과 관계된 느낌, 지각, 의도, 접촉, 정신활동에 연결되어 작동하기 때문이다. 그리고 명색의 조건으로서의 의식의 전개(viññāṇassa avakkanti; 12 : 59)라는 말이 등장하는데, 그것은 과거세로부터 새로운 유기체의 시작

의 조건이 됨으로써 현존재에로 의식이 흐르는 것을 말하는 것이다. 명색의 전개(nāmarūpassa avakkanti; 12 : 39, 58, 64)라는 말은 새로운 유기체의 시작을 뜻한다. 역자는 문맥에 따라 특히 시에서 쓰일 때에는 그 이해를 쉽게 하기 위해 '정신·신체적 과정'이라고 번역한다.

4) 칸다(khandha)와 다발 및 존재의 다발

불교의 가장 중요한 술어 가운데 하나가 오온(五蘊 : pañcakkhandha)이라는 것이다. 이것은 앞의 명색을 구성하는 요소들이기도 하다. 역자는 오온이라고 하는 것을 다섯 가지 존재의 다발이라고 번역한다. 이 다섯 가지에는 물질[色 : rūpa], 느낌[受 : vedanā], 지각[想 : saññā], 형성[行 : saṅkhārā], 의식[識 : viññāṇa]이 있다. 여기서 온(蘊), 즉 칸다(khandha)라는 용어는 PTS사전에 의하면 다음과 같은 의미를 지니고 있다.

① 천연적 의미 : 크기가 큰 것, 육중한 것, 거친 물체, 예를 들어 코끼리의 엉덩이, 사람의 어깨, 나무등걸 등으로 하나의 단위를 지니며 크기가 큰 것을 의미한다. 물, 불, 덕성, 부 등도 포함된다.
② 응용적 의미 : 집합적인 의미의 모든 것, 다발, 덩어리, 부분품들, 구성요소 등이다.

붓다고싸는 칸다를 '더미(rāsi)'로 보았다. 그러나 칸다는 어깨의 근육처럼 다발로 뭉쳐있는 상태를 의미한다. 단순히 더미라는 말은 긴밀한 연기적인 의존관계를 반영하기에는 통일성이 없는 개별적인 부품처럼 인식될 수가 있다. 역자는 그래서 다발이라는 말을 쓴다. 물질은 물질의 다발이고 정신은 인식의 다발이다. 그들은 상호 연관적으로 작용한다. 정신· 신체적 복합체를 표현하는 칸다에 대한 가장 적절한 표현은 '존재의 다발'일 것이다. 이 책에서는 칸다를 '존재의 다발'이라고 표현한다. 그 원리는 아마도 비트겐슈타인의 섬유론으로 가장 적절하게 설명될 수 있을 것이다.

> 노끈의 강도는 처음에 끈으로 달리는 단 하나의 가닥에만 전적으로 의존하는 것이 아니라, 아무런 가닥도 노끈의 전부를 달리지 않으며 때때로 겹쳐지고 엇갈리는 섬유 사이의 관계에 의존한다.(Wittgenstein, L. 「Philosophische Untersuchungen」 『Ludwig Wittgenstein Werkausgabe』 Band 1.(Frankfurt am Main, 1984) S. 278 Die Stärke des Fadens liegt nicht darin, dass irgend eine Faser durch seine ganze Länge lauft, sondern darin, dass viele Fasern einander übergreifen.)

초기불교에서 윤회는 바로 존재의 다발(五蘊)의 지속적 연결이고 그것은 바로 이 노끈의 연결과 유사하다. 거기에는 처음부터 끝까지 영원히 지속되는 한 가닥의 정신적 섬유로서의 자아(atta, *sk.* ātman)는 없지만 그럼에도 불구하고, 즉 주이적(住異的)으로 무상하지만 겹쳐지고 꼬이면서 상호의존하며 수반되는 섬유들로서의 오온에 의해 확증되는 지속성은 있다. 이것은 언제나 변화하면서 지속되는 불꽃의 비유와 같은 것이다. 윤회하는 것은 이러한 존재의 다발인 것이다.

이러한 존재의 다발 가운데 물질[色 : rūpa], 느낌[受 : vedanā], 지각[想 : saññā], 형성[行 : saṅkhārā], 의식[識 : viññāṇa]이 있다. 이 가운데 물질은 지수화풍을 의미하므로 물질이고, 특수하게 명상의 대상세계인 색계(色界)일 때에는 미세한 물질계라고 번역을 하고 단순히 시각의 대상일 때는 형상이라고 번역한다. 느낌은 감수(感受)라고 번역하는 것이 포괄적이긴 하지만 일상용어가 아니므로 피하고 주로 경전에서는 고락과 관계된 것이므로 느낌이라고 번역한다. 이 가운데 지각은 사물을 '이를테면 파란 색을 파란 색으로 인식하는 것'을 말한다. 형성은 위의 쌍카라 항목 ①, ②에서 설명했음으로 생략한다. 의식은 대상을 인식하는 것이 아니라는 것을 명백히 이해해야한다. 그것은 일종의 알아차림이다. 대상의 존재를 단지 알아채는 것이다. 예를 들어 눈이 파란 색의 물체를 보았을 때에, 안식은 빛깔의 존재를 알아챌 뿐이고, 그것이 파란 색이라는 것을 깨닫지 못한다. 이 단계에서는 아무런 인식이 없다. 그것이 파란 색이라는 것을 아는 단계는, 지각(想)의 단계이다. 그래서 시각의식이라는 말은 곧 '본다'와 같은 뜻을 지닌 것이다. 이러한 이유로 존재의 다발을 역자는 위와 같이 번역했다.

그 밖에도 칸다라는 말이 단순히 '여러 가지'란 뜻으로 쓰이지만 상호의존하는 연결관계를 나타내므로 그때는 그냥 '다발'로 번역한다. 계행의 다발(戒蘊 : sīlakkhandha), 삼매의 다발(定蘊 : samādhikkhandha), 지혜의 다발(慧蘊 : paññakkhandha) 등이 있다.

5) 쌉뿌리쌔(sappur isa)와 참사람

빠알리어 쌉뿌리싸(sappurisa)라고 지칭하는 말은 한역에서 다양한 번역용어를 사용하기 때문에 우리말 번역도 그 적절성을 찾기가 힘들다. 빠알리성전협회의 빠알리-영어사전(PED)에서 어원을 추적하면 쌉뿌리싸는 두 단어 싸뜨(sat=sant)와 뿌리싸(purisa)로 구성되어 있다. 어원적으로 싸뜨(sat)는 어근 √as '있다'의 현재분사의 약변화의 어간이다. 이 싸뜨(sat)는 빠알리성전협회의 사전에 의하면, 세 가지의 의미를 지닌다. ① 존재하는(existing:有) ② 진실한(true:眞) ③ 착한(good:善) 따라서 싸뜨에는 어원적으로 착하다는 의미 이전에 실재한다는 의미에서의 진실 즉 참을 뜻한다는 사실을 알 수 있다. 그리고 뿌리싸(purisa)는 원래 단순히 '사람' — 시민적인 의미에서 — 을 지칭하지만 쌉뿌리싸를 지칭하기도 한다. 그래서 한역 중아함경 37에서 이 쌉뿌리싸(sappurisa)는 선남자(善男子)라고 번역한다. '싸뜨' 또는 '쌉'은 선(善)으로 '뿌리싸'는 남자(男子)로 번역되고 있는 것이다. 북전에서 선(善)이라고 번역한 것은 송나라의 구나발다라(求那跋陀羅)가 이렇게 번역한 데는 원인이 있겠지만, 아마도 북방불교권의 번역에서 많이 사용되는 특징을 반영한 것이다. 그러나 붓다고싸는 쌉뿌리싸를 '진리(dhamma)를 따르는 진실한 사람(saccapurisa), 즉 선한 사람(kalyāṇapurisa)'으로 정의하고 있다.(Pps. VI. 79) 이러한 고찰을 참고한다면 쌉뿌리싸는 단순히 선남자라고 번역하기 보다는 외연 보다 넓고 깊은 참사람으로 번역하는 것이 타당하다. 실제로 한역에서도 북전의 『법구경』에서는 덕인(德人), 북전 아함경에서 정사(正士), 선사(善士), 정인(正人)이라고 번역하고 있는 것을 볼 수 있다. 따라서 한역의 정인, 정사라는 표현은 참사람과 근접한다고 볼 수 있다. 그리고 참고로 Pps. IV. 79에서는 쌉뿌리싸(sappurisa)를 '가르침(法 : dhamma)을 다루는 진실한 사람(saccapurisa), 또는 선한 사람(kalyāṇapurisa)'으로 정의한다. 이것을 영역에서 호너(I. B. Horner)는 '착한 사람(a good man)' 우드워드(F. L. Woodward)는 '가치 있는 사람(a worthy man)', 리스 데이비즈는 '고귀한 마음을 지닌 사람(the noble minded person)'이라고 번역하고, 가이거는 '완전한 사람(der vollkommenen Menschen)'으로, 비구 보디는 '훌륭한 사람(a superior person)'으로 번역했다. 경전에서는 참사람은 오계(五戒)를 지키는 차원의 윤리적 인간에 대해서만 언급한 것이 아니다. 부처님의 혈통에 든 님(種姓者 : gotrabhū)이라는 말은 '네 쌍으로 여덟이 되는 참사람[四雙八輩]이 되기 직전의 참사람의 반열에 입문한 자(種姓者)'의 단계를 말하는데, 그는 선정이나 출세간적인 길에 들기 전의 감각적 쾌락에 대한 욕망의 세계의 마지막 의식단계를 지니고 있는데, 그 사람도 참사람에 속한다고 볼 수 있으며, 삼매에 들어 상수멸정(想受滅定)을 성취하고 해탈한 아라한과 붓다 자신을 지칭하기도 한다.

그러므로 참사람에는 고귀한 제자들이 모두 포함되며, 네 쌍으로 여덟이 되는 참사람의 무리[四雙八輩 : cattāri purisa-yugāni aṭṭha purisapuggalā]를 지칭한다. 이 중에서 흐름에 드는 길을 가는 님[預流向 : sotāpattimagga], 흐름에 든 경지에 도달한 님[預流果 : sotāpattiphala] = 흐름에 든 님[預流者 : sotāpattipanna]이 있다. 흐름에 든 님은 열 가지 결박[十結 : dasa saṁyojjanāni] 가운데 ① 개체가 있다는 견해[有身見 : sakkāyadiṭṭhi] ② 회의적 의심[疑 : vicikicchā] ③ 규범과 금기에 대한 집착[戒禁取 : sīlabhataparāmāsa]에서 벗어나야 한다. 둘째, 이 세상에 다시 한번 돌아와 해탈하는 한 번 돌아오는 길을 가는 님[一來向 : sakadāgāmīmagga], 한 번 돌아오는 경지에 도달한 님[一來果 : sakadāgāmīphala] = 한 번 돌아오는 님[一來者 : sakadāgāmin]이 있다. 한 번 돌아오는 님은 열 가지 결박 가운데 위 세 가지와 더불어 ④ 감각적 쾌락에 대한 탐욕[欲貪 : kāmarāga] ⑤ 분노[有對 : paṭigha]를 거의 끊어야 한다. 셋째, 천상에 가서 거기서 해탈하므로 이 세상으로 돌아오지 않는 길을 가는 님[不還向 : anāgamīmagga], 돌아오지 않는 경지에 도달한 님[不還果 : anāgamīphala] = 돌아오지 않는 님

[不還者 : anāgamin]이 있다. 돌아오지 않는 님은 위의 다섯 가지 낮은 단계의 결박을 완전히 끊은 자이다. 넷째, 거룩한 길을 가는 님[阿羅漢向 : arahattamagga], 거룩한 경지에 도달한 님[阿羅漢果 : arahattaphala] = 거룩한 님[阿羅漢 : arahat]이 있다. 거룩한 님은 위의 다섯 가지 낮은 단계의 결박은 물론 ⑥ 미세한 물질계에 대한 탐욕[色貪 : rūparāga] ⑦ 비물질계에 대한 탐욕[無色貪 : arūparāga] ⑧ 자만[慢 : māna] ⑨ 흥분[掉擧 : uddhacca], ⑩ 무명[無明 : avijjā]의 다섯 가지 높은 단계의 결박에서 완전히 벗어난 자를 말한다. 이 가운데 거룩한 님을 제외하면 일곱 가지 학인의 단계에 있는 학인[有學 : sekha]이라고 부르고 거룩한 님은 학인의 단계를 초월한 무학[無學 : asekha]이라고 부른다. 그런데 『법구의석』에서는 다른 주석과는 달리 거룩한 님에게 거룩한 경지의 성취는 네 가지 분석적인 앎[四無碍解 : catuppaṭisambhidā]과 더불어 생겨난다. 네 가지 분석적인 앎이란 ① 대상의 분석(義無碍解 : atthadhammapaṭisambhidā) ② 조건의 분석(法無碍解 : dhammapaṭisambhidā) ③ 언어의 분석(詞無碍解 : niruttipaṭisambhidā) ④ 맥락의 분석(辨無碍解 : paṭibhānapaṭisambhidā)을 말한다.

6) 승가(僧伽 : saṅgha)와 참모임

초기불교에서 교단을 의미하는 승가(僧伽; saṅgha)에 관하여 비구승가(比丘僧伽; bhikkhusaṅgha), 비구니승가(比丘尼僧伽; bhikkhunīsaṅgha), 사방승가(四方僧伽; cattudisasaṅgha), 현전승가(現前僧伽; sammukhīsaṅgha), 승보(僧寶; saṅgharatana), 성문승가(聲聞僧伽 ; sāvakasaṅgha)등의 용어를 찾아볼 수 있다. 여기서 구체적으로 재가신도인 재가의 남자 신도[優婆塞;

upāsika], 재가여신도[優婆夷; upāsikā]의 승가란 말은 나타나지 않는다. 재가신도를 포함시킬 때는 승가라는 말 대신에 사부대중(四部大衆 : catasso parisā)이라는 표현을 쓴다. 그러나 승가 안에 재가신도가 포함되지 않는다고 명시적으로 규정할 수는 없다. 사방승가는 시간적으로 삼세에 걸쳐 확대되고 공간적으로는 우주적으로 확대되는 보편적 승가를 지칭한다. 그렇다면 이 사방승가 안에는 재가신도가 당연히 포함되어야 할 것이다. 그러나 이 사방승가도 재가신도에 관한 언급이 없이 비구, 비구니 승가의 확장으로 규정되고 있다. 그리고 현전승가는 시간, 공간적으로 제한된 사방승가의 지역승가로서의 생활공동체이다. 이 현전승가 역시 비구 또는 비구니 승가이다. 그러나 경전에서는 재가신도인 재가의 남자 신도나 재가여신도가 없이는 사방승가와 현전승가의 이념이 성립할 수 없음을 경전은 분명히 하고 있다. 왜냐하면 출가자는 생활의 물자를 얻기 위해 노동할 수 없음으로, 재가의 남자 신도와 재가여신도로부터 의식주를 위한 생필품과 필수약품(四資具)을 공급받아야 생활공동체로서의 현전승가가 유지되며, 재가의 남자 신도와 재가여신도로부터 승가람(僧伽藍), 승가람물(僧伽藍物), 방(房), 방물(房物)등을 기증받아서 부처님의 가르침을 유지시켜야 '부처님을 비롯한 승가' 즉 사방승가가 성립할 수 있다. 한편 승보라고 하는 것은 불교도의 귀의처로 종교적 신앙의 대상 가운데 삼귀의(三歸依)의 하나가 된다. 초기불교의 경전에서는 그 구체적인 범주가 언급되어 있지가 않다. 그러나 구사론(俱舍論)이나 대지도론(大智道論)에서는 그 범주를 구체적으로 정하고 있다. 승보(僧寶)에는 비구·비구니 승가가 모두 포함되는 것이 아니라 진리의 흐름에 들기 시작한 님인 예류향(預流向)에서부터 열반에 도달한 아라한에 이르기까지의 네 쌍으로 여덟이 되는 참사람[四雙八輩]을 의미한다고 규정하고 있다. 이 승보의 개념은 ≪쌍윳따니까야≫(12 : 41)에서 규정하는 '세존의 제자들의 모임은 네 쌍으로 여덟이 되는 참사람으로 이루어졌으니 공양받을 만하고 대접받을 만하며 보시받을 만하고 존경받을 만하며 세상의 위없는 복밭이다.(yadidaṃ cattāri purisayugāni aṭṭha purisapuggalā esa bhagavato sāvakasaṅgho, āhuneyyo, pāhuṇeyyo, dakkhiṇeyyo, añjalikaraṇīyo, anuttaraṃ puññakkhettaṃ lokassa)'라는 개념과 일치한다. 제자들의 모임은 성문승가의 개념이므로 참사람의 모임인 승가를 역자는 참모임이라고 번역한다. 그리고 그 구성원을 수행승, 수행녀, 재가신도, 재가여신도라고 번역한다. 비구승가는 비구승가 또는 수행승의 참모임, 수행승의 무리로, 비구니승가는 비구니 승가 또는 수행녀의 참모임, 수행녀의 무리로 문맥에 따라 번역한다. 성문승가는 제자들의 참모임 또는 제자들의 모임으로 번역한다. 재가신도는 재가의 남자 신자 또는 재가의 남자 신도로, 재가의 여자 신자 또는 재가여신도로 번역한다.

7) 싸띠(sati : 念)와 새김

우선 역자의 번역과 다른 초기경전의 역자들 사이에서 가장 두드러진 번역의 차이를 보이는 것은 싸띠(sati)에 대한 것이다. 최근에 위빳싸나 수행자들 사이에 이 싸띠를 두고 마음챙김이라고 번역하는 것이 대세가 되었다. 일부에서는 마음지킴이라고 번역하기도 한다. 싸띠는 내용적으로, 마음이 지금 여기에 현존하는 것이며, 분별적인 사유나 숙고에 휩싸이지 않고 대상을 알아채고 관찰하는 것을 말한다. 이러한 것을 단순히 고려한다면, 싸띠를 '마음챙김'이나 '마음지킴'으로 번역하는 것이 어느 정도는 타당성을 지니는 것처럼 보인다. 그러나 이러한 번역은 몇 가지 모순을 갖는다. 첫째, 모든 가르침의 요소들이 마음과 관계되는 것인데 유독 싸띠에만 별도로 원래는 없는 마음이란 단어가 부가될 이유가 없다. 둘째, 올바른 '마음챙김'이나 '마음지킴'이라는 말은 착하고 건전한 것들을 지향하는 올바른 정진과 특히 내용상 구분이 어려워질 수 있다. 셋째, 네 가지 새김의 토대[四念處]에서 토대가 되는 명상주제의 하나에 마음이 포함되어 있어 그것을 두고 마음에 대한 마음의 '마음챙김'이나 마음에 대한 마음의 '마음지킴'이라고 삼중적으로 번역하는 잘못이 발생할 수 있다. 넷째 '싸띠'라는 빠알리어 자체에는 '마음'은 커녕 '챙김'이나 '지킴'이라는 뜻도 어원적으로 없다. 이 싸띠에 대해서는 부처님께서 직접 ≪쌍윳따니까야≫에서 정의 내린 부분 — '수행승들이여, 이와 같이 수행승이 멀리 떠나 그 가르침을 기억하고 사유하면(anussarati anuvitakketi.), 그때 새김의 깨달음 고리가 시작한다.(45 : 3)' — 을 참고하여 번역하는 것이 제일 타당하다. 여기서는 분명히 기억과 사유가 새김의 전제조건으로 확실한 싸띠에 대한 해석학적 설명, 즉 기억과 사유의 일치점을 지시하고 있음을 알 수 있다. 실제로 싸띠라는 말은 범어의 스므리띠(*sk.* smṛti)의 빠알리어 형태로 원천적으로 '기억'이란 뜻을 갖고 있으나, 기억과 사유가 일치하는 '지금 여기에서의 분명한 앎'이란 의미도 갖고 있으므로 그 둘 다의 의미를 지닌 우리말을 찾던 역자는 '새김'이란 가장 적당한 번역어라고 생각했다. 새김은 과거에 대한 '기억' 뿐만 아니라 지금 여기에서의 '조각(彫刻)' — 물론 사유를 은유적으로 이해할 때에 — 이라는 의미를 모두 함축하기 때문이다. 기억이 없이는 사물에 대한 지각을 올바로 알아차린다는 것은 불가능한 것이다.

8) 요니쏘 마나씨까라(yoniso manasikāra)와 이치에 맞는 정신활동

그 다음에 번역하기 난해한 것은 요니쏘 마나씨까라(yoniso manasikāra : 如理作意)와 아요니쏘 마나씨까라(ayoniso manasikāra : 非如理作意)라는 단어이다. 우선 요니쏘(yoniso)라는 말은 어원적으로 '모태(母胎)적으로'라는 말인데, '철저하게, 근본적으로, 이치에 맞게'라는 뜻으로 쓰이는데, 한역의 여리(如理)라는 말은 그 가운데 '이치에 맞게'라는 뜻을 취했음을 알 수 있다. 물론 이때에 '이치에 맞게'라는 뜻은 '연기(緣起)의 원리에 맞게'라는 뜻이다. 따라서 '아요니쏘(ayoniso)'는 그 반대의 뜻을 지닌 것임을 알 수 있다. 더욱 번역하기 어려운 것이 마니씨까라(manasikāra : 作意)라는 말인데, 이 말을 '주의를 기울임'이라고 번역하면, 새김의 특성과 중복됨으로 적당하지 않고, 한역에서처럼 작의(作意)라고 하기에는 일상용어가 아니라 그 의미가 애매해진다. '마나씨까라' 즉, 작의(作意)는 ≪구사론≫이나 유식철학(唯識哲學)에서는 5위75법의 하나로 처음 마음을 움직여 다섯 가지 감관의 문을 통해 대상을 향하게 하는 마음의 작용이다. '마니씨까라'는 마나쓰(manas)와 까라(kāra)의 복합어이므로 그것은 각각 역자의 번역에서는 정신과 활동을 의미하므로 '정신활동을 기울임' 또는 '정신활동을 일으킴'이라고 번역한다. 그래서 요니쏘 마나씨까라는 주석서(Srp. II. 21)에 따르면, '방편에 의한 정신활동으로, 교리에 의

한 정신활동에 의해서(upāyamanasikārena pāthamanasikārena)'의 두 가지 뜻으로 해석하고 있다. 리스 데이비드 부인(Mrs. Rhys Davids)은 이것을 '체계적으로 주의를 기울임'이라고 해석했고 빅쿠 보디(Bhikkhu Bodhi)는 ≪쌍윳따니까야≫의 번역에서 '주의 깊게 주의를 기울임'이라고 해석했다.(Cdb. 1584) 니야나띨로까(Nyanatiloka)의 『불교사전(Buddhistisches Wörterbuch)』에서는 '철저한 또는 현명한 숙고'이고, 한역에서는 여리작의(如理作意)라고 한다. 역자는 피상적이 아닌 연기법에 따른 심오하고 근본적 정신활동을 뜻한다고 보고 한역에도 부합하도록, '이치에 맞게 정신활동을 기울임' 또는 '이치에 맞게 정신활동을 일으킴'이라고 번역한다. 아요니쏘 마나씨까라는 '이치에 맞지 않게 정신활동을 기울임' 또는 '이치에 맞지 않게 정신활동을 일으킴'이라고 번역한다. 단, '요니쏘(yoniso)'가 단독으로 등장할 경우에는 '근본적으로' '철저하게' 또는 '이치에 맞게'라고 번역하고, '아요니쏘(ayoniso)'가 단독으로 등장할 경우에는 '피상적으로' '철저하지 않게' 또는 '이치에 맞지 않게'라고 번역한다.

9) 비딱까(vitakka)·비짜라(vicāra)와 사유숙고

그 다음으로는 비딱까(vitakka)와 비짜라(vicāra)가 있다. 아비달마적인 전통에 의하면 '적용된 생각'과 '유지된 생각'이라는 뜻이지만, 역자는 '사유'와 '숙고'라고 번역했다. 까마비딱까(kāmavitakka)는 감각적 사유를 뜻하고, 그 반대인 넥캄마비딱까(nekkhammavitakka)는 여읨의 사유를 말한다. 이것이 첫 번째 선정에 응용되었을 때에는 비딱까는 일반적 의식의 사변적 특징이 아니라 마음을 대상에 적용하는 기능을 말하고 비짜라

는 마음을 대상에 안착시키기 위해 대상을 조사하는 기능을 말한다. 그러나 이러한 해석은 아비달마적인 것이고 어떻게 보면 새김(sati)의 작용 — 새김이 없는 마음은 호박에 비유되고 새김을 수반하는 마음은 돌에 비유된다. 호박은 수면 위를 떠다니지만 돌은 물 밑바닥에 이를 때까지 가라앉는다 — 과 혼동을 일으킨 것이다. 경전상의 첫 번째 선정에 대한 정의 — 수행승들이여, 나는 내가 원하는 대로 감각적 쾌락에 대한 욕망을 떠나고 악하고 불건전한 것들을 떠나 사유와 숙고를 갖추고 멀리 여읨에서 생겨나는 희열과 행복을 갖춘 첫 번째 선정에 도달한다.(16 : 9) — 를 살펴보면 감각적 쾌락에 대한 욕망이 사라지면 나타나는 사유와 숙고는 앞에서 이야기하는 감각적 사유를 뜻하는 것이 아니고 여읨의 사유를 뜻한다는 것을 알 수 있고, 착하고 건전한 즉 윤리적이고, 이성적인 사유를 뜻한다는 것을 알 수 있다. 이러한 사유가 정밀하게 지속되는 상태는 곧 숙고라고 볼 수 있다.

10) 싹까야딧티(sakkāyadiṭṭhi)와 개체가 있다는 견해

그리고 학자들 사이에서 쟁점이 되고 있는 것은 싹까야(sakkāya)와 싹까야딧티(sakkāyadiṭṭhi; 1 : 21)라는 말이다. 한역에서는 각각 유신(有身)과 유신견(有身見)이라 한다. 싹까야(sakkāya)는 싸뜨(sat : 有)와 까야(kāya : 身)를 합해서 만들어진 복합어이다. 그러나 해석 방식은 두 가지가 있다. 하나는 '존재의 몸' 즉 '존재체(存在體)'라고 번역하는 것이고, 다른 하나는 '존재의 무리'라고 번역하는 것이다. 까야라는 말은 '신체'를 의미하기도 하지만 '무리'를 뜻하기도 한다. 가이거는 싹까야를 '신체적 현존재(Das körperliche Dasein : Ggs. I. 313)'라

고 번역했고, 냐냐몰리는 '체현(embodyment)', 대부분의 학자들은 '개성(personality)', 비구 보디는 '정체성(identity)'이라는 단어를 번역으로 취했다. 그러나 싸뜨(sat)라는 단어는 원래 이교의 철학의 '영원한 존재"에서 유래하는 실체적 존재를 의미하는 것이다. 그러나 불교철학적으로 보면 무상한 존재에 대한 전도된 인식하에서 성립한 것이다. 이러한 철학적인 배경 하에서만 싹까야딧티(sakkāyadiṭṭhi)가 '개체가 있다는 견해'라는 번역이 가능해진다. 물론 그것을 '개성적 견해', '정체성의 견해'라고 번역할 수 있겠지만, 그렇게 번역하면, 우리말 자체에서 현대 심리학과 관련해서 난해한 해석학적 문제에 봉착하게 된다. 유신과 관련해서 가이거는 하늘소녀가 '신체적 현존재[sakkāya : 有身] 가운데 살기 때문에 불행하다.(9 : 6)'고 번역한 문구에 각각의 번역 '개성'이나 '정체성'이나 '체현'이나 '개체' 등을 대입해보면, '개체'가 가장 무난함을 발견할 수 있다. 역자는 ≪쌍윳따니까야≫의 초판본에서 유신과 관련해서 '존재의 무리'라고 번역했고, 유신견과 관련해서 '존재의 무리에 실체가 있다는 견해'라고 번역했는데 이를 '개체'와 '개체가 있다는 견해'로 수정한다. 그러나 이 개체라는 말은 단순히 개인이나 개체를 의미하는 것이 아니라 개체와 연관된 정신·신체적인 과정을 의미한다는 것은 의심할 여지가 없다.

11) 봇싹가빠리나마(vossaggapariṇāma)와 완전히 버림으로써 열반으로 회향

그리고 한글로 번역이 어려웠던 단어 가운데 하나가 봇싹가빠리나마(vossaggapariṇāma; 3 : 18)라는 단어가 있다. 한역에는 사견회향(捨遣廻向) 또는 향어사(向於捨)라고 되어 있는데, 이것은 '버림 가운데 향하는'이라는 의미인데 그 향하는 목표

가 어딘지 불분명하다. '자아-극복으로 끝나는(Krs. V. 27)' 또는 '해탈에서 성숙하는(Cdb. 1524)'등의 번역도 있으나 만족스럽지 못하다. 빠리나마는 '성숙하는, 끝나는, 회향하는, 돌아가는'의 뜻을 지니고 있기 때문에 그러한 해석이 불가능한 것은 아니다. 붓다고싸(Srp. I. 159)에 따르면, 봇싹가는 버림(paricāga)의 뜻을 갖고 있고 빠리나마는 뛰어듦(pakkhanda)의 뜻을 갖고 있어 '포기하여 뛰어듦'을 뜻한다. '번뇌(kilesa)의 버림으로써 열반(nibbāna)으로 회향하는'을 의미한다. 그런데 대승불교권에서는 회향이라는 단어가 '방향을 튼다'는 의미보다는 '공덕을 돌린다'는 의미가 강해서 오해의 소지가 없지는 않지만, 그렇다고 '열반으로 방향을 트는' 또는 '열반으로 돌아가는'이라고 하면, 전자는 어감상 안 좋고 후자는 모든 것이 열반에서 왔다가 다시 돌아간다는 의미가 강해짐으로 또한 오해의 소지가 있다. 여기서 회향은 번뇌에서 돌이켜 열반으로 향한다는 의미로 보아야 한다. 역자는 이 봇싹가빠리나마(vossagga-pariṇāma)를 '완전히 버림으로써 열반으로 회향하는'이라고 번역한다.

12) 닙바나(nibbāna)·빠리닙바나(parinibbāna)와 열반·완전한 열반

열반(*pāli.* nibbāna; *sk.* nirvana)은 잘 알려져 있듯, 글자 그대로 '불이 꺼짐'을 의미한다. 그런데 대중적 불교문헌에서 열반은 이 생에서의 열반[nibbāna : 涅槃]을 의미하고, 완전한 열반[parinibbāna : 般涅槃]은 임종시에 도달하는 열반이라고 알려져 있다. 그러나 이러한 열반에 대한 적용은 잘못된 것이다. 토마스(E. J. Thomas)에 의하면, 빠알리어에서 '완전한'을 의미하는 빠리(pari)라는 말은 단어가 상태표현에서 상태획득으로 변

화할 때에 덧붙여진다. 그렇다면, 열반은 해탈의 상태이고 완전한 열반은 해탈상태의 획득을 의미한다. 따라서 실제도 이 양자는 구별되지 않는다. 동사인 '열반에 든다(nibbāyati)'와 '완전한 열반에 든다(parinibbāyati)'도 실제로 의미상 구별이 없이 해탈의 획득행위에 쓰인다. 명사인 열반과 완전한 열반도 모두 완전한 깨달음을 통한 궁극적 해탈이라는 의미로 사용되는데, 동시에 모두가 육체적인 몸의 파괴를 통한 조건지어진 존재로부터의 궁극적 해탈에도 사용된다. 예를 들어 '완전한 열반에 든다.'는 말이 수행승이 살아 있는 동안의 해탈에 적용될(12 : 51; 22 : 54; 35 : 31) 뿐만 아니라, 부처님과 아라한의 죽음에도 적용된다.(6 : 15; 47 : 13)

완료수동분사형인 닙부따(nibbuta)와 빠리닙부따(parinibbuta)는 명사들 닙바나(nibbāna)와 빠리닙바나(parinibbāna)와는 다른 어원을 가진다. 전자는 니르-브리(nir-√vṛ '덮다')에서 후자는 니르-바(nir-√vā '불다')에서 유래했다. 전자의 분사에 고유한 명사형은 닙부띠(nibbuti)이다. 이 닙부띠는 때때로 닙바나와 동의어로 쓰이지만, 완전한 고요, 적멸이라는 뜻으로 쓰인다. 그러나 빠리닙부띠(parinibbuti)는 니까야에서 발견되지 않는다. 초기에 이미 두 동사가 융합되어 빠리닙부따가 완전한 열반에 든 자를 지시하는데 사용하는 형용사로 쓰였다. 동사처럼 분사형은 살아 있는 부처님과 아라한(8 : 2) 뿐만 아니라 사멸한 부처님이나 아라한(4 : 24)의 수식어로 사용되었다, 그럼에도 불구하고 완료수동분사형인 빠리닙부따는 시에서는 유독 살아 있는 아라한과 관련해서 쓰이고, 산문에서는 사멸한 아라한에 한정된다. 경전상에서 사용법으로 보면, 명사형인 빠리닙바나는 아라한과 부처님의 사멸을 뜻한다고 할지라도 그것은 "죽음 후의 열반"을 의미하는 것은 결코 아니고 이미 살아서 열반을 얻은 자가 사멸하는 사건을 말한다.

경전상에는 두 가지 열반, 즉 '잔여가 있는 열반(有餘依涅槃 : saupādisesanibbāna)'과 '잔여가 없는 열반(無餘依涅槃 : anupādisesanibbāna)'이 있다. 여기서 잔여란 갈애와 업에 의해서 생겨난 다섯 가지 존재의 다발의 복합체를 말한다.(It. 38-39) 전자는 살아 있는 동안 아라한이 획득한 탐욕과 성냄과 어리석음의 소멸을 뜻하고, 후자는 아라한의 죽음과 더불어 모든 조건지어진 것들의 남김없는 소멸을 뜻한다. 그러나 양자는 이미 자아에 취착된 유위법적인 세속적 죽음을 완전히 초월해서 불사(不死 : amata)라고 불리며, 아라한은 이미 자아에 취착된 다섯 가지 존재의 집착다발(五取蘊)의 짐을 모두 내려 놓은 상태(ohitabhāro)에 있기 때문이다. 아라한에게 죽음은 애초에 적용되지 않는다. 동일한 완전한 소멸임에도 차이가 나는 것은 잔여가 있는 열반의 경우에는 '마치 도자기 만드는 사람이 돌리고 있던 물레에서 손을 떼어버려도 얼마간은 계속 회전하는 것처럼 열반을 얻은 성인도 과거에 지은 업에 의해 결정된 얼마 동안은 삶을 계속하면서 업에 대한 고락을 받는다.'는 것이다. 과거의 업에 의해서 결정된 삶이 바로 경전에 나와 있는 아직 남아 있는 다섯 가지 감관에 의한 고락의 체험이다. 그리고 육체적인 삶의 죽음과 더불어 업의 잔여물인 다섯 가지 감관마저 사라져버릴 때 잔여가 없는 열반에 이른다. 이러한 두 가지 열반의 세계를 주석서는 각각 아라한의 경지를 얻을 때의 '번뇌의 완전한 소멸(kilesaparinibbāna)'과 아라한이 목숨을 내려 놓을 때의 존재의 다발의 활동의 소멸을 의미하는 '존재의 다발의 완전한 소멸(khandhaparinibbāna)'로 구별하면서, 열반인 닙바나(nibbāna)와 '완전한 소멸' 또는 '완전한 열반'을 의미하는 빠리닙바나(parinibbāna)를 상호교환 가능하고 동의어로서 본다. 그러나 경전상에서 사용방식은 위 두 종류의 빠리닙바나는 닙바나의 세계에 접근하는 사건으로 보는 것을 선호하기 때문에 빠리닙바나는 소멸하는 행위이고 닙바나는 소멸된 상태를 의미한다.

닙바나는 한역을 통해 열반으로 잘 알려진 우리말이므로 그리고 해석학적 관점에서 많은 다양성을 지닌 고유한 언어임으로 역자는 열반 이외에 다른 번역을 취하지 않는다. 빠리닙바나에 대해서는 이제까지의 논의를 바탕으로 하면 비구 보디가 번역한 것처럼 '궁극적 열반'이라고 번역하는 것도 가능하지만, 우리말의 어감 상 어려운 느낌을 주기 때문에 역자는 빠리닙바나를 그냥 '완전한 열반'이라고 번역한다. 그리고 동사인 빠리닙바야띠(parinibbāyati)는 '완전한 열반에 든다.'라고 번역한다. 그 행위자 명사인 빠리닙바인(parinibbāyin)은 '완전한 열반에 든 자'라고 번역하고, 완료수동분사인 닙부따(nibbuta)는 열반과 관계되기도 하고 관계되지 않기도 — 빠리닙바야띠와 빠리닙부따가 ≪맛지마니까야≫(MN. I. 446)에서는 단지 말의 훈련과 관련하여 사용되고 있다 — 하기 때문에 '열반에 든'이나 '적멸에 든'으로, 빠리닙부따(parinibbuta)는 '완전한 열반에 든'이나 '완전히 적멸에 든'이라고 번역한다.

법구경과 부처님의 생애

부처님이란 원래는 일반명사로 '깨달은 님'이란 뜻을 지니고 있다. 따라서 깨달은 님은 한 분이 아니고 여러 분일 수밖에 없다. 부처님 이전에도 부처님께서 계셨고, 부처님 이후에도 부처님께서 계실 것이고, 또한 대승불교의 경전에서는 우리의 몸의 터럭 끝에도 무수한 부처님께서 계시다고 말한다.

그러나 역사적으로 부처님이라고 한다면, 석가모니(Śākya-muni) 부처님을 말한다. 부처님께서는 수많은 우주기(宇宙期=劫)를 통해 윤회를 거듭하면서 앞서 계셨던 다른 부처님들을 거울삼아 수행하여 가장 지혜롭고 고귀하고 거룩한 인간의 경지에 올랐다. 그는 너무나 완벽한 지혜를 갖추고 있었기 때문에 전지자(全知者)라고도 불렸다. 카필라밧투 시에서 왕자 싯다르타로 태어난 분이 바로 그 분이다.

그분이 바로 이 『법구경』의 시들을 지은 사람이다. 그러나 부처님을 일반적 의미로 『법구경』의 저자라고는 볼 수 없다. 신약성경이 예수의 말씀을 기록한 것이지만 예수의 저작이라고 볼 수 없는 것과 마찬가지이다. 석가모니 부처님께서는 40여 년간 사람들에게 가르침을 설했는데, 그 자신이 저술한 책은 없기 때문이다. 단지 당대의 제자들이 부처님의 언행을 외워서 입에서 입으로 전해 내려오던 것을 모아 합송하여 확인한 것이 불경인데, 그 불경의 숫자는 상당히 방대한데, 『법구경』은 그 가운데 하나에 불과하다. 그렇지만 운문으로 구성되었다는 데서 고층적 성격을 띠고 있어 숫타니파타와 더불어 초기경전으로 분류된다. 그러나 숫타니파타가 정각을 이룬 이후의 초기에 전법한 가르침을 포함하고 있다면, 『법구경』은 정각을 이룬 이후의 전 생애에 걸쳐 설한 가르침 가운데 중요한 내용을 선별한 모음집이라는 데서 숫타니파타를 비롯한 여타의 경전들보다 중요하다고 볼 수 있다.

그렇다면, 이 『법구경』을 편집한 사람은 누구일까? 여기에는 일치된 견해가 없다. 남방의 불교권에서는 빠알리어 『법구경』은 아난다가 편집한 것이라는 기록이 있으나 확실하지 않으며, 그리고 그 『법구경』에는 각각의 시가 출현하게 된 배경을 인연담이라는 형태로 주석으로 남아 있는데, 이것들은 모두 기원후 5세기에 나타난 붓다고싸의 저술로 되어 있다. 원래부터 인연담이 함께 기록되어 있는 우다나바르가에 따르면, 『법구경』은 B.C. 2 세기경의 담마뜨라따(法救)가 편집한 것이라는 기록이 남아 있다. 그런데, 편집자는 중요한 것이 아니다.

『법구경』의 시들을 지은 역사적인 부처님에 대하여 살펴보자. 역사적인 부처님은 일반적으로 석가모니라고 알려져 있다. 석가라는 호칭은 '싸끼야'라는 종족이름에서 연유되며, 존칭하여 석가모니라 불리는데, 석존(釋尊)이라고도 한다. 싸끼야 족은 지금으로부터 2500 여년 전 지금의 네팔 남부에 위치하고, 인도대평원으로 이어지는 까삘라밧투 성에서 살고 있었다. 그곳에서 석가모니는 B·C 563년 그 종족의 왕인 숫도다나(淨飯王)의 장남으로 룸비니라는 곳에서 태어났다. 그의 성은 고따마, 이름은 싯다르타였다. 그러한 석가모니는 생후 7일 만에 어머니 마야 부인과 사별하고, 이후는 이모의 손에 자랐다.

부왕은 태자를 너무 사랑한 나머지 겨울, 여름, 우기의 각 계절에 알맞게 살 수 있도록 태자에게 세 개의 궁전을 지어 주었다. 겨울 궁전은 9층, 여름 궁전은 5층, 우기의 궁전은 3층의 아름다운 궁전이었는데 궁전의 둘레는 향기로운 꽃의 정원들이 있었고, 물을 내뿜는 분수들이 있었으며, 나무에서는 이름 모를 갖가지 새들이 지저귀고 있었고 땅위에는 공작새들이 돌아다니고 있었다. 거기서 태자는 어렸을 때부터 왕자로서의 교양을 쌓았다.

그런데 아주 어렸을 때 태자는 부왕을 따라 농경제에 참가했었다. 거기서 태자는 농부가 밭갈이 할 때에 날카로운 쟁기에 찍혀 상처를 입은 벌레가 다시 공중의 새에 낚여 채여 가는 것을 보았다. 모든 생명에 대하여 깊은 연민과 동정을 갖고 있던 예민한 태자는 약육강식의 비참함을 느끼고, 한 나무 그늘로 물러나 고독한 명상에 들었다. 그런데 한 순간 모든 사유를 뛰어넘어 최상의 평화를 얻을 수 있었다. 훗날 이때의 체험은 그가 최고의 깨달음을 얻는데, 최고의 경험으로 작용하였다.

하여튼 타고난 기질이 영민하였던 태자는 주변사람의 기대에 부응하여 온갖 학문과 무예를 익히며, 훌륭한 청년으로 자라났다. 그는 16세에 야쇼다라와 결혼을 했다. 옛날 귀족들 사이에서는 모든 경쟁자를 물리쳐야 원하는 신부를 얻을 수 있는 부마경선이 있었다. 이 부마경선에서 싯다르타 태자는 지략과 용기가 출중하여 모든 다른 나라의 왕자들을 물리치고 마침내 야쇼다라를 태자비로 맞이할 수 있었다.

그런데 태자는 어느 날 마차를 타고 궁전 밖을 둘러보다가 네 가지의 인간의 모습을 보고 나서 큰 충격을 받았다. 네 가지의 인간의 모습 즉, 아주 늙은 노인, 병든 환자, 부패한 시체의 비참한 모습과 수행하는 청정한 사문의 모습이었다. 태자는 시종인 마부 찬나와 함께 그 광경들을 목격했다. 그런데 태자는 어떻게 보면 우리 모두에게도 익숙한 광경을 보았지만 그것이 태자에게만은 큰 충격이었다. 우리는 어려서부터 그와 같은 광경을 자주 보아 왔지만 태자는 그 때까지 그러한 광경을 보지 못했기 때문에 그 광경들은 충격적인 것이어서 마음 깊숙이 아로새겨졌다. 태자가 그때까지 그것을 보지 못한 데는 이유가 있었다. 바라문인 한 점성술사가 태자가 태어날 때에 언젠가 왕궁을 떠나 부처님이 된다고 예언했다. 그래서 부왕은 태자가 왕궁을 떠나게 되면, 왕위의 승계가 끊어질 것을 염려하여, 태자에게 인간의 비참한 상태나 죽음을 암시할 수 있는 모든 광경을 보여 주지 않도록 신중을 기해서 키웠다. 그래서 아무도 태자에게 그러한 광경을 보여 주거나 이야기할 수가 없었다. 태자는 아름다운 궁전과 화원에서 갇힌 채 지냈다. 태자는 밖으로 나아가 이 세상의 슬픔과 고뇌를 접할 수 없도록 아름다운 궁전이라는 담장에 갇혀 지냈던 것이다. 이렇게 해서 큰 충격을 받은 태자는 진리를 찾아 출가수행자의 삶을 걷기로 작정했다.

어느 날 밤 모두들 잠든 사이에 일어나 잠자는 아내와 어린 아들을 마지막으로 보고 시종인 찬나를 불러 총애하는 백마 깐타까를 타고 왕궁을 빠져 나왔다. 갠지스 강변의 선인(仙人) 알라라 깔라마와 웃다까 라마뿟따를 찾아가 선정(禪定)을 배웠으나, 마음에 흡족함을 느끼지 못하고, 다시 가야라는 고장의 산림에서 고행을 시작하였다. 감관의 제어, 호흡의 정지, 소량의 식사, 단식 등을 불사하며 고행은 6년간 이어졌다. 그는 고행

도중에 물까지 절식할 때도 있었고 하루에 쌀 한 톨, 깨 한 알 밖에는 안 들었다. 기력이 소진해서 기절하여 땅바닥에 쓰러지기도 했다. 싯다르타가 쓰러졌을 때 같이 수행하던 친구들이 모두 싯다르타 태자가 죽었다고 생각했다. 그러나 나중에 깨어난 싯다르타는 단지 굶는다던가 하는 육체적인 고행만으로는 완전한 지혜를 얻을 수 없다는 사실을 깨우쳤다.

그래서 싯다르타는 35세가 되던 해에 지친 몸과 마음을 가누기 위해 고행의 숲에서 나왔다. 이 고행의 숲에서 나옴으로서 싯다르타는 두 번째 출가를 감행한 셈이었다.

그는 마을 소녀 수자타가 주는 유미죽(乳糜粥)을 먹고 체력을 회복한 다음 부다가야의 보리수 밑에서 동쪽을 향해 앉아 완전한 지혜를 얻기까지는 그곳을 떠나지 않기로 마음을 먹었다. 그날 밤 보리수 아래서 부처님은 전생과 윤회에 대한 앎과 살려고 하는 욕망에 대한 궁극적 앎을 얻었다. 다음날 날이 새기 전에 싯다르타의 마음은 완전히 개화된 연꽃처럼 열려 최상의 지혜의 빛이 쏟아져 들어왔다. 그는 네 가지의 거룩한 진리[四聖諦]를 깨달아 원만히 올바로 깨달은 님, 곧 부처님이 되었다. 그는 인간의 모든 비참함과 괴로움의 원인을 결국 발견했다. 아침 햇살이 밤의 어둠을 몰아내고 나무들과 전원, 바위, 바다, 강, 동식물과 인간과 모든 존재들을 비추기 시작할 때에 완전한 지혜의 빛이 그의 마음속에서 일어나 인간의 괴로움과 그 괴로움에서 벗어나는 길을 통찰했다.

싯다르타는 그러한 완전한 지혜를 얻기 전에 정신적인 갈등이 없었던 것은 아니었다. 싯다르타는 강력하고 무서운 내적인 전쟁을 치렀다. 그분은 우리가 진리를 보는데 방해가 되는 우리 몸속의 모든 생리적인 현상이나 식욕과 탐욕 등을 정복해야 했다. 또한 자신을 둘러싼 죄 많은 세상의 나쁜 영향들을 극복해야 했다. 마치 전장에서 군인들이 적들과 싸우듯이 인간의 번뇌와 싸웠다. 그리하여 마침내 승리한 영웅처럼 목적을 달성했다. 인간의 괴로움과 비참함의 비밀은 드디어 벗겨졌다.

그렇게 얻은 지혜를 가지고 부처님께서는 먼저 많은 사람에게 그것을 가르치려고 했으나 주저했다. 왜 부처님께서는 가르치길 주저했을까? 자신이 깨달은 지혜의 숭고함과 심오함 때문이었다. 겨우 소수의 사람들만이 그것을 이해할 수 있다고 걱정했다. 그런데 결국 자신의 견해를 바꾸어 가르침을 전하게 되었다. 그는 자신이 깨달은 바를 가능한 한 분명하고 간명하게 가르치는 것이 의무라고 생각했고 진리가 스스로 개인들의 성향이나 업(業)에 따라 알맞게 어떤 강력한 영향을 주리라고 생각했다. 그것이 그들에게 주어지는 유일한 구원의 길, 해탈의 길이라고 생각했고 또한 모든 존재는 해탈을 자신의 것으로 할 권리를 갖고 있다고 보았다. 그래서 그분은 고행을 그만둔 자신을 버린 다섯 명의 옛 고행주의자 도반들에게 찾아가 진리를 전하기 시작했다.

석가모니는 가르침을 전하면서부터 부처님 혹은 불타(佛陀 ; Buddha) 또는 불(佛)이라고 불리었는데, 그것은 곧, 진리를 깨달은 각자(覺者)라는 뜻이다. 그리고 부처님께서는 스스로를 따타가타(Tathāgata)라고 불렀는데, 이것을 중국에서는 '이렇게 오신 님'이란 뜻으로 여래(如來)라고 번역했고, 티베트에서는 '이렇게 가신 님'이라는 뜻으로 '데신섹빠(De bžin gśeg pa)'라고 번역했다.

부처님의 첫 가르침을 초전법륜(初轉法輪)이라고 하는데, 바라나씨(Bārāṇasi) 근처의 이씨빠따나 지역에 있던 미가다야(鹿野苑)에서 시작했다. 처음에는 부처님을 고행을 포기한 타락한 수행자로 생각해서 받아들이지 않으려고 했으나 부처님께서 다가오자 그분의 모습에서 풍기는 정신적인 아름다움이 너무나도 컸고 그분의 가르침은 부드럽고 확신에 차 있었기 때문에 그들은 곧 마음을 돌이켜 귀를 기울였다.

부처님께서 초전법륜을 설하자, 부처님의 가르침을 이해한 나이든 꼰당냐가 먼저 자신의 선입견을 버리고 부처님의 가르침을 받아들여 제자가 되었다. 그리고 다른 네 명의 수행자들도 곧 그의 뒤를 따라 제자가 되었다. 그래서 승단이 성립되었고, 곧이어 부유한 젊은 상인 야사(Yasa)가 제자가 되고 가르침을 펴신 지 3개월 만에 60여명의 제자가 생겨났다. 부처님께서는 60여명의 제자를 확보하고 충분히 진리를 가르치고 그들을 사방팔방으로 보내 가르침을 전파하기 시작했다. 부처님께서 말씀하신 가르침의 핵심은 여덟 가지 고귀한 길(八正道)이었다.

그리고 나서 부처님께서는 이교도를 개종시키러 우루벨라로 갔다. 거기서 부처님께서는 불을 숭배하는 교단의 우두머리인 깟싸빠(Kassapa : 迦葉)를 교화했다. 그가 부처님을 따르자 그를 따르던 모든 무리들도 불교로 개종했다. 그리고는 회의주의자로서 고행자였던 싼자야의 수제자 싸리뿟따(Sāriputta : 舍利弗)와 목갈라나(Moggallāna : 牧犍蓮)를 교화시켰다. 나중에 그들은 부처님의 수제자가 되어 사리불은 지혜제일의 제자, 목갈라나는 신통제일의 제자가 되었다.

부처님께서는 자신의 가족을 버린 뒤에 다시 가족을 다시 만났을까? 그렇다. 7년 뒤의 일이다. 그분께서 라자그리하에 머물 때에 아버지 정반왕이 파견한 사신으로부터 부왕이 돌아가시기 전에 왕궁에서 한번 만나보자는 전갈을 받았다. 부처님께서는 전갈을 받고 왕궁으로 갔다. 부왕인 정반왕은 모든 대신과 친지를 데리고 마중 나와 기쁘게 부처님을 맞이했다. 부왕은 지금은 부처님이지만 아들인 싯다르타에게 왕위를 계승할 것을 부탁했지만 부처님께서는 모든 정성을 기울여 태자 싯다르타는 이미 사라졌고 자신은 모든 존재를 동등하게 사랑하고 자비롭게 대하는 깨달은 님으로 변했다는 것을 부왕에게 설득했다. 부처님은 자신을 깊이 사랑해서 떠남을 애통해 하던 아내를 만났다. 그녀는 또한 아들 라훌라를 부처님께 데려와서 가르침을 따르도록 했다. 부처님께서는 아내와 아들에게 뿐만 아니라 모여든 모든 친지에게 일체의 고뇌를 치유하는 진리의 가르침을 설했다. 그래서 그분의 아버지, 아들, 아내와 사촌 형제인 아난다(Ānanda), 데바닷타(Devadatta) 등이 모두 가르침을 듣고 제자가 되었다. 그밖에 천안제일의 아누룻다(Anuruddha)와 계율의 권위자로 유명했던 이발사 우팔리(Upāli)도 이 때에 부처님의 제자가 되었다.

그리고 좀 더 후대의 일이지만 싯다르타 태자의 이모이자 유모였던 고따미(Pajāpatī Gotamī)가 출가하여 비구니교단을 형성했다. 그녀가 정식으로 수행녀가 되자 그녀를 따라 야쇼다라비와 다른 많은 여인들이 출가하여 비구니 교단을 형성했다.

부왕인 숫도다나 왕(Śuddhodana : 淨飯王)은 모든 가족 태자인 싯다르타와 조카인 아난다, 데바닷타, 며느리인 야쇼다라,

손자인 라훌라를 비롯해서 많은 친지들이 출가하여 수행의 길을 가는 것에 대하여 매우 슬프고 괴로워했기 때문에 부처님께 자신의 심정을 하소연했다. 그래서 부처님은 부모가 살아계실 때에는 부모의 허락을 받고 교단에 들어오도록 계율을 만들었다.

그런데 많은 제자가 생기자 교단을 배신하는 자도 생겨났다. 데바닷타(Devadatta)가 자신의 무리를 이끌고 부처님을 배신했다. 그는 아주 지적이었던 관계로 다르마(*sk.* Dharma)의 지식에 관하여 대단히 앞서가고 있었지만, 너무 야망에 불탄 나머지 부처님을 질투하고 미워하고 있다가 마침내 살해하기로 마음먹고 음모를 꾸몄다. 그는 또한 빔비사라왕의 아들 아자따쌋뚜(Ajātasattu)왕을 부추겨 자신의 부왕을 살해하도록 시키고 그를 자신의 제자로 삼았다. 데바닷타는 부처님께 어떤 해를 끼쳤는가? 데바닷타는 바위를 굴려 부처님을 살해하려고 했으나 부처님의 발에 상처만 주었을 뿐 실패했다. 그리고 데바닷타는 자신이 지은 악업 때문에 무서운 죽음을 맞이하게 되었다.

부처님께서는 얼마동안 가르침을 전파했을까? 45년 동안이다. 그 동안에 수많은 가르침을 전파했다. 보통 제자들과 함께 일 년에 8개월간의 건기(乾期)에는 여행을 하면서 설법했고, 3개월간의 우기(雨期)에는 여러 왕들이나 부유한 장자들이 지어준 정사에 머물며 수행하고 가르침을 전했다. 부처님께서 우기에 한 곳에 머물렀던 승원으로서 유명한 곳은 기원정사나 죽림정사 등이 있었다.

부처님께서 교화한 사람들이나 제자들은 모든 종족과 모든 국가와 모든 계급의 사람들이었다. 그분께서는 부유하거나 가난하거나 귀족이거나 천민이거나 막론하고 모든 사람을 교화했다. 그분의 가르침은 모든 인류에게 적용되었다.

자 이제 부처님 생애의 마지막 여행에 관해 귀를 기울여보자. 부처님께서는 올바르게 원만히 깨달은 님이 되신 지 45년만인 5월 보름에 생애의 마지막을 알고 바라나씨(Bārāṇasi)에서 192 키로미터 떨어진 꾸씨나라(Kusinārā)에 저녁 무렵 도착했다. 꾸씨나라의 우빠밧따나(Upavattana)에 있는 말라 족의 쌀라 쌍수에서 관습에 따라 머리를 북쪽으로 하고 오른쪽 옆구리를 땅에 대고 누웠다. 그분의 마음은 맑고 청정해서 제자들에게 마지막 가르침을 분명하게 전했다. 부처님께서는 그 마지막 순간에도 다른 사람을 교화했다. 훌륭한 사제였던 쑤밧다(Subhadda)를 마지막으로 교화했다. 그리고 날이 밝자 부처님께서는 삼매에 들어 마침내 완전한 열반에 들었다. 부처님께서 제자들에게 마지막으로 한 유언은 '세상은 무상하니 방일하지 말고 정진하라.'는 말이었다. 그리고 몸은 화장되었고, 유골[佛舍利]은 여러 왕들에게 나누어져 여덟 군데 스투파(塔墓)에 안치되었다.

부처님께서 돌아가시고 4개월 후에 라자가하에서 500명의 거룩한 님[阿羅漢]인 장로 수행승들이 모여 부처님의 가르침에 대한 결집을 하였다. 마하 깟싸빠를 상수로 해서 7개월간의 기억을 통한 결집에서 경장과 율장을 확정지었다. 이 모든 장경들이 각 경전에 정통한 수행승들에 의해서 외워서 전수되었다. 이 제일결집에서 경전이 벌써 문자화되었다는 주장도 있으나 오늘날까지 그 근거는 밝혀지지 않고 있다.

그리고 약 백 년 뒤에 기원전 383년 베쌀리에서 수행승 레밧따(Revatta)를 상수로 제이결집이 행해졌다. 700명의 수행승이 참여했고 8개월 가량 소요되었다. 일체의 경전이 다시 암송되었고 문제가 되는 부분은 다시 논의되었다.

그리고 아쇼카 왕 때에 1,000 명의 수행승이 아홉 달 동안 모든 장경을 암송하고 개정하였으며, 첫 번째 논장인 까타밧투[Kathāvatthu]가 새롭게 장경 속에 편입되었다. 따라서 『법구경』은 빠르면 제일결집에서 늦어도 제삼결집에서 장경에 편입이 확정되어 경장의 쿳다까니까야(Khuddakanikāya : 小部)에 소속된 것이다. 제삼결집에서 확정된 장경은 기원전 1세기경 스리랑카에서 밧타가마니 왕의 치하에 빠알리어로 기록되어 전승된다. 이것이 오늘날 우리가 완전하게 구할 수 있는 제일결집에서 제삼결집에 걸쳐 유래된 유일한 대장경이다.

일 러 두 기

1. 빠알리경전의 원본 대조는 로마나이즈한 빠알리성전협회본을 그대로 사용했다. 빠알리성전협회본의 페이지를 밝혀 놓아 누구나 쉽게 원본과 대조할 수 있도록 했다. 로마나이즈된 원문의 행이 바뀔 때의 하이픈은 기술적으로 어려운 이유로 생략한다.
2. 한글세대를 위해 가능한 한, 쉬운 우리말을 사용했으며, 어의를 분명히 하기 위하여 원전에는 없는 화자를 괄호 안에 삽입하고 연결사나 부사를 가감해서 번역했고, 내용에 대한 파악을 용이하게 하기 위해 파래그래프 번호를 매겨 문단을 분류하였고 법수의 분류를 위해 별도의 소번호를 매겼다.
3. 법구경의 시문에 대한 파악을 위해 전체시의 일련번호를 각 시의 끝 괄호 안에 매겼으며, 이 소책자에서는 본회에서 기출간한 『법구경-담마파다』의 설명적 주석은 긴요한 경우를 제외하고 모두 생략하였다.
4. 이 법구경의 내용에 대해서 상세히 알고 싶은 사람은 본회 발행의 『법구경-담마파다』를 참고하라. 그곳에는 주석서인 『법구의석』과 더불어 자구에 대한 상세한 주석이 실려 있다.
5. 혹시나 있을 수 있는 오역을 바로잡기 위해 주석에 로마나이즈화한 빠알리법구경의 원문을 실어서 대조할 수 있도록 했다.
6. 유사한 내용의 한역법구경을 그 출처와 함께 대조할 수 있도록 주석으로 달았다. 단, 한역의 Dhp. 279는 번역상의 문제로 역자가 수정한 것이다.
7. 막스 뮐러본 영역법구경도 주석으로 달았는데, 단 Dhp. 277, 278, 279, 283은 역자가 개역한 것이다.

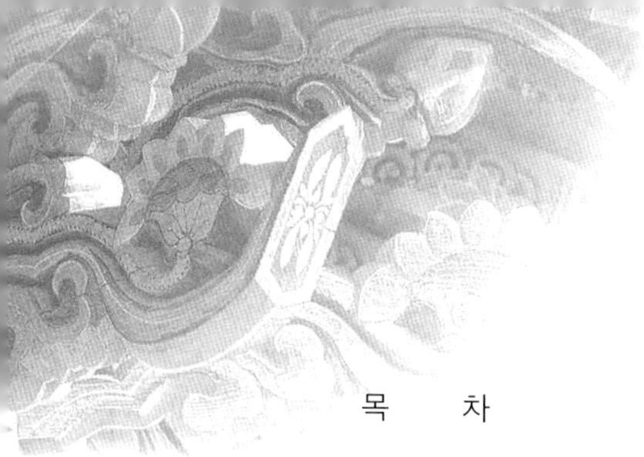

목 차

1. 쌍의 품

[Yamakavagga]

Chapter I

The Twin-Verses

Dhp. 1.

정신이 사실들의 선구이고
정신이 그것들의 최상이고
그것들은 정신으로 이루어진 것이니
만약에 사람이 오염된 정신으로
말하거나 행동하면,
괴로움이 그를 따르리.
수레바퀴가 황소의 발굽을 따르듯.[1)]

All that we are is the result of what we have thought: it is founded on our thoughts, it is made up of our thoughts. If a man speaks or acts with an evil thought, pain follows him, as the wheel follows the foot of the ox that draws the carriage.

---

1) 心爲法本 心尊心使 中心念惡 卽言卽行 罪苦自追 車轢于轍 (法句經雙要品 出曜經心意品) // Dhp. 1. manopubbaṅgamā dhammā / manoseṭṭhā manomayā / manasā ce paduṭṭhena / bhāsati vā karoti vā / tato naṃ dukkhamanveti / cakkaṃ'va vahato padaṃ //

Dhp. 2.

정신이 사실들의 선구이고
정신이 그것들의 최상이고
그것들은 정신으로 이루어진 것이니
만약에 사람이 깨끗한 정신으로
말하거나 행동하면,
즐거움이 그를 따르리.
그림자가 자신을 떠나지 않듯.[2)]

All that we are is the result of what we have thought : it is founded on our thoughts, it is made up of our thoughts. If a man speaks or acts with a pure thought, happiness follows him, like a shadow that never leaves him.

---

2) 心爲法本 心尊心使 中心念善 卽言卽行 福樂自追 如影隨形 (法句經雙要品, 出曜經心意品, 增一阿含 51) // Dhp. 2. manopubbaṅgamā dhammā / manoseṭṭhā manomayā / manasā ce pasannena / bhāsati vā karoti vā / tato naṃ sukhamanveti / chāyā 'va anapāyinī //

Dhp. 3.

'그는 나를 욕하고, 나를 때렸다.
나를 굴복시키고, 나의 것을 약탈했다.'라고
사람들이 이러한 적의를 품는다면,
그들에게 원한은 사라지지 않는다.3)

"He abused me, he beat me, he defeated me, he robbed me," - in those who harbour such thoughts hatred will never cease.

---

3) *人若罵我 勝我不勝 快意從者 怨終不息 (出曜經忿怒品) // Dhp. 3. akkocchi maṃ avadhi maṃ / ajini maṃ ahāsi me / ye taṃ upanayhanti / veraṃ tesaṃ na sammati //*

Dhp. 4.

'그는 나를 욕하고, 나를 때렸다.
나를 굴복시키고, 나의 것을 약탈했다.'라고
사람들이 이러한 적의를 품지 않는다면,
그들에게 원한은 사라진다.[4)]

"He abused me, he beat me, he defeated me, he robbed me," - in those who do not harbour such thoughts hatred will cease.

---

4) 人若致毁罵 役勝我不勝 快樂從意者 怨終得休息 (法集要頌經怨家品) // *Dhp. 4. akkocchi maṃ avadhi maṃ / ajini maṃ ahāsi me / ye taṃ na upanayhanti / veraṃ tesūpasammati* //

Dhp. 5.

결코 이 세상에서 원한으로
원한은 풀리지 않는다.
원한의 여읨으로 그치나니
이것은 오래된 진리이다.5)

For hatred does not cease by hatred at any time: hatred ceases by love, this is an old rule.

5) 不可怨以怨 終以得休息 行忍得息怨 此名如來法 (法句經雙要品, 出要經忿怒品, 四分律43, 五分律 24, 中阿含17, 增一阿含16) // Dhp. 5. na hi verena verāni / sammantīdha kudācanaṃ / averena ca sammanti / esa dhammo sanantano //

Dhp. 6.

'우리가 여기서 자제해야 한다.'라고
다른 사람들은 자각하지 못하니
이러한 것을 자각하면,
그 때문에 다툼이 그친다.6)

The world does not know that we must all come to an end here; - but those who know it, their quarrels cease at once.

---

6) *不好責彼 務自省身 如有知此 永滅無患 (法句經雙要品) // Dhp. 6. pare ca na vijānanti / mayamettha yamāmase / ye ca tattha vijānanti / tato sammanti medhagā //*

Dhp. 7.

아름다움에 탐닉하여
감관을 수호하지 않고
식사에 알맞은 분량을 모르고
게을러 정진이 없으면,
바람이 연약한 나무를 꺾어 버리듯,
악마가 그를 쓰러뜨리리.[7)]

He who lives looking for pleasures only, his senses uncontrolled, immoderate in his food, idle, and weak, Mara (the tempter) will certainly overthrow him, as the wind throws down a weak tree.

---

7) 行見身淨 不攝諸根 飮食不節 漫墮怯弱 爲邪所制 如風靡草 (法句經雙要品) // Dhp. 7. subhānupassiṃ viharantaṃ / indriyesu asaṃvutaṃ / bhojanambhi amattaññuṃ / kusītaṃ hīnavīriyaṃ / taṃ ve pasahati māro / vāto rukkhaṃ'va dubbalaṃ //

Dhp. 8.

아름다움에 탐닉하지 않고
감관을 잘 수호하여
식사에 알맞은 분량을 알고
믿음을 지니고 힘써 정진하면,
바람이 바위산을 무너뜨리지 못하듯,
악마가 그를 쓰러뜨리지 못하리.[8)]

He who lives without looking for pleasures, his senses well controlled, moderate in his food, faithful and strong, him Mara will certainly not overthrow, any more than the wind throws down a rocky mountain.

---

8) 觀身不淨 能攝諸根 食知節度 常樂精進 不爲邪動 如風大山 (法句經雙要品) // Dhp. 8. asubhānupassiṃ viharantaṃ / indriyesu susaṃvutaṃ / bhojanambhi ca mattaññuṃ / saddhaṃ āraddhavīriyaṃ / taṃ ve nappasahati māro / vāto selaṃ'va pabbataṃ //

Dhp. 9.

혼탁을 여의지 못하고
가사를 걸치고자 한다면,
자제와 진실이 없는 것이니
가사를 입을 자격조차 없다.[9]

He who wishes to put on the yellow dress without having cleansed himself from sin, who disregards temperance and truth, is unworthy of the yellow dress.

---

9) *不吐毒態 慾心馳騁 未能自調 不應法衣 (法句經雙要品, 四分律43, 五分律9) // Dhp. 9. anikkasāvo kāsāvaṃ / yo vatthaṃ paridahessati / apeto damasaccena / na so kāsāvamarahati //*

Dhp. 10.

혼탁을 끊어 버리고
계행을 잘 확립한다면,
자제와 진실이 있는 것이니
가사를 입을 자격이 있다.[10)]

But he who has cleansed himself from sin, is well grounded in all virtues, and regards also temperance and truth, he is indeed worthy of the yellow dress.

10) 能吐毒態 戒意安靜 降心已調 此應法衣 (法句經 雙要品, , 四分律43, 五分律9) // Dhp. 10. yo ca vantakasāv'assa / sīlesu susamāhito / upeto damasaccena / sa ve kāsāvamarahati //

Dhp. 11.

핵심이 아닌 것을 핵심이라 생각하고
핵심을 핵심이 아닌 것이라고 여긴다면,
그릇된 사유의 행경을 거닐며
그들은 핵심적인 것에 도달하지 못한다.[11)]

They who imagine truth in untruth, and see untruth in truth, never arrive at truth, but follow vain desires.

11) *以眞爲僞 以僞爲眞 是爲邪計 不得眞利 (法句經雙要品)* // *Dhp. 11. asāre sāramatino / sāre cāsāradassino / te sāraṃ nādhigacchanti / micchāsaṃkappagocarā //*

Dhp. 12.

핵심인 것을 핵심인 것이라고 여기고
핵심이 아닌 것을
핵심이 아닌 것이라고 여긴다면,
올바른 사유의 행경을 거닐며
그들은 바로 핵심적인 것에 도달한다. 12)

They who know truth in truth, and untruth in untruth, arrive at truth, and follow true desires.

---

12) 知眞爲眞 見僞知僞 是爲正計 必得眞利 (法句經雙要品) // Dhp. 12. sārañca sārato ñatvā / asārañca asārato / te sāraṃ adhigacchanti / sammāsaṃkappagocarā //

Dhp. 13.

지붕이 잘못 이어진 집에
비가 스며들듯이
닦여지지 않은 마음에
탐욕이 스며든다.13)

As rain breaks through an ill-thatched house, passion will break through an unreflecting mind.

13) *蓋屋不密 天雨則漏 意不惟行 淫泆爲穿 (法句經雙要品, 增一阿含9) // Dhp. 13 yathāgāraṃ ducchannaṃ / vuṭṭhi samativijjhati / evaṃ abhāvitaṃ cittaṃ / rāgo samativijjhati //*

Dhp. 14.

지붕이 잘 이어진 집에
비가 스며들지 않듯이
잘 닦여진 마음에
탐욕이 스며들지 않는다.[14)]

As rain does not break through a well-thatched house, passion will not break through a well-reflecting mind.

---

14) 蓋屋善密 雨則不漏 攝意惟行 淫泆不生 (法句經雙要品, 增一阿含9) // Dhp. 14 yathāgāraṃ succhannaṃ / vuṭṭhi na samativijjhati / evaṃ subhāvitaṃ cittaṃ / rāgo na samativijjhati //

Dhp. 15.

악행을 하면, 두 곳에서 슬퍼하니
이 세상에서도 슬퍼하고
저 세상에서도 슬퍼한다.
자신의 업의 더러움을 보고
비탄에 빠지고 통탄에 빠진다.[15)]

The evil-doer mourns in this world, and he mourns in the next; he mourns in both. He mourns and suffers when he sees the evil of his own work.

15) 造憂後憂 行惡兩憂 彼憂惟懼 見罪心懅 (法句經雙要品, 出曜經惡行品, 增一阿含26) // Dhp. 15 idha socati pecca socati / pāpakārī ubhayattha socati / so socati so vihaññati disvā / kammakiliṭṭham attano //

Dhp. 16.

선행을 행하면, 두 곳에서 기뻐하니
이 세상에서도 기뻐하고
저 세상에서도 기뻐한다.
자신의 업의 청정함을 보고
기뻐하고 그리고 환희한다. 16)

The virtuous man delights in this world, and he delights in the next; he delights in both. He delights and rejoices, when he sees the purity of his own work.

---

16) 造喜後喜 行善兩喜 彼喜惟歡 見福心安 (法句經 雙要品) // Dhp. 16. idha modati pecca modati / katapuñño ubhayattha modati / so modati so pamodati / disvā kamma visuddhimattano //

Dhp. 17.

악행을 하면, 두 곳에서 괴로워하니
이 세상에서도 괴로워하고
저 세상에서도 괴로워한다.
'내가 악을 지었다'고 후회하고
나쁜 곳에 떨어져 한층 더 고통스러워한다.[17)]

The evil-doer suffers in this world, and he suffers in the next; he suffers in both. He suffers when he thinks of the evil he has done; he suffers more when going on the evil path.

---

17) *今悔後悔 爲惡兩悔 厥爲自殃 受罪熱惱 (法句經 雙要品) // Dhp. 17. idha tappati pecca tappati / pāpakārī ubhayattha tappati / pāpaṃ me katanti tappati / bhiyyo tappati duggatiṃ gato //*

Dhp. 18.

선행을 하면, 두 곳에서 즐거워하니
이 세상에서도 즐거워하고
저 세상에서도 즐거워한다.
'내가 선을 지었다.'라고 환호하고
좋은 곳으로 가서 한층 더 환희한다.[18)]

The virtuous man is happy in this world, and he is happy in the next; he is happy in both. He is happy when he thinks of the good he has done; he is still more happy when going on the good path.

---

18) 今歡後歡 爲善兩歡 厥爲自祐 受福悅豫 (法句經 雙要品) // Dhp. 18. idha nandati pecca nandati / katapuñño ubhayattha nandati / puññaṃ me katanti nandati / bhiyyo nandati suggatiṃ gato //

Dhp. 19.

많은 경전을 외우더라도
방일하여 행하지 않는다면,
소치기가 남의 소를 헤아리는 것과 같아,
수행자의 삶을 성취하지 못하리.[19)]

The thoughtless man, even if he can recite a large portion (of the law), but is not a doer of it, has no share in the priesthood, but is like a cowherd counting the cows of others.

---

19) 雖誦習多義 放逸不從正 如牧數他牛 難獲沙門果 (法句經雙要品) // Dhp. 19. bahumpi ce sahitaṃ bhāsamāno / na takkaro hoti naro pamatto / gopo'va gāvo gaṇayaṃ paresaṃ / na bhāgavā sāmaññassa hoti //

Dhp. 20.

경전을 외우지 못하더라도
가르침에 맞게 여법하게 행하고
탐욕과 분노와 어리석음을 버리고,
올바로 알고 마음을 잘 해탈하여
이 세상이나 저 세상의 집착을 여의면,
수행자의 삶을 성취하리.[20)]

The follower of the law, even if he can recite only a small portion (of the law), but, having forsaken passion and hatred and foolishness, possesses true knowledge and serenity of mind, he, caring for nothing in this world or that to come, has indeed a share in the priesthood.

---

20) 時言少求 行道如法 除婬怒痴 覺正意解 見對不起 是佛弟子 (法句經雙要品, 增一阿含23) // Dhp. 20. appampi ce sahitaṃ bhāsamāno / dhammassa hoti anudhammacārī / rāgañca dosañca pahāya mohaṃ / sammappajāno suvimuttacitto / anupādiyāno idha vā huraṃ vā / sa bhāgavā sāmaññassa hoti //

2. 불방일의 품

[Appamāṇavagga]

Chapter II

On Earnestness

Dhp. 21.

방일하지 않음이 불사의 길이고
방일하는 것은 죽음의 길이니
방일하지 않은 사람은 죽지 않으나
방일한 사람은 죽은 자와 같다.[21)]

Earnestness is the path of immortality (Nirvana), thoughtlessness the path of death. Those who are in earnest do not die, those who are thoughtless are as if dead already.

---

21) 戒爲甘露道 放逸爲死徑 不貪則不死 失道爲自喪 (法句經放逸品, 增一阿含4) // Dhp. 21. appamādo amatapadaṃ / pamādo maccuno padaṃ / appamattā na mīyanti / ye pamattā yathā matā //

Dhp. 22.

이러한 이치 상세히 알아서
슬기로운 님은 방일하지 않고
방일하지 않음에 기뻐하고
존귀한 님의 행경을 즐긴다.22)

Those who are advanced in earnestness, having understood this clearly, delight in earnestness, and rejoice in the knowledge of the Ariyas (the elect).

22) *慧知守道勝 從不爲放逸 不貪致歡喜 從是得道樂 (法句經放逸品) // Dhp. 22. etaṃ visesato ñatvā / appamādamhi paṇḍitā / appamāde pamodanti / ariyānaṃ gocare ratā //*

Dhp. 23.

선정에 들고 인내하고
언제나 확고하게 노력하는 님,
현명한 님은 열반,
위없는 안온을 경험한다.[23)]

These wise people, meditative, steady, always possessed of strong powers, attain to Nirvana, the highest happiness.

---

23) *常當惟念道 自强守正行 健者得度世 吉祥無有上 (法句經放逸品) // Dhp. 23. te jhāyino sātatikā / niccaṃ daḷhaparakkamā / phusanti dhīrā nibbānaṃ / yogakkhemaṃ anuttaraṃ //*

Dhp. 24.

힘써 노력하고 새김을 갖추고
행실이 맑고 행동이 신중하고
자제하고 여법하게 사는
방일하지 않은 님에게 명성이 더해간다.[24)]

If an earnest person has roused himself, if he is not forgetful, if his deeds are pure, if he acts with consideration, if he restrains himself, and lives according to law, - then his glory will increase.

---

24) 正念常興起 行淨惡易滅 自制以法壽 不犯善名增 (法句經放逸品) // Dhp. 24. uṭṭhānavato satimato / sucikammassa nisammakārino / saññatassa ca dhammajīvino / appamattassa yaso'bhivaḍḍhati //

Dhp. 25.

힘써 노력하고 방일하지 않고
자제하고 단련함으로써
지혜로운 님은
거센 흐름에 난파되지 않는
섬을 만들어야 하리.25)

By rousing himself, by earnestness, by restraint and control, the wise man may make for himself an island which no flood can overwhelm.

---

25) *發行不放逸 約以自調心 慧能作錠明 不返冥淵中 (法句經放逸品)* // *Dhp. 25. uṭṭhānenappamādena / saññamena ḍamena ca / dīpaṃ kayirātha medhāvī / yaṃ ogho nābhikīrati //*

Dhp. 26.

지혜가 없는 자, 어리석은 자는
방일에 사로잡히지만,
지혜로운 님은 최상의 재보처럼,
방일하지 않음을 수호한다. 26)

Fools follow after vanity, men of evil wisdom. The wise man keeps earnestness as his best jewel.

---

26) *愚人意難解 貪亂好爭訟 上智常重愼 護斯爲寶尊 (法句經放逸品) // Dhp. 26. pamādamanuyuñjanti / bālā dummedhino janā / appamādañca medhāvi / dhanaṃ seṭṭhaṃ'va rakkhati //*

Dhp. 27.

방일에 사로잡히지 말고
감각적 욕망의 쾌락을 가까이 하지 말라.
방일하지 않고 선정에 드는 님은
광대한 지복을 얻는다.[27)]

Follow not after vanity, nor after the enjoyment of love and lust! He who is earnest and meditative, obtains ample joy.

---

27) *莫貪莫好諍 亦莫嗜欲樂 思心不放逸 可以獲大安 (法句經放逸品)* // *Dhp. 27. mā pamādamanuyuñjetha / mā kāmaratisanthavaṃ / appamatto hi jhāyanto / pappoti vipulaṃ sukhaṃ //*

Dhp. 28.

슬기로운 님은
불방일로 방일을 쫓아내고
지혜의 전당에 올라
슬픔을 여읜 님이 슬퍼하는 사람들을 살핀다.
산정에 오른 슬기로운 님이
지상의 미혹한 존재들을 굽어보듯.[28)]

When the learned man drives away vanity by earnestness, he, the wise, climbing the terraced heights of wisdom, looks down upon the fools, serene he looks upon the toiling crowd, as one that stands on a mountain looks down upon them that stand upon the plain.

---

28) 放逸如自禁 能却之爲賢 己昇智慧閣 去危爲卽安 明智觀於愚 譬如山與地 (法句經放逸品) // Dhp. 28. pamādaṃ appamādena / yadā nudati paṇḍito / paññāpāsādamāruyha / asoko sokiniṃ pajaṃ / pabbataṭṭho'va bhummaṭṭhe / dhīro bāle avekkhati //

Dhp. 29.

방일하는 자 가운데 방일하지 않고
잠자는 자 가운데 크게 깨어 있는 님,
아주 지혜로운 님은
마치 준마가 둔마를 제치듯 나아간다.[29]

Earnest among the thoughtless, awake among the sleepers, the wise man advances like a racer, leaving behind the hack.

29) *不自放逸 從是多寤 羸馬比良 棄惡爲賢 (法句經象喩品) // Dhp. 29 appamatto pamattesu / suttesu bahujāgaro / abalassaṃ'va sīghasso / hitvā yāti sumedhaso //*

Dhp. 30.

제석천은 방일하지 않아서
신들의 제왕이 되었다.
방일하지 않음은 찬양받고
방일한 것은 언제나 비난받는다.[30)]

By earnestness did Maghavan (Indra) rise to the lordship of the gods. People praise earnestness; thoughtlessness is always blamed.

---

30) *不殺而得稱 放逸致毁謗 不逸摩竭人 緣諍得生天 (出曜經戒品)* // *Dhp. 30. appamādena maghavā / devānaṃ seṭṭhataṃ gato / appamādaṃ pasaṃsanti / pamādo garahito sadā* //

Dhp. 31.

방일하지 않음을 즐거워하고
방일 가운데 두려움을 보는 수행승은
작거나 거친 결박을
불태우듯 태워 없앤다.31)

A Bhikshu (mendicant) who delights in earnestness, who looks with fear on thoughtlessness, moves about like fire, burning all his fetters, small or large.

---

31) 比丘謹愼樂 放逸多憂愆 結使所纏裏 爲火燒已盡 (出曜經放逸品) // Dhp. 31. appamādarato bhikkhu / pamāde bhayadassivā / saṃyojanaṃ aṇuṃ thūlaṃ / ḍahaṃ aggīva gacchati //

Dhp. 32.

방일하지 않음을 즐거워하고
방일 가운데 두려움을 보는 수행승은
퇴전할 수 없으니
열반이 그의 눈앞에 있다.[32)]

A Bhikshu (mendicant) who delights in reflection, who looks with fear on thoughtlessness, cannot fall away (from his perfect state) - he is close upon Nirvana.

---

32) 守戒福致喜 犯戒有懼心 能斷三界漏 此乃近泥洹 (法句經放逸品) // Dhp. 32. appamādarato bhikkhu / pamāde bhayadassivā / abhabbo parihānāya / nibbānasseva santike //

3. 마음의 품

[Cittavagga]

Chapter III

Thought

Dhp. 33.

흔들리고 동요하고 지키기 어렵고
제어하기 어려운 마음을
지혜로운 사람은 바로잡는다.
마치 활제조공이 화살을 바로잡듯.[33)]

As a fletcher makes straight his arrow, a wise man makes straight his trembling and unsteady thought, which is difficult to guard, difficult to hold back.

---

33) 心多爲輕躁 難持難調護 智者能自正 如匠搦箭直 (出曜經心意品, 法集要頌經護心品) // Dhp. 33. phandanaṃ capalaṃ cittaṃ / dūrakkhaṃ dunnivārayaṃ / ujuṃ karoti medhāvī / usukāro'va tejanaṃ //

Dhp. 34.

물고기가 물에서 잡혀 나와
땅바닥에 던져진 것과 같이,
이 마음은 펄떡이고 있다.
악마의 영토는 벗어나야 하리.[34)]

As a fish taken from his watery home and thrown on dry ground, our thought trembles all over in order to escape the dominion of Mara (the tempter).

---

34) *如魚在旱地 以離於深淵 心識極惶懼 魔衆而奔馳 (法集要頌經心意品)* // *Dhp. 34. vārijo 'va thale khitto / okamokata ubbhato / pariphandat 'idaṃ cittaṃ / māradheyyaṃ pahātave //*

Dhp. 35.

원하는 곳에는 어디든 내려앉는
제어하기 어렵고 경망한,
마음을 다스리는 것이야말로 훌륭하니,
마음이 다스려지면, 안락을 가져온다.[35)]

It is good to tame the mind, which is difficult to hold in and flighty, rushing wherever it listeth; a tamed mind brings happiness.

---

35) *輕躁難持 惟欲是從 制意爲善 自調則寧 (法句經 心意品) // Dhp. 35. dunniggahassa lahuno / yatthakāmanipātino / cittassa damatho sādhu / cittaṃ dantaṃ sukhāvahaṃ //*

Dhp. 36.

원하는 곳에는 어디든 내려앉지만,
지극히 보기 어렵고 미묘한 마음을
현명한 님은 수호해야하리.
마음이 수호되면, 안락을 가져온다.[36)]

Let the wise man guard his thoughts, for they are difficult to perceive, very artful, and they rush wherever they list : thoughts well guarded bring happiness.

---

36) 意微難見 隨辱而行 慧常自護 能守則安 (法句經 心意品) // Dhp. 36. sududdasaṃ sunipunaṃ / yatthakāmanipātinaṃ / cittaṃ rakkhetha medhāvī / cittaṃ guttaṃ sukhāvahaṃ //

Dhp. 37.

멀리 미치고 홀로 움직이고,
신체가 없이 동굴에 숨어 있는,
마음을 제어하는 님들은
악마의 밧줄에서 벗어나리라.37)

Those who bridle their mind which travels far, moves about alone, is without a body, and hides in the chamber (of the heart), will be free from the bonds of Mara (the tempter).

---

37) 獨行遠逝 覆藏無形 損意近道 魔繫乃解 (法句經 心意品) // Dhp. 37. dūraṅgamaṃ ekacaraṃ / asarīraṃ guhāsayaṃ / ye cittaṃ saññamessanti / mokkhanti mārabandhanā //

Dhp. 38.

마음이 안정을 잃어버리고
올바른 가르침을 식별하지 못하고
청정한 믿음이 흔들린다면,
지혜가 원만하게 완성되지 못한다.[38)]

If a man's thoughts are unsteady, if he does not know the true law, if his peace of mind is troubled, his knowledge will never be perfect.

---

38) 心無主息 亦不知法 迷於世事 無有正智 (法句經 心意品) // Dhp. 38. anavaṭṭhitacittassa / saddhammaṃ avijānato / pariplavapasādassa / paññā na paripūrati //

Dhp. 39.

마음에 번뇌가 없고
마음의 피폭을 여의고
공덕과 악행을 떠난
깨어 있는 님에게 두려움은 없다.[39)]

If a man's thoughts are not dissipated, if his mind is not perplexed, if he has ceased to think of good or evil, then there is no fear for him while he is watchful.

---

39) *念無適止 不絶無邊 福能遏惡 覺者爲賢 / 佛說心法 雖微非眞 當覺逸意 莫隨放心 / 見法最安 所願得成 慧護微意 斷苦因緣 (法句經心意品)* // *Dhp. 39. anavassutacittassa / ananvāhatacetaso / puñña-pāpapahīṇassa / natthi jāgarato bhayaṃ //*

Dhp. 40.

이 몸을 옹기라고 알고
이 마음을 성채처럼 확립하여
지혜를 무기로 악마와 싸워
성취한 것을 수호하되
집착은 여의어야 하리. 40)

Knowing that this body is (fragile) like a jar, and making this thought firm like a fortress, one should attack Mara (the tempter) with the weapon of knowledge, one should watch him when conquered, and should never rest.

---

40) 觀身如空甁 安心如丘城 以慧與魔戰 守勝勿復失 (出曜經心意品) // Dhp. 40. kumbhūpamaṃ kāyamimaṃ viditvā / nagarūpamaṃ cittamidaṃ ṭhapetvā / yodhetha māraṃ paññāyudhena / jitañca rakkhe, anivesano siyā //

Dhp. 41.

쓸모없는 나뭇조각처럼
아, 의식 없이 버려진 채,
머지않아 이 몸은
땅 위에 눕혀지리라.41)

Before long, alas! this body will lie on the earth, despised, without understanding, like a useless log.

41) *是身不久 還歸於地 神識已離 骨幹獨存 (出曜經 無常品) // Dhp. 41. aciraṃ vat'ayaṃ kāyo / paṭhaviṃ adhisessati / chuddho apetaviññāṇo / nirattha-ṃ'va kaliṅgaraṃ //*

Dhp. 42.

적이 적을 대하고
원적이 원적에게 대하는 것보다
잘못 지향된 마음이
자신을 대하는 것은 더욱 나쁘다.[42)]

Whatever a hater may do to a hater, or an enemy to an enemy, a wrongly-directed mind will do us greater mischief.

---

42) 心豫造處 往來無端 念無邪僻 自爲招惡 (法句經心意品) // Dhp. 42. diso disaṃ yantaṃ kayirā / verī vā pana verinaṃ / micchāpaṇihitaṃ cittaṃ / pāpiyo naṃ tato kare //

Dhp. 43.

아버지와 어머니가 대하고
다른 친족이 대하는 것보다
올바로 지향된 마음이
자신을 대하는 것은 더욱 훌륭하다.[43]

Not a mother, not a father will do so much, nor any other relative; a well-directed mind will do us greater service.

---

43) 是意自造 非父母爲 可勉向正 爲福勿回 (法句經 心意品) // Dhp. 43. na taṃ mātā pitā kayirā / aññe vā pi ca ñātakā / sammāpaṇihitaṃ cittaṃ / seyyaso naṃ tato kare //

4. 꽃의 품

[Pupphavagga]

Chapter IV

Flowers

Dhp. 44.

누가 이 땅과 이 야마의 왕국과
이 천상계와 인간계를 정복할 것인가?
화환을 만드는 자가 꽃을 따 모으듯,
누가 잘 설해진 진리의 말씀을 따 모으랴?44)

Who shall overcome this earth, and the world of Yama (the lord of the departed), and the world of the gods? Who shall find out the plainly shown path of virtue, as a clever man finds out the (right) flower?

---

44) 孰能擇地 捨鑑取天 誰說法句 如擇善華 (法集要頌經華喩品) // Dhp. 44. ko imaṃ paṭhaviṃ vijessati / yamalokañca imaṃ sadevakaṃ / ko dhammapadaṃ sudesitaṃ / kusalo pupphamiva pacessati //

Dhp. 45.

학인이 이 땅과 이 야마의 왕국과
이 천상계와 인간계를 정복하리라.
화환을 만드는 자가 꽃을 따 모으듯,
학인이 잘 설해진 진리의 말씀을 따 모으리.[45]

The disciple will overcome the earth, and the world of Yama, and the world of the gods. The disciple will find out the plainly shown path of virtue, as a clever man finds out the (right) flower.

45) *學者擇地 捨鑑取天 善說法句 能採德華 (法句經 花香品)* // *Dhp. 45. sekho paṭhaviṃ vijessati / yamalokañca imaṃ sadevakaṃ / sekho dhammapadaṃ sudesitaṃ / kusalo pupphamiva pacessati* //

Dhp. 46.

이 몸은 물거품과 같다고 알고
아지랑이와 같다고 깨닫는 님은
악마의 꽃들을 잘라버리고
죽음의 왕의 시야를 넘어서리라.46)

He who knows that this body is like froth, and has learnt that it is as unsubstantial as a mirage, will break the flowerpointed arrow of Mara, and never see the king of death.

---

46) 觀身如沫 幻法野馬 斷魔華敷 不靚死生 (法句經花香品) //Dhp. 46. pheṇūpamaṃ kāyamimaṃ viditvā / marīcidhammaṃ abhisambudhāno / chetvāna mārassa papupphakāni / adassanaṃ maccurājassa gacche //

Dhp. 47.

오로지 꽃들을 따는데
사람이 마음을 빼앗기면,
격류가 잠든 마을을 휩쓸어가듯,
악마가 그를 잡아간다.[47)]

Death carries off a man who is gathering flowers and whose mind is distracted, as a flood carries off a sleeping village.

47) *如有採花 專意不散 村睡水漂 爲死所牽 (出曜經花品) //Dhp. 47. pupphāni h'eva pacinantaṃ / byāsatta-manasaṃ naraṃ / suttaṃ gāmaṃ mahogho'va / maccu ādāya gacchati //*

Dhp. 48.

오로지 꽃들을 따는데
사람이 마음을 빼앗기면,
욕망이 채워지기 전에
악마가 그를 지배한다. 48)

Death subdues a man who is gathering flowers, and whose mind is distracted, before he is satiated in his pleasures.

---

48) 如有採華 專意不散 欲意無厭 爲窮所困 (法句經 花香品) // Dhp. 48. pupphāni heva pacinantaṃ / byāsattamanasaṃ naraṃ / atittaṃ yeva kāmesu / antako kurute vasaṃ //

Dhp. 49.

색깔과 향기를 지닌 꽃을
꿀벌이 건드리지 않고
오직 꿀만 따서 나르듯,
성자는 마을에서 유행한다.[49]

As the bee collects nectar and departs without injuring the flower, or its colour or scent, so let a sage dwell in his village.

---

49) *如蜂集華 不嬈色香 但取味去 仁入聚然 (法句經花香品, 出曜經華品) // Dhp. 49. yathāpi bhamaro pupphaṃ / vaṇṇagandhaṃ aheṭhayaṃ / paḷeti rasamādāya / evaṃ gāme munī care //*

Dhp. 50.

남들의 모순을,
남들이
한 일과 하지 못한 일을 살피지 말고
오로지 자신의
한 일과 하지 못한 일을 살펴보라.50)

Not the perversities of others, not their sins of commission or omission, but his own misdeeds and negligences should a sage take notice of.

50) 不務觀彼 作與不作 常自省身 知正不正 (法句經花香品) //Dhp. 50. na paresaṃ vilomāni / na paresaṃ katākataṃ / attano'va avekkheyya / katāni akatāni ca //

Dhp. 51.

어떤 꽃은 찬란하고 아름답더라도
향기가 없듯,
말이 잘 설해져도 실천이 없으면,
열매가 없다.51)

Like a beautiful flower, full of colour, but without scent, are the fine but fruitless words of him who does not act accordingly.

---

51) 如可意華 色好無香 工語如是 不行無得 (法句經 花香品) // Dhp. 51. yathāpi ruciraṃ pupphaṃ / vaṇṇavantaṃ agandhakaṃ / evaṃ subhāsitā vācā / aphalā hoti akubbato //

Dhp. 52.

어떤 꽃은 찬란하고 아름답고
향기도 있듯,
말이 잘 설해지고 실천이 있으면,
열매도 있다.52)

But, like a beautiful flower, full of colour and full of scent, are the fine and fruitful words of him who acts accordingly.

---

52) *如可意華 色美且香 工語有行 必得其福 (法句經 花香品)* // *Dhp. 52. yathāpi ruciraṃ pupphaṃ / vaṇṇavantaṃ sagandhakaṃ / evaṃ subhāsitā vācā / saphalā hoti sakubbato* //

Dhp. 53.

꽃들의 더미에서 많고 다양한
꽃다발을 만들 수 있는 것처럼,
태어나 죽을 수밖에 없는 존재이지만,
많은 착하고 건전한 것들을 이룰 수 있으리.[53)]

As many kinds of wreaths can be made from a heap of flowers, so many good things may be achieved by a mortal when once he is born.

---

53) *多集衆妙華 結鬘爲步瑤 有情積善根 後世轉殊勝 (法集要頌經華喩品)* // *Dhp. 53. yathāpi pupharāsimhā / kayirā mālāguṇe bahū / evaṃ jātena maccena / kattabbaṃ kusalaṃ bahuṃ //*

Dhp. 54.

꽃향기는 바람을 거슬러 가지 못한다.
전단향도 따가라향도 말리까향도,
그러나 참사람의 향기는 바람을 거슬러 가니
참사람의 향기는 모든 방향으로 퍼져간다.54)

The scent of flowers does not travel against the wind, nor (that of) sandal-wood, or of Tagara and Mallika flowers; but the odour of good people travels even against the wind; a good man pervades every place.

---

54) *花香不逆風 芙蓉栴檀香 德香逆風薰 德人徧聞香 (出曜經戒品, 法集要頌經持戒品) // Dhp. 54. na pupphagandho paṭivātameti / na candanaṃ tagaramallikā vā / satañca gandhoṣpaṭivātameti / sabbā disā sappuriso pavāti //*

Dhp. 55.

전단향, 따가라향, 웁빠라향
또는 밧씨키향이 있지만,
이러한 향기의 종류 가운데
계행의 향기야말로 최상이다.55)

Sandal-wood or Tagara, a lotus-flower, or a Vassiki, among these sorts of perfumes, the perfume of virtue is unsurpassed.

---

55) 栴檀多香 青蓮芳花 雖曰是眞 不如戒香 (法句經 花香品, 增一阿含13, 雜阿含38) // Dhp. 55. candanaṃ tagaraṃ vāpi / uppalaṃ atha vassikī / etesaṃ gandhajātānaṃ / sīlagandho anuttaro //

Dhp. 56.

전단향과 따가라향과 같은
그 향기는 보잘 것 없지만,
계행을 지닌 님의 높은 향기는
실로 천상계에까지 이른다.56)

Mean is the scent that comes from Tagara and sandal-wood; - the perfume of those who possess virtue rises up to the gods as the highest.

---

56) *華香氣微 不可謂眞 持戒之香 到天殊勝 (法句經花香品, 雜阿含38) // Dhp. 56. appamatto ayaṃ gandho / yāyaṃ tagaracandanī / yo ca sīlavataṃ gandho / vāti devesu uttamo //*

Dhp. 57.

계행을 갖추고 방일을 여의고
올바른 지혜로 해탈한
그러한 님들의 길을
악마는 결코 발견하지 못한다.[57)]

Of the people who possess these virtues, who live without thoughtlessness, and who are emancipated through true knowledge, Mara, the tempter, never finds the way.

---

57) *戒具成就 行無放逸 定意度脫 長離魔道 (法句經花香品, 雜阿含39) // Dhp. 57. tesaṃ sampannasīlānaṃ / appamādavihārinaṃ / sammadaññāvimuttānaṃ / māro maggaṃ na vindati //*

Dhp. 58.

사거리에 버려진
쓰레기 더미 위에서
그곳에 맑고 향기롭고 사랑스런
홍련화가 피어나듯,[58)]

As on a heap of rubbish cast upon the highway the lily will grow full of sweet perfume and delight,

---

58) *如作田溝 近于大道 中生蓮花 香潔可意 (法句經花香品) // Dhp. 58. yathā saṅkāradhānasmiṃ / ujjhitasmiṃ mahāpathe / padumaṃ tattha jāyetha / sucigandhaṃ manoramaṃ //*

Dhp. 59.

쓰레기와 같고 눈먼
일반사람 가운데
올바로 원만히 깨달은 님의 제자는
지혜로 밝게 빛난다.59)

thus the disciple of the truly enlightened Buddha shines forth by his knowledge among those who are like rubbish, among the people that walk in darkness.

---

59) *有生死然 凡夫處邊 慧者樂出 爲佛弟子 (法句經 花香品) // Dhp. 59. evaṃ saṅkārabhūtesu / andhabhūte puthujjane / atirocati paññāya / sammāsambuddhasāvako //*

5. 어리석은 자의 품

[Bālavagga]

Chapter V

The Fool

Dhp. 60.

잠 못 이루는 자에게 밤은 길고
피곤한 자에게 길은 멀다.
올바른 가르침을 모르는
어리석은 자에게 윤회는 아득하다.[60]

Long is the night to him who is awake; long is a mile to him who is tired; long is life to the foolish who do not know the true law.

---

60) 不寐夜長 疲倦道長 愚生死長 莫知正法 (法句經花香品) (法句經愚闇品) // Dhp. 60. dīghā jāgarato ratti / dīghaṃ santassa yojanaṃ / dīgho bālānaṃ saṃsāro / saddhamma avijānataṃ //

Dhp. 61.

더 낫거나 자신과 같은 자를
걷다가 만나지 못하면,
단호히 홀로 가야하리라.
어리석은 자와의 우정은 없으니.[61)]

If a traveller does not meet with one who is his better, or his equal, let him firmly keep to his solitary journey; there is no companionship with a fool.

61) *學無朋類 不得善友 寧獨守善 不與愚偕 (法句經 教學品, 出曜經忿怒品, 法集要頌經怨家品, 中阿含 17, 四分律43)* // *Dhp. 61. carañce nādhigaccheyya / seyyaṃ sadisamattano / ekacariyaṃ daḷhaṃ kayirā / natthi bāle sahāyatā* //

Dhp. 62.

'내 자식, 내 재산'이라고
어리석은 자는 괴로워한다.
자기도 자기 것이 아니거늘
하물며 자식, 하물며 재산이랴.62)

"These sons belong to me, and this wealth belongs to me," with such thoughts a fool is tormented. He himself does not belong to himself; how much less sons and wealth?

---

62) *有子有財 愚唯汲汲 我且非我 何有子財 (法句經 愚闇品)* // Dhp. 62. puttā m'atthi dhanam m'atthi / iti bālo vihaññati / attā hi attano natthi / kuto puttā kuto dhanaṃ //

Dhp. 63.

어리석은 자가 어리석음을 알면
그로써 현명한 자가 된다.
어리석은 자가 현명하다고 생각하면
참으로 어리석은 자라고 불린다.[63]

The fool who knows his foolishness, is wise at least so far. But a fool who thinks himself wise, he is called a fool indeed.

---

63) 愚者自稱愚 常知善黠慧 愚人自稱智 是謂愚中甚 (出曜經親品, 有部律31) //Dhp. 63. yo bālo maññati bālyaṃ / paṇaḍito vā'pi tena so / bālo ca paṇḍitamānī / sa ve bālo'ti vuccati //

Dhp. 64.

어리석은 자는 평생을
현명한 님을 섬겨도
국자가 국 맛을 모르듯,
진리를 알지 못한다.[64)]

If a fool be associated with a wise man even all his life, he will perceive the truth as little as a spoon perceives the taste of soup.

---

64) 愚人盡形壽 承事明智人 亦不知眞法 如杓斟酌食 (出曜經親品, 法集要頌經善友品) // *Dhp. 64. yāvajīvampi ce bālo / paṇḍitaṃ payirupāsati / na so dhammaṃ vijānāti / dabbī sūparasaṃ yathā* //

Dhp. 65.

양식있는 자는 잠깐만
현명한 이를 섬겨도
혀가 국 맛을 알듯,
진리를 재빨리 인식한다.65)

If an intelligent man be associated for one minute only with a wise man, he will soon perceive the truth, as the tongue perceives the taste of soup.

---

65) 智者須臾間 承事賢聖人 一一知眞法 如舌了衆味 (出曜經親品, 法集要頌經善友品) // Dhp. 65. muhuttampi ce viññū / paṇḍitaṃ payirupāsati / khippaṃ dhammaṃ vijānāti / jivhā sūparasaṃ yathā //

Dhp. 66.

지혜롭지 못한 어리석은 자는
자신을 적으로 삼아 방황한다.
악한 행위를 일삼으며
고통의 열매를 거둔다.66)

Fools of little understanding have themselves for their greatest enemies, for they do evil deeds which must bear bitter fruits.

---

66) 愚人施行 爲身招患 快心作惡 自致重殃 (法句經 愚闇品) // Dhp. 66. caranti bālā dummedhā / amitteneva attanā / karontā pāpakaṃ kammaṃ / yaṃ hoti kaṭukapphalaṃ //

Dhp. 67.

행한 뒤에 후회하고
얼굴에 눈물 흘리며 비탄해하는
결과를 초래하는
그러한 행위를 하는 것은 좋지 않다.67)

That deed is not well done of which a man must repent, and the reward of which he receives crying and with a tearful face.

---

67) 行爲不善 退見悔悋 致涕流面 報由宿習 (法句經 愚闇品) // Dhp. 67. na taṃ kammaṃ kataṃ sādhu / yaṃ katvā anutappati / yassa assumukho rodaṃ / vipākaṃ paṭisevati //

Dhp. 68.

행한 뒤에 후회하지 않고
만족스럽고 유쾌한
결과를 초래하는
그러한 행위를 하는 것이 좋다.[68)]

No, that deed is well done of which a man does not repent, and the reward of which he receives gladly and cheerfully.

68) 行爲德善 進覩歡喜 應來受福 喜笑悅習 (法句經 愚闇品) // Dhp. 68. tañca kammaṃ kataṃ / sādhu yaṃ katvā nānutappati / yassa patīto sumano / vipākaṃ paṭisevati //

Dhp. 69.

악행이 여물기 전까지는
어리석은 자는 꿀과 같다고 여긴다.
그러나 악행이 여물면,
어리석은 자는 고통을 경험한다.[69)]

As long as the evil deed done does not bear fruit, the fool thinks it is like honey; but when it ripens, then the fool suffers grief.

---

69) *過罪未熟 愚以恬淡 至其熟時 自受大罪 (法句經 愚闇品)* // *Dhp. 69. madhuvā maññati bālo / yāva pāpaṃ na paccati / yadā ca paccati pāpaṃ / atha bālo dukkhaṃ nigacchati //*

Dhp. 70.

어리석은 자는 달마다
꾸싸 풀의 끝만큼의 음식을 먹어도,
진리를 이해하는 님에 비하면,
그 십육분지 일에도 미치지 못한다.[70)]

Let a fool month after month eat his food (like an ascetic) with the tip of a blade of Kusa grass, yet he is not worth the sixteenth particle of those who have well weighed the law.

70) *從月至其月 愚者用摶食 彼不信於佛 十六不獲一 (出曜經廣演品, 法集要頌經廣說品) // Dhp. 70. māse māse kusaggena / bālo bhuñjetha bhojanaṃ / na so saṅkhātadhammānaṃ / kalaṃ agghati soḷasiṃ //*

Dhp. 71.

새로 짠 우유가 굳지 않듯,
악한 행위는 드러나지 않는다.
재속에 숨어 있는 불처럼,
작열하며 어리석은 자를 쫓는다.71)

An evil deed, like newly-drawn milk, does not turn (suddenly); smouldering, like fire covered by ashes, it follows the fool.

---

71) 惡不卽時 如穀牛乳 罪在陰伺 如灰覆火 (法句經 惡行品) // Dhp. 71. na hi pāpaṃ kataṃ kammaṁ / sajjukhīraṃ'va mucchati / ḍahan taṃ bālam anveti / bhasmacchanno'va pāvako //

Dhp. 72.

어리석은 자에게 지식이 생겨난다.
오직 그의 불익을 위해서,
그것이 그 어리석은 자의 행운을 부수고
그의 머리를 떨어뜨린다.[72)]

And when the evil deed, after it has become known, brings sorrow to the fool, then it destroys his bright lot, nay, it cleaves his head.

---

72) 愚生念慮 至終無利 自招刀杖 報有印章 (法句經 愚闇品) // Dhp. 72. yāvadeva anatthāya / ñattaṃ bālassa jāyati / hanti bālassa sukkaṃsaṃ / muddhamassa vipātayaṃ //

Dhp. 73.

그는 헛된 특권을 바란다.
수행승 가운데 존경을,
처소에서는 권위를,
다른 사람의 가정에서는 공양을 바란다.73)

Let the fool wish for a false reputation, for precedence among the Bhikshus, for lordship in the convents, for worship among other people!

---

73) 愚人貪利養 求望名譽稱 在家自興嫉 常求他供養 (出曜經利養品) // Dhp. 73. asataṃ bhāvanamiccheyya / purekkhārañca bhikkhusu / āvāsesu ca issariyaṃ / pūjā parakulesu ca //

Dhp. 74.

재가자나 출가자 모두
'오로지 내가 행한 것이다.'라고 여기고
어떤 일이든 해야 할 일이나 하면 안 될 일도
'오로지 나의 지배 아래 있어야 한다.'라고
어리석은 자는 이렇게 생각하니
그에게 욕망과 자만이 늘어만 간다. 74)

"May both the layman and he who has left the world think that this is done by me; may they be subject to me in everything which is to be done or is not to be done," thus is the mind of the fool, and his desire and pride increase.

---

74) *勿猗此養 爲家捨罪 此非至意 用用何益 愚爲愚計想 欲慢日用增 (出曜經利養品), 勿猗此養 爲家捨罪 此非至意 用用何益 愚爲愚計 欲慢用增 (法句經利養品) // Dhp. 74. mameva kataṃ maññantū / gihī pabbajitā ubho / mameva ativasā assu / kiccākiccesu kismici / iti bālassa saṃkappo / icchā māno ca vaḍḍhati //*

Dhp. 75.

하나는 이득을 위한 수단이고
다른 하나는 열반의 길이다.
이와 같이 곧바로 알아
수행승은 깨달은 님의 제자로서
명성을 즐기지 말고
멀리 여읨을 닦아야 하리.75)

"One is the road that leads to wealth, another the road that leads to Nirvana;" if the Bhikshu, the disciple of Buddha, has learnt this, he will not yearn for honour, he will strive after separation from the world.

---

75) 異哉夫利養 泥洹趣不同 能第知是者 比丘眞佛子 不樂著利養 閑居却亂意 (出曜經利養品), 異哉失利 泥洹不同 諦知是者 比丘佛子 不樂利養 閑居卻意 (法句經利養品) // Dhp. 75. aññā hi lābhūpanisā / aññā nibbānagāminī / evametaṃ abhiññāya / bhikkhu buddhassa sāvako / sakkāraṃ nābhinandeyya / vivekamanubrūhaye //

6. 현명한 님의 품

[Paṇḍitavagga]

Chapter VI

The Wise Man

Dhp. 76.

잘못을 지적하는 님,
꾸짖어 충고하는 님, 현명한 님,
숨겨진 보물을 일러주는 님을 보라.
이러한 현자와 교류하라.
그러한 사람과 교류하면,
좋은 일만 있고 나쁜 일은 없으리.[76]

If you see an intelligent man who tells you where true treasures are to be found, who shows what is to be avoided, and administers reproofs, follow that wise man; it will be better, not worse, for those who follow him.

---

76) 深觀善惡 心知畏忌 畏而不犯 終吉無憂 故世有福 念思紹行 善致其願 福祿轉勝 (法句經明哲品) // Dhp. 76. nidhinaṃ'va pavattāraṃ / yaṃ passe vajjadassinaṃ / niggayhavādiṃ medhāviṃ / tādisaṃ paṇḍitaṃ bhaje / tādisaṃ bhajamānassa / seyyo hoti na pāpiyo //

Dhp. 77.

훈계하고 가르쳐야 한다.
거친 행동을 막아야 한다.
참사람이 아닌 자에게
그는 사랑스럽지 않지만,
참사람에게는 그가 사랑스럽다.[77)]

Let him admonish, let him teach, let him forbid what is improper! - he will be beloved of the good, by the bad he will be hated.

77) *晝夜當精勤 牢持於禁戒 爲善友所敬 惡友所不念 (出曜經放逸品)* // *Dhp. 77. ovadeyyanusāseyya / asabbhā ca nivāraye / sataṃ hi so piyo hoti / asataṃ hoti appiyo //*

Dhp. 78.

악한 벗과 사귀지 말고
저속한 사람과 사귀지 말라.
선한 벗과 사귀고
최상의 사람과 사귀어라.[78)]

Do not have evil-doers for friends, do not have low people for friends : have virtuous people for friends, have for friends the best of men.

---

78) *常避無義 不親愚人 思從賢友 狎附上士 (法句經 明哲品)* // *Dhp. 78. na bhaje pāpake mitte / na bhaje purisādhame / bhajetha mitte kalyāṇe / bhajetha purisuttame //*

Dhp. 79.

가르침의 감로수를 마시는 님은
맑고 고요한 마음으로 편히 잠을 잔다.
존귀한 님이 설한 가르침 속에서
현명한 님은 언제나 기뻐한다.79)

He who drinks in the law lives happily with a serene mind : the sage rejoices always in the law, as preached by the elect (Ariyas).

---

79) 喜法臥安 心悅意淸 聖人演法 慧常樂行 (法句經 明哲品) // Dhp. 79. dhammapīti sukhaṃ seti / vippasannena cetasā / ariyappavedite dhamme / sadā ramati paṇḍito //

Dhp. 80.

치수자는 물길을 끌고
화살을 만드는 자는 화살을 다루고
목공은 나무를 다듬고
현명한 님은 자신을 잘 다룬다.80)

Well-makers lead the water (wherever they like); fletchers bend the arrow; carpenters bend a log of wood; wise people fashion themselves.

80) 弓工調角 水人調船 材匠調木 智者調身 (法句經 明哲品, 增一阿含31) // Dhp. 80. udakaṃ hi nayanti nettikā / usukārā namayanti tejanaṃ / dāruṃ namayanti tacchakā / attānaṃ damayanti paṇḍitā //

Dhp. 81.

아주 단단한 바위덩이가
바람에 움직이지 않듯,
이와 같이 현명한 님은
비난과 칭찬에 흔들리지 않는다.81)

As a solid rock is not shaken by the wind, wise people falter not amidst blame and praise.

---

81) *譬如厚石 風不能移 智者意重 毁譽不傾 (法句經明哲品, 增一阿含31) // Dhp. 81. selo yathā ekaghano / vātena na samīrati / evaṃ nindāpasaṃsāsu / na samiñjanti paṇḍitā //*

Dhp. 82.

현명한 님은 가르침을 듣고
아주 깊고 맑은
혼탁을 여읜 호수처럼,
청정하고 고요해진다.[82)]

Wise people, after they have listened to the laws, become serene, like a deep, smooth, and still lake.

---

82) 譬如深淵 澄靜淸明 慧人聞道 心爭歡然 (法句經明哲品) // Dhp. 82. yathāpi rahado gambhīro / vippasanno anāvilo / evaṃ dhammāni sutvāna / vippasīdanti paṇḍitā //

Dhp. 83.

참사람은 어디서든지 놓아버린다.
참사람은 욕망 때문에
쓸데없는 말을 하지 않는다.
즐거움을 만나도 괴로움을 만나도
현명한 님은
우쭐하거나 좌절하지 않는다.[83)]

Good people walk on whatever befall, the good do not prattle, longing for pleasure; whether touched by happiness or sorrow wise people never appear elated or depressed.

---

83) 大人體無欲 在所昭然明 雖或遭苦樂 不高現其智 (法句經明哲品) // Dhp. 83. sabbattha ve sappurisā cajanti / na kāmakāmā lapayanti santo / sukhena phuṭṭhā atha vā dukhena / noccāvacaṃ paṇḍitā dassayanti //

Dhp. 84.

자신을 위해서도 남을 위해서도
자식도 재산도 왕국도 원치 말고
여법하지 않으면 번영을 바라지 말고
계행, 지혜, 진리를 갖추어야 하리.[84)]

If, whether for his own sake, or for the sake of others, a man wishes neither for a son, nor for wealth, nor for lordship, and if he does not wish for his own success by unfair means, then he is good, wise, and virtuous.

---

84) 大賢無世事 不願子財國 常守戒慧道 不貪邪富貴 (法句經明哲品) //Dhp. 84. na attahetu na parassa hetu / na puttamicche na dhanaṃ na raṭṭhaṃ / na iccheyya adhammena samiddhimattano / sa sīlavā paññavā dhammiko siyā //

Dhp. 85.

인간 가운데
저 언덕에 가는 자는 드물고
다른 사람들은 모두
이 언덕을 헤매고 있다.[85)]

Few are there among men who arrive at the other shore (become Arhats); the other people here run up and down the shore.

85) *世皆沒淵 鮮克度岸 如或有人 欲度必奔 (法句經明哲品) // Dhp. 85. appakā te manussesu / ye janā pāragāmino / athāyaṃ itarā pajā / tīramevānudhāvati //*

Dhp. 86.

올바른 가르침이 설해질 때,
가르침에 따라 사는 사람들은
건너기 어려운 죽음의 왕국을 건너
저 언덕에 도달하리라.86)

But those who, when the law has been well preached to them, follow the law, will pass across the dominion of death, however difficult to overcome.

---

86) 誠貪道者 攬受正教 此近彼岸 脫死爲上 (法句經 明哲品) // Dhp. 86. ye ca kho sammadakkhāte / dhamme dhammānuvattino / te janā pāramessanti / maccudheyyaṃ suduttaraṃ //

Dhp. 87.

현명한 님이라면
어두운 것을 버리고
밝은 것을 닦아야 하리.
집에서 집 없는 곳으로 나와
누리기 어려운
멀리 여읨을 닦아야 하리.[87)]

A wise man should leave the dark state (of ordinary life), and follow the bright state (of the Bhikshu). After going from his home to a homeless state, he should in his retirement look for enjoyment where there seemed to be no enjoyment.

---

87) 斷五陰法 靜思智慧 不反入淵 棄猗其明 (法句經明哲品) // Dhp. 87. kaṇhaṃ dhammaṃ vippahāya / sukkaṃ bhāvetha paṇḍito / okā anokaṃ āgamma / viveke yattha dūramaṃ //

Dhp. 88.

감각적 쾌락의 욕망을 여의고
아무것도 없는
그곳에서 즐거움을 찾아야 하리.
현명한 님은 마음의 번뇌로부터
자기 자신을 깨끗이 해야 하리.[88)]

Leaving all pleasures behind, and calling nothing his own, the wise man should purge himself from all the troubles of the mind.

88) *抑制情欲 絶樂無爲 能自拯濟 使意爲慧 (法句經明哲品) // Dhp. 88. tatrābhiratimiccheyya / hitvā kāme akiñcano / pariyodapeyya attānaṃ / cittaklesehi paṇḍito //*

Dhp. 89.

깨달음의 고리로
마음이 잘 닦여지고
집착을 놓아버리고
집착의 여읨을 즐기는
번뇌를 부순 빛나는 님들, 그들이
세상에서 완전한 열반에 든다.[89)]

Those whose mind is well grounded in the (seven) elements of knowledge, who without clinging to anything, rejoice in freedom from attachment, whose appetites have been conquered, and who are full of light, are free (even) in this world.

---

89) 學取正智 意惟正道 一心受諦 不起爲樂 漏盡習除 是得度世 (法句經明哲品) // Dhp. 89. yesaṃ sambodhiaṅgesu / sammā cittaṃ subhāvitaṃ / ādānapaṭinissagge / anupādāya ye ratā / khīṇāsavā jutimanto / te loke parinibbutā //

7. 거룩한 님의 품

[Arahantavagga]

Chapter VII

The Venerable

Dhp. 90.

가야 할 여정을 끝내고
슬픔 없이 일체의 관점에서 해탈하고
일체의 속박을 버린 님에게
고뇌는 존재하지 않는다.[90)]

There is no suffering for him who has finished his journey, and abandoned grief, who has freed himself on all sides, and thrown off all fetters.

---

90) 去離憂患 脫於一切 縛結已解 冷而無煖 (法句經羅漢品) //Dhp. 90. gataddhino visokassa / vippamuttassa sabbadhi / sabbaganthappahīṇassa / pariḷāho na vijjati //

Dhp. 91.

새김을 갖춘 님들은 스스로 노력하지
주처를 좋아하지 않는다.
백조들이 늪지를 떠나는 것처럼,
그들은 집마다 그 집을 떠난다.[91)]

They depart with their thoughts well-collected, they are not happy in their abode; like swans who have left their lake, they leave their house and home.

---

91) *心淨得念 無所貪樂 己度痴淵 如雁棄池 (法句經羅漢品) // Dhp. 91. uyyuñjanti satimanto / na nikete ramanti te / haṃsā'va pallalaṃ hitvā / okamokaṃ jahanti te //*

Dhp. 92.

쌓아 모으는 것이 없고
음식에 대하여 완전히 알고
있음을 여의고 인상을 여의어
활동영역에서 해탈한 님들,
허공을 나는 새처럼,
그들의 자취는 찾기 어렵다.[92]

Men who have no riches, who live on recognised food, who have perceived void and unconditioned freedom (Nirvana), their path is difficult to understand, like that of birds in the air.

---

92) 若人無所依 知彼所貴食 空及無相願 思惟以爲行 鳥飛虛空 而無足跡 如彼行人 言說無趣 (出曜經雙要品) // Dhp. 92. yesaṃ sannicayo natthi / ye pariññātabhojanā / suññato animitto ca / vimokkho yesa gocarā / ākāse'va sakuntānaṃ / gati tesaṃ durannayā //

Dhp. 93.

번뇌를 부수고
음식에 집착하지 않고
텅비고 인상을 여의어
활동영역에서 해탈한 님들,
허공을 나는 새처럼,
그들의 자취는 찾기 어렵다.93)

He whose appetites are stilled, who is not absorbed in enjoyment, who has perceived void and unconditioned freedom (Nirvana), his path is difficult to understand, like that of birds in the air.

---

93) *如鳥飛虛空 而無有所礙 彼人獲無漏 空無相願定 (法集要頌經相應品)* // *Dhp. 93. yassāsavā parikkhīṇā / āhāre ca anissito / suññato animitto ca / vimokkho yassa gocaro / ākāse'va sakuntānaṃ / padaṃ tassa durannayaṃ* //

Dhp. 94.

조련사에 의해 잘 조련된 말처럼,
모든 감관이 안정되어
망상이 끊어지고 번뇌를 여읜 님,
천신조차 그러한 님을 부러워한다.[94)]

The gods even envy him whose senses, like horses well broken in by the driver, have been subdued, who is free from pride, and free from appetites.

---

94) *制根從正 如馬調御 捨憍慢習 爲天所敬 (法句經羅漢品) // Dhp. 94. yassindriyāni samathaṃ gatāni / assā yathā sārathinā sudantā / pahīṇamānassa anāsavassa / devā'pi tassa pihayanti tādino //*

Dhp. 95.

잘 닦인 님은 땅과 같이 적대가 없고
성문의 기둥처럼 흔들리지 않고,
진흙을 여읜 호수와 같아
이와 같은 님에게는 윤회가 없다.[95)]

Such a one who does his duty is tolerant like the earth, like Indra's bolt; he is like a lake without mud; no new births are in store for him.

---

95) 不怒如地 不動如山 眞人無垢 生死世絶 (法句經 羅漢品) // Dhp. 95. paṭhavisamo no virujjhati / indakhīlūpamo tādi subbato / rahado'va apetakaddamo / saṃsārā na bhavanti tādino //

Dhp. 96.

올바른 앎으로 해탈하여
적멸을 얻으면,
그의 정신은 적정에 들고
언어와 행위도 지멸한다.96)

His thought is quiet, quiet are his word and deed, when he has obtained freedom by true knowledge, when he has thus become a quiet man.

96) *心已休息 言行亦止 從正解脫 寂然歸滅 (法句經羅漢品) //Dhp. 96. santaṃ tassa manaṃ hoti / santā vācā ca kamma ca / sammadaññā vimuttassa / upasantassa tādino //*

Dhp. 97.

믿음을 여의고 무위를 아는 님,
결박이 끊어진 님,
기회가 부수어진 님, 소망을 여읜 님,
그가 참으로 위없는 사람이다.97)

The man who is free from credulity, but knows the uncreated, who has cut all ties, removed all temptations, renounced all desires, he is the greatest of men.

97) *棄欲無着 缺三界障 望意已絶 是謂上人 (法句經羅漢品)* // *Dhp. 97. assaddho akataññū ca / sandhicchedo ca yo naro / hatāvakāso vantāso / sa ve uttamaporiso* //

Dhp. 98.

마을에서나 숲에서나
계곡이나 평원에서나
거룩한 님이 머문다면,
그 지역은 즐거운 곳이다.[98)]

In a hamlet or in a forest, in the deep water or on the dry land, wherever venerable persons (Arhanta) dwell, that place is delightful.

---

98) *在聚在野 平野高岸 應眞所過 莫不蒙祐 (法句經羅漢品) //Dhp. 98. gāme vā yadi vā'raññe / ninne vā yadi vā thale / yatthārahanto viharanti / taṃ bhūmiṃ rāmaṇeyyakaṃ //*

Dhp. 99.

세상 사람이 즐기지 않는 곳,
그 숲은 즐길만한 곳이라
탐욕을 여윈 님들이 즐긴다.
감각적 쾌락의 욕망을 찾지 않으니.99)

Forests are delightful; where the world finds no delight, there the passionless will find delight, for they look not for pleasures.

---

99) *彼岸空閑 衆人不能 快哉無望 無所欲求 (法句經羅漢品) // Dhp. 99. ramaṇīyāni araññāni / yattha na ramatī jano / vītarāgā ramissanti / na te kāmagavesino //*

8. 천(千)의 품

[Sahassavagga]

Chapter VIII

The Thousands

Dhp. 100.

쓸데없는 천 마디
말을 하는 것보다,
들어서 안온해지는
한 마디의 말이 낫다.100)

Even though a speech be a thousand (of words), but made up of senseless words, one word of sense is better, which if a man hears, he becomes quiet.

---

100) 雖誦千言 句義不正 不如一要 聞可滅意 (法句經述千品, 增一阿含23) // Dhp. 100. sahassampi ce vācā / anatthapadasaṃhitā / ekaṃ atthapadaṃ seyyo / yaṃ sutvā upasammati //

Dhp. 101.

쓸데없는 천 마디
시구를 외우는 것보다,
들어서 안온해지는
한 마디의 시구가 낫다.101)

Even though a Gatha (poem) be a thousand (of words), but made up of senseless words, one word of a Gatha is better, which if a man hears, he becomes quiet.

---

101) 雖誦千章 不義何益 不如一義 聞行可度 (增一阿含23) // Dhp. 101. sahassampi ce gāthā / anatthapadasaṃhitā / ekaṃ gāthāpadaṃ seyyā / yaṃ sutvā upasammati //

Dhp. 102.

쓸데없는 백 개의
시를 말하는 것보다,
들어서 안온해지는
한 마디 진리의 말씀이 낫다.102)

Though a man recite a hundred Gathas made up of senseless words, one word of the law is better, which if a man hears, he becomes quiet.

---

102) 雖多誦經 不解何益 解一法句 行可得道 (法句經 述千品) // Dhp. 102. yo ce gāthāsataṃ bhāse / anatthapadasaṃhitaṃ / ekaṃ dhammapadaṃ seyyā / yaṃ sutvā upasammati //

Dhp. 103.

전쟁에서 백만이나 되는
대군을 이기는 것보다,
하나의 자신을 이기는 자야말로
참으로 전쟁의 승리자이다.[103)]

If one man conquer in battle a thousand times thousand men, and if another conquer himself, he is the greatest of conquerors.

103) 千千爲敵 一夫勝之 未若自勝 爲戰中上 (法句經述千品, 增一阿含23) // Dhp. 103. yo sahassaṃ sahassena / saṅgāme mānuse jine / ekañca jeyya-m-attānaṃ / sa ve saṅgāmajuttamo //

Dhp. 104.

자신을 다스리고
언제나 자제하며 사는 자,
자신을 이기는 자가
다른 사람을 이기는 자보다 낫다.[104)]

One's own self conquered is better than all other people, who has vanquished himself, and always lives under restraint;

---

104) *自勝最賢 故曰人王 護意調身 自損至終 (法句經述千品) // Dhp. 104. attā have jitaṃ seyyo / yā cāyaṃ itarā pajā / attadantassa posassa / niccaṃ saññatacārino //*

Dhp. 105.

천신도 건달바도
악마도 하느님도
그와 같은 존재의
승리를 패배로 바꿀 수 없다.105)

not even a god, a Gandharva, not Mara with Brahman could change into defeat the victory of a man.

---

105) 雖曰尊天 神魔梵釋 皆莫能勝 自勝之人 (法句經 述千品) // Dhp. 105. n'eva devo na gandhabbo / na māro saha brahmunā / jitaṃ apajitaṃ kayirā / tathārūpassa jantuno //

Dhp. 106.

천 가지 갖가지로 백 년이나 다달이
제사를 지내는 것보다,
잠시라도 한분의 수행자에게 공양하면
그 한번 공양이 백 년 제사보다 낫다.106)

If a man for a hundred years sacrifice month after month with a thousand, and if he but for one moment pay homage to a man whose soul is grounded (in true knowledge), better is that homage than sacrifice for a hundred years.

---

106) *月千反祠 終身不輟 不如須臾 一心念法 一念造福 勝彼終身 (法句經述千品) // Dhp. 106. māse māse sahassena / yo yajetha sataṃ samaṃ / ekañca bhāvitattānaṃ / muhuttampi pūjaye / sā yeva pūjanā seyyā / yañce vassasataṃ hutaṃ //*

Dhp. 107.

숲속에서 백 년이나 살면서
화신을 섬기는 것보다
잠시라도 한분의 수행자에게 공양한다면,
그 한번 공양이 백 년 제사보다 낫다. 107)

If a man for a hundred years worship Agni (fire) in the forest, and if he but for one moment pay homage to a man whose soul is grounded (in true knowledge), better is that homage than sacrifice for a hundred years.

---

107) *雖終百歲 奉事火祠 不如須臾 供養三尊 一供養福 勝彼百年 (法句經述千品)* // *Dhp. 107. yo ca vassasataṃ jantu / aggiṃ paricare vane / ekañca bhāvitattānaṃ / muhuttampi pūjaye / sā yeva pūjanā seyyā / yañce vassasataṃ hutaṃ* //

Dhp. 108.

세상에서 일 년 내내
복짓기 위해 제사지내며
어떠한 공물을 바치고
헌공을 하든지 그 모든 것은
'사분의 일'에도 미치지 못하니,
올바로 걷는 님께
예경하는 것이 낫다.108)

Whatever a man sacrifice in this world as an offering or as an oblation for a whole year in order to gain merit, the whole of it is not worth a quarter (a farthing); reverence shown to the righteous is better.

108) 祭神以求福 從後望其報 四分未望一 不如禮賢者 (法句經述千品) // Dhp. 108. *yaṃ kiñci yiṭṭhaṃ va hutaṃ va loke / saṃvaccharaṃ yajetha puññapekkho / sabbampi taṃ na catubhāgameti / abhivādanā ujjugatesu seyyā* //

Dhp. 109.

예경하는 습관이 있고
항상 장로를 존경하는 자에게
네 가지 사실이 개선되니,
수명과 용모와 안락과 기력이다. 109)

He who always greets and constantly reveres the aged, four things will increase to him, viz. life, beauty, happiness, power.

---

109) 能善行禮節 常敬長老者 四福自然增 色力壽而安 (法句經述千品) // Dhp. 109. abhivādanasīlissa / niccaṃ vaddhāpacāyino / cattārā dhammā vaḍḍhanti / āyu vaṇṇo sukhaṃ balaṃ //

Dhp. 110.

계행을 어기고 삼매가 없이
백 년을 사는 것보다,
계행을 지키고 선정에 들어
하루를 사는 것이 낫다.110)

But he who lives a hundred years, vicious and unrestrained, a life of one day is better if a man is virtuous and reflecting.

110) 若人壽百歲 遠正不持戒 不如生一日 守戒正意禪 (法句經述千品) // Dhp. 110. yo ca vassasataṃ jīve / dussīlo asamāhito / ekāhaṃ jīvitaṃ seyyo / sīlavantassa jhāyino //

Dhp. 111.

지혜가 없고 삼매가 없이
백 년을 사는 것보다,
지혜를 갖추고 선정에 들어
하루를 사는 것이 낫다.111)

And he who lives a hundred years, ignorant and unrestrained, a life of one day is better if a man is wise and reflecting.

---

111) 若人壽百歲 邪僞無有智 不如生一日 一心學正智 (法句經述千品) // Dhp. 111. yo ca vassasataṃ jīve / duppañño asamāhito / ekāhaṃ jīvitaṃ seyyo / paññavantassa jhāyino //

Dhp. 112.

게으르고 정진 없이
백 년을 사는 것보다,
정진하고 견고하게 노력하며
하루를 사는 것이 낫다.112)

And he who lives a hundred years, idle and weak, a life of one day is better if a man has attained firm strength.

---

112) 若人壽百歲 懈怠不精進 不如生一日 勉力行精進 (法句經述千品) // Dhp. 112. yo ca vassasataṃ jīve / kusīto hīnavīriyo / ekāhaṃ jīvitaṃ seyyo / viriyam ārabhato daḷhaṃ //

Dhp. 113.

생겨나고 사라지는 것을 보지 못하고
백 년을 사는 것보다,
생겨나고 사라지는 것을 보면서
하루를 사는 것이 낫다. 113)

And he who lives a hundred years, not seeing beginning and end, a life of one day is better if a man sees beginning and end.

---

113) 若人壽百歲 不知成敗事 不如生一日 見微知所忌 (法句經述千品) // Dhp. 113. yo ca vassasataṃ jīve / apassaṃ udayavyayaṃ / ekāhaṃ jīvitaṃ seyyo / passato udayavyayaṃ //

Dhp. 114.

불사의 진리를 보지 못하고
백 년을 사는 것보다,
불사의 진리를 보면서
하루를 사는 것이 낫다. 114)

And he who lives a hundred years, not seeing the immortal place, a life of one day is better if a man sees the immortal place.

---

114) 若人壽百歲 不見甘露道 不如生一日 服行甘露味 (法句經述千品) // Dhp. 114. yo ca vassasataṃ jīve / apassaṃ amataṃ padaṃ / ekāhaṃ jīvitaṃ seyyo / passato amataṃ padaṃ //

Dhp. 115.

최상의 원리를 보지 못하고
백 년을 사는 것보다,
최상의 원리를 보면서
하루를 사는 것이 낫다. 115)

And he who lives a hundred years, not seeing the highest law, a life of one day is better if a man sees the highest law.

---

115) 若人壽百歲 不知大道義 不如生一日 學推佛法要 (法句經述千品) // Dhp. 115. yo ca vassasataṃ jīve / apassaṃ dhammamuttamaṃ / ekāhaṃ jīvitaṃ seyyo / passato dhammamuttamaṃ //

9. 악의 품

[Pāpavagga]

Chapter IX

Evil

Dhp. 116.

선한 일에 서두르고
악으로부터 마음을 지켜라.
공덕 있는 일에 게으르면,
마음은 악한 것을 즐긴다.116)

If a man would hasten towards the good, he should keep his thought away from evil; if a man does what is good slothfully, his mind delights in evil.

---

116) *見善不從 反隨惡心 求福不正 反樂邪婬 凡人爲惡 不能自覺 愚痴快意 今後鬱毒 (法句經惡行品)* // *Dhp. 116. abhittharetha kalyāṇe / pāpā cittaṃ nivāraye / dandhaṃ hi karoto puññaṃ / pāpasmiṃ ramatī mano* //

Dhp. 117.

비록 악을 저질렀어도,
더 이상 범하지 말아야 한다.
그 탐욕을 여의어야 하리.
악이 쌓이면 고통스럽다.117)

If a man commits a sin, let him not do it again; let him not delight in sin : pain is the outcome of evil.

---

117) 人雖爲惡行 亦不數數作 於彼意不樂 知惡之爲苦 (出曜經惡行品) // Dhp. 117. pāpaṃ ce puriso kayirā / na taṃ kayirā punappunaṃ / na tamhi chandaṃ kayirātha / dukkho pāpassa uccayo //

Dhp. 118.

선한 일을 행했으면,
더욱 더 거듭해야 한다.
그 의욕을 돋우어야 하리.
공덕이 쌓이면 행복하다.118)

If a man does what is good, let him do it again; let him delight in it: happiness is the outcome of good.

---

118) *人能作其福 亦當數數造 於彼意須樂 善受其福報 (出曜經惡行品) // Dhp. 118. puññaṃ ce puriso kayirā / kayirāthetaṃ punappunaṃ / tamhi chandaṃ kayirātha / sukho puññassa uccayo //*

Dhp. 119

악의 열매가 익기 전에는
악한 자도 행운을 누린다.
악의 열매가 익으면,
그때 악인은 죄악을 받는다.[119)]

Even an evil-doer sees happiness as long as his evil deed has not ripened; but when his evil deed has ripened, then does the evil-doer see evil.

---

119) 妖孼見福 其惡未熟 至其惡熟 自受罪虐 (法句經 惡行品) // Dhp. 119. pāpo'pi passati bhadraṃ / yāva pāpaṃ na paccati / yadā ca paccati pāpaṃ / atha pāpo pāpāni passati //

Dhp. 120.

선의 열매가 익기 전에는
선한 자도 고통을 겪는다.
선의 열매가 익으면,
그때 선인은 공덕을 누린다.120)

Even a good man sees evil days, as long as his good deed has not ripened; but when his good deed has ripened, then does the good man see happy days.

---

120) 禎祥見禍 其善未熟 至其善熟 必受其福 (法句經 惡行品) // Dhp. 120. bhadro'pi passati pāpaṃ / yāva bhadraṃ na paccati / yadā ca paccati bhadraṃ / atha bhadro bhadrāni passati //

Dhp. 121.

'내게 닥치지 않는다.'라고
악을 가볍게 생각하지 말아야 하리.
물방울이 방울방울 떨어지면
물단지가 가득 차듯,
어리석은 자는 조금씩 조금씩 모은
악으로 가득 찬다.121)

Let no man think lightly of evil, saying in his heart, It will not come nigh unto me. Even by the falling of water-drops a water-pot is filled; the fool becomes full of evil, even if he gather it little by little.

---

121) 莫輕小惡 以爲無殃 水滴雖微 漸盈大器 凡罪充滿 從小積成 (法句經惡行品) // Dhp. 121. mā'pamaññetha pāpassa / na mantaṃ āgamissati / udabindunipātena / udakumbho'pi pūrati / pūrati bālo pāpassa / thokathokampi ācinaṃ //

Dhp. 122.

'내게 닥치지 않는다.'라고
선을 가볍게 생각하지 말아야 하리.
물방울이 방울방울 떨어지면
물단지가 가득 차듯,
슬기로운 자는 조금씩 조금씩 모은
선으로 가득 찬다.[122)]

Let no man think lightly of good, saying in his heart, It will not come nigh unto me. Even by the falling of water-drops a water-pot is filled; the wise man becomes full of good, even if he gather it little by little.

122) *莫輕小善 以爲無福 水滴雖微 漸盈大器 凡福充滿 從纖纖積 (法句經惡行品) // Dhp. 122. mā'pamaññetha puññassa / na maṃ taṃ āgamissati / udabindunipātena / udakumbho'pi pūrati / pūrati dhīro puññassa / thokathokampi ācinaṃ //*

Dhp. 123.

작은 카라반을 거느렸으나
재보가 많은 상인이 위험한 길을 피하듯,
살고자 하는 사람은
독을 피하듯, 악을 피해야 한다.123)

Let a man avoid evil deeds, as a merchant, if he has few companions and carries much wealth, avoids a dangerous road; as a man who loves life avoids poison.

123) 伴少而貨多 商人怵惕懼 嗜欲賊害命 故慧不貪欲 (法句經愛欲品) // Dhp. 123. vāṇijo'va bhayaṃ maggaṃ / appasattho mahaddhano / visaṃ jīvitu-kāmo'va / pāpāni parivajjaye //

Dhp. 124.

손에 상처가 전혀 없으면,
손으로 독을 만질 수 있다.
상처 없는 님에게 독이 미치지 못하듯,
악을 짓지 않는 님을 악이 해치지 못한다.124)

He who has no wound on his hand, may touch poison with his hand; poison does not affect one who has no wound; nor is there evil for one who does not commit evil.

---

124) 有身無瘡疣 不爲毒所害 毒奈無瘡何 無惡無所造 (法集要頌經罪障品, 出曜經惡行品) // Dhp. 124. pāṇimhi ce vaṇo nāssa / hareyya pāṇinā visaṃ / nābbaṇaṃ visamanveti / natthi pāpaṃ akubbato //

Dhp. 125.

죄악이 없고 참으로 허물이 없는
청정한 님에게 해를 끼치면,
티끌이 바람 앞에 던져진 것처럼,
악의 과보가 어리석은 그에게 돌아간다. 125)

If a man offend a harmless, pure, and innocent person, the evil falls back upon that fool, like light dust thrown up against the wind.

125) 加惡誣罔人 清白猶不汚 愚殃反自及 如塵逆風坌 (法句經惡行品, 雜阿含42) // Dhp. 125. yo appaduṭṭhassa narassa dussati / suddhassa posassa anaṅgaṇassa / tameva bālaṃ pacceti pāpaṃ / sukhumo rajo paṭivā- taṃ'va khitto //

Dhp. 126.

어떤 자들은 모태에 태어나고
악을 저지른 자들은 지옥에 나고
선행자는 천상계로 가고
번뇌를 여읜 님들은 열반에 든다.126)

Some people are born again; evil-doers go to hell; righteous people go to heaven; those who are free from all worldly desires attain Nirvana.

---

126) 有識墮胞胎 惡者入地獄 行善上昇天 無爲得泥洹 (法句經惡行品) // Dhp. 126. gabbhameke'papajjanti / nirayaṃ pāpakammino / saggaṃ sugatino yanti / parinibbanti anāsavā //

Dhp. 127.

악업을 피할 수 있는 곳은
공중에도 바다 한 가운데도 없고
산의 협곡에 들어가도 없으니,
이 세상 어느 곳에도 없다. 127)

Not in the sky, not in the midst of the sea, not if we enter into the clefts of the mountains, is there known a spot in the whole world where a man might be freed from evil deed.

---

127) 非空非海中 非隱山石間 莫能於此處 避冤宿惡殃 (法句經惡行品 五分律21, 十誦律38) // Dhp. 127. na antalikkhe na samuddamajjhe / na pabbatānaṃ vivaraṃ pavissa / na vijjatī so jagatippadeso / yatthaṭṭhito mucceyya pāpakammā //

Dhp. 128.

죽음이 닥치지 않는 곳은
공중에도 바다 한 가운데도 없고
산의 협곡에 들어가도 없으니
이 세상 어느 곳에도 없다.128)

Not in the sky, not in the midst of the sea, not if we enter into the clefts of the mountains, is there known a spot in the whole world where death could not overcome (the mortal).

---

128) 非空非海中 非入山石間 無有他方所 脫之不受死 (法句經無常品, 增一阿含23) // Dhp. 128. na antalikkhe na samuddamajjhe / na pabbatānaṃ vivaraṃ pavissa / na vijjati so jagatippadeso / yatthaṭṭhitaṃ nappasahetha maccu //

10. 폭력의 품

[Daṇḍavagga]

Chapter X

Punishment

Dhp. 129.

어느 누구나 폭력을 무서워한다.
모든 존재들에게 죽음은 두렵기 때문이다.
그들 속에서 너 자신을 인식하라.
괴롭히지도 말고 죽이지도 말라.[129)]

All men tremble at punishment, all men fear death; remember that you are like unto them, and do not kill, nor cause slaughter.

---

129) *一切皆懼死 莫不畏杖痛 恕己可爲譬 勿殺勿行杖 (法句經刀杖品) // Dhp. 129. sabbe tasanti daṇḍassa / sabbe bhāyanti maccuno / attānaṃ upamaṃ katvā / na haneyya na ghātaye //*

Dhp. 130.

어느 누구나 폭력을 무서워한다.
모든 존재들에게
삶은 사랑스럽기 때문이다.
그들 속에서 너 자신을 인식하라.
괴롭히지도 말고 죽이지도 말라.[130)]

All men tremble at punishment, all men love life; remember that thou art like unto them, and do not kill, nor cause slaughter.

---

130) 遍於諸方求 念心中間察 頗有斯等類 不愛己愛彼 以己喩彼命 是故不害人 (出曜經念品) // Dhp. 130. sabbe tasanti daṇḍassa / sabbesaṃ jīvitaṃ piyaṃ / attānaṃ upamaṃ katvā / na haneyya na ghātaye //

Dhp. 131.

자신의 안락을 구하면서
안락을 바라는 존재들을
폭력으로 해친다면,
그는 죽은 뒤에 안락을 얻지 못한다.[131)]

He who seeking his own happiness punishes or kills beings who also long for happiness, will not find happiness after death.

---

131) 善樂於愛欲 以杖加群生 於中自求安 後世不得樂 (出曜經樂品) // Dhp. 131. sukhakāmāni bhūtāni / yo daṇḍena vihiṃsati / attano sukhamesāno / pecca so na labhate sukhaṃ //

Dhp. 132.

자신의 안락을 구하면서
안락을 바라는 존재들을
폭력으로 해치지 않는다면,
그는 죽은 뒤에 안락을 얻는다.132)

He who seeking his own happiness does not punish or kill beings who also long for happiness, will find happiness after death.

---

132) 人欲得歡樂 杖不加群生 於中自求樂 後世亦得樂 (出曜經樂品) // Dhp. 132. sukhakāmāni bhūtāni / yo daṇḍena na hiṃsati / attano sukhamesāno / pecca so labhate sukhaṃ //

Dhp. 133.

아무에게도 거친 말을 하지 말라
받은 자가 그대에게 돌려보낼 것이다.
격정의 말은 고통을 야기하니
되돌아온 매가 그대를 때리리라.[133)]

Do not speak harshly to anybody; those who are spoken to will answer thee in the same way. Angry speech is painful, blows for blows will touch thee.

133) *不當麤言 言當畏報 惡往禍來 刀杖歸軀 (法句經刀杖品)* // *Dhp. 133. mā'voca pharusaṃ kañci / vuttā paṭivadeyyu taṃ / dukkhā hi sārambhakathā / paṭidaṇḍā phuseyyu taṃ* //

Dhp. 134.

깨어진 놋쇠그릇처럼
그대 자신이 동요하지 않으면,
그것이 열반에 이른 것이니
격정은 그대에게 존재하지 않는다.[134)]

If, like a shattered metal plate (gong), thou utter not, then thou hast reached Nirvana; contention is not known to thee.

---

134) 出言以善 如叩鐘磬 身無論議 度世卽安 (法句經 刀杖品) // Dhp. 134. sace neresi attānaṃ / kaṃso upahato yathā / esa patto'si nibbānaṃ / sārambho te na vijjati //

Dhp. 135.

소치는 사람이 채찍으로
소들을 목초지로 몰아대듯,
늙음과 죽음이
살아 있는 존재의 목숨을 몰아댄다.135)

As a cowherd with his staff drives his cows into the stable, so do Age and Death drive the life of men.

---

135) 譬人操杖 行牧食牛 老死猶然 亦養命去 (法句經 無常品) // Dhp. 135. yathā daṇḍena gopālo / gāvo pāceti gocaraṃ / evaṃ jarā ca maccu ca / āyuṃ pācenti pāṇinaṃ //

Dhp. 136.

악한 업을 짓고도
어리석은 자는 깨닫지 못한다.
그 지혜가 부족한 자는
자신의 업으로 불에 타듯 괴로워한다.136)

A fool does not know when he commits his evil deeds: but the wicked man burns by his own deeds, as if burnt by fire.

---

136) 愚惷作惡 不能自解 殃追自焚 罪成熾然 (法句經 愚暗品) // Dhp. 136. atha pāpāni kammāni / karaṃ bālo na bujjhati / sehi kammehi dummedho / aggi-daḍḍho'va tappati //

Dhp. 137

죄가 없고 위해가 없는 자를
폭력으로 해치는 자는
참으로 아주 빠르게
열 가지 경우 가운데 하나를 받는다.[137)]

He who inflicts pain on innocent and harmless persons, will soon come to one of these ten states:

---

137) 毆杖良善 妄讒無罪 其殃十倍 災仇無赦 (法句經 刀杖品) // Dhp. 137. yo daṇḍena adaṇḍesu / appaduṭṭhesu dussati / dasannamaññataraṃ / ṭhānaṃ khippameva nigacchati //

Dhp. 138.

심한 고통이나 궁핍,
신체적 상해나
중대한 질병이나
정신의 착란을 얻거나,[138)]

He will have cruel suffering, loss, injury of the body, heavy affliction, or loss of mind,

---

138) 生受酷痛 形體毁折 自然惱病 失意恍惚 (法句經 刀杖品) // Dhp. 138. vedanaṃ pharusaṃ jāniṃ / sarīrassa ca bhedanaṃ / garukaṃ vāpi ābādhaṃ / cittakkhepaṃ va pāpuṇe //

Dhp. 139.

국왕으로부터의 재난이나
무서운 중상모략
친족의 멸망이나
재산의 망실을 당하거나,[139)]

Or a misfortune coming from the king, or a fearful accusation, or loss of relations, or destruction of treasures,

---

139) 人所誣咎 或縣官厄 財產耗盡 親戚別離 (法句經 刀杖品) // Dhp. 139. rājato vā upassaggaṃ / abbhakkhānaṃ va dāruṇaṃ / parikkhayaṃ va ñātīnaṃ / bhogānaṃ va pabhaṅguraṃ //

Dhp. 140.

또는 정화자인 불을 만나
그 불이 자신의 집을 태운다.
마침내 어리석은 자는
몸이 파괴된 뒤에 지옥에 태어난다.140)

Or lightning-fire will burn his houses; and when his body is destroyed, the fool will go to hell.

---

140) 舍宅所有 災火焚燒 死入地獄 如是爲十 (法句經 刀杖品) // Dhp. 140. atha v'assa agārāni / aggi ḍahati pāvako / kāyassa bhedā duppañño / nirayaṃ so upapajjati //

Dhp. 141.

벌거벗거나 상투를 틀거나
진흙을 바르거나
단식을 하거나 맨땅에 눕거나
먼지와 티끌을 덮거나
웅크리고 정근하여도
의혹을 넘지 못한 자를 정화하지 못한다.141)

Not nakedness, not platted hair, not dirt, not fasting, or lying on the earth, not rubbing with dust, not sitting motionless, can purify a mortal who has not overcome desires.

---

141) *雖裸剪髮 被服草衣 沐浴踞石 奈痴結何* //Dhp. 141. *na naggacariyā na jaṭā na paṅkā / nānāsakā thaṇḍilasāyikā vā / rājo ca jallaṃ ukkuṭikappadhānaṃ / sodhenti maccaṃ avitiṇṇakaṅkhaṃ //*

Dhp. 142.

치장을 했어도 평정하게 행하고
고요하고 자제하고 자명하고 청정하여
모든 존재에 대한 폭력을 여의면
그가 성직자이고 수행자이고 수행승이다.[142)]

He who, though dressed in fine apparel, exercises tranquillity, is quiet, subdued, restrained, chaste, and has ceased to find fault with all other beings, he indeed is a Brahmana, an ascetic (sramana), a friar (bhikshu).

---

142) 自嚴以修法 減損受淨行 杖不加群生 是沙門道人 (法句經刀杖品) //Dhp. 142. alaṅkato ce'pi samaṃ careyya / santo danto niyato brahmacārī / sabbesu bhūtesu nidhāya daṇḍaṃ / so brāhmaṇo so samaṇo sa bhikkhu //

Dhp. 143.

누가 세상에서
부끄러움을 알아 자제하는가?
준마가 채찍을 보듯,
창피함을 알아챌 것인가?[143)]

Is there in this world any man so restrained by humility that he does not mind reproof, as a well-trained horse the whip?

143) *世儻有人 能知慙愧 是名誘進 如策良馬 (法句經 刀杖品) // Dhp. 143. hirīnisedho puriso / koci lokasmiṃ vijjati / yo nindaṃ apabodhati / asso bhadro kasāmiva //*

Dhp. 144.

채찍을 본 준마처럼,
열심히 노력하고 용맹을 일으키라.
믿음, 계행, 정진과
삼매, 원리의 탐구와
명지와 덕행을 갖추고, 새김을 확립함으로써
그대는 커다란 고통을 극복하리라.[144)]

Like a well-trained horse when touched by the whip, be ye active and lively, and by faith, by virtue, by energy, by meditation, by discernment of the law you will overcome this great pain (of reproof), perfect in knowledge and in behaviour, and never forgetful.

---

144) 如策良馬 進退能遠 人有信戒 定意精進 受道慧成 便滅衆苦 (法句經刀杖品) // Dhp. 144. asso yathā bhadro kasāniviṭṭho / ātāpino saṃvegino bhavātha / saddhāya sīlena ca vīriyena ca / samādhinā dhammavinicchayena ca / sampannavijjācaraṇā patissatā / pahassatha dukkhamidaṃ anappakaṃ //

Dhp. 145.

치수자는 물길을 끌고
화살을 만드는 자는 화살을 다루고
목공은 나무를 다듬고
선량한 자는 자기를 다스린다.145)

Well-makers lead the water (wherever they like); fletchers bend the arrow; carpenters bend a log of wood; good people fashion themselves.

---

145) *弓工調絃 水人調船 材匠調木 智者調身 (法句經刀杖品)* // *Dhp. 145. udakaṃ hi nayanti nettikā / usu- kārā namayanti tejanaṃ / dāruṃ namayanti tacchakā / attānaṃ damayanti subbatā //*

11. 늙음의 품

[Jarāvagga]

Chapter XI

Old Age

Dhp. 146.

오, 어찌 웃고, 어찌 즐기는가?
언제나 세상은 불타고 있고,
그대들은 어둠에 덮여 있는데,
등불을 구하지 않을 것인가?146)

How is there laughter, how is there joy, as this world is always burning? Why do you not seek a light, ye who are surrounded by darkness?

146) *何喜何笑 世常熾然 深蔽幽冥 不如求錠 (法句經 老耄品)* // *Dhp. 146. ko nu hāso kimānando / niccaṃ pajjalite sati / andhakārena onaddhā / padīpaṃ na gavessatha* //

Dhp. 147.

보라! 아름답게 꾸며진 영상,
상처투성이로 세워진 몸,
고통스럽고 망상으로 가득 찬 것,
영원하지도 않고 견고하지도 않다.[147)]

Look at this dressed-up lump, covered with wounds, joined together, sickly, full of many thoughts, which has no strength, no hold!

---

147) 見身形範 倚以爲安 多想致病 豈知非眞 (法句經老耄品) // Dhp. 147. passa cittakataṃ bimbaṃ / arukāyaṃ samussitaṃ / āturaṃ bahusaṅkappaṃ / yassa natthi dhuvaṃ ṭhiti //

Dhp. 148.

이 영상은 마침내 노쇠하고
질병의 소굴로 쉽게 부서진다.
이 부패한 축적물은 파괴된다.
삶은 죽음으로 끝나기 때문이라.148)

This body is wasted, full of sickness, and frail; this heap of corruption breaks to pieces, life indeed ends in death.

---

148) 老則色衰 所病自壞 形敗腐朽 命終自然 (法句經 無常品) // Dhp. 148. parijiṇṇamidaṃ rūpaṃ / roga-niḍḍhaṃ pabhaṅguraṃ / bhijjati pūtisandeho / maraṇantaṃ hi jīvitaṃ //

Dhp. 149.

참으로 가을에 버려진
이 호리병박들처럼
회백색의 해골들이 있다.
그것들을 보고 어찌 기뻐하겠는가?[149)]

Those white bones, like gourds thrown away in the autumn, what pleasure is there in looking at them?

---

149) *身死神徙 如御棄車 肉消骨散 身何可怙 (法句經 老耄品) // Dhp. 149. yānimāni apatthāni / alāpūn 'eva sārade / kāpotakāni aṭṭhīni / tāni disvāna kā rati //*

Dhp. 150.

뼈로 만들어지고
피와 살로 덧칠해진 도시,
거기에 늙음과 죽음과
자만과 위선이 감추어져 있다.150)

After a stronghold has been made of the bones, it is covered with flesh and blood, and there dwell in it old age and death, pride and deceit.

150) 身爲如城 骨幹肉塗 生至老死 但藏恚慢 (法句經 老耄品) // Dhp. 150. aṭṭhīnaṃ nagaraṃ kataṃ / maṃsalohitalepanaṃ / yattha jarā ca maccu ca / māno makkho ca ohito //

Dhp. 151.

잘 꾸며진 왕의 수레도 낡아가듯,
마찬가지로 몸도 또한 늙어간다.
그러나 참사람의 가르침은 부패하지 않는다.
참사람이 참사람에게 전하기 때문이다.151)

The brilliant chariots of kings are destroyed, the body also approaches destruction, but the virtue of good people never approaches destruction, - thus do the good say to the good.

---

151) 老則形變 喩如故車 法能除苦 宜以力學 (法句經 老耄品) // Dhp. 151. jīranti ve rājarathā sucittā / atho sarīrampi jaraṃ upeti / satañca dhammo na jaraṃ upeti / santo have sabbhi pavedayanti //

Dhp. 152.

배우지 못한 사람은
황소처럼 늙어간다.
그의 살은 뚱뚱해지지만
그의 지혜는 자라지 않는다.[152)]

A man who has learnt little, grows old like an ox; his flesh grows, but his knowledge does not grow.

---

152) 人之無聞 老苦特牛 但長肌肥 無有智慧 (法句經 老耄品) // Dhp. 152. appassutāyaṃ puriso / balivaddo'va jīrati / maṃsāni tassa vaḍḍhanti / paññā tassa na vaḍḍhati //

Dhp. 153.

나는 집을 짓는 자를 찾으며
그러나 발견하지 못하고
많은 생애의 윤회를 달려왔으니,
거듭 태어남은 고통이다.[153)]

Looking for the maker of this tabernacle, I shall have to run through a course of many births, so long as I do not find (him); and painful is birth again and again.

153) 生死有無量 往來無端緖 求於屋舍者 數數受胞胎 (出曜經心意品, 增一阿含11) // Dhp. 153. anekajāti saṃsāraṃ / sandhāvissaṃ anibbisaṃ / gahakārakaṃ gavesanto / dukkhā jāti punappunaṃ //

Dhp. 154.

집짓는 자여, 그대는 알려졌다.
그대는 다시는 집을 짓지 못하리.
서까래는 부서졌고 대들보는 꺾였다.
마음은 형성을 여의고
갈애의 부숨을 성취했다.154)

But now, maker of the tabernacle, thou hast been seen; thou shalt not make up this tabernacle again. All thy rafters are broken, thy ridge-pole is sundered; the mind, approaching the Unconditioned, has attained to the extinction of all desires.

---

154) *以觀此屋 更不造舍 梁棧已壞 臺閣摧折 心已離行 中間已滅 (法句經老耄品) (出曜經心意品, 增一阿含11) // Dhp. 154. gahakāraka diṭṭho'si / puna gehaṃ na kāhasi / sabbā te phāsukā bhaggā / gahakūṭaṃ visaṅkhitaṃ / visaṅkhāragataṃ cittaṃ / taṇhānaṃ khayam ajjhagā //*

Dhp. 155.

젊어서 청정한 삶을 살지 않고
재산도 모으지 못했으니
고기 없는 연못에 사는
늙은 백로처럼, 죽어간다. 155)

Men who have not observed proper discipline, and have not gained treasure in their youth, perish like old herons in a lake without fish.

---

155) 不修梵行 又不富財 老如白鷺 守伺空池 (法句經 老耄品) // Dhp. 155. acaritvā brahmacariyaṃ / aladdhā yobbane dhanaṃ / jiṇṇakoñcā, va jhāyanti / khīṇamacche va pallale //

Dhp. 156.

젊어서 청정한 삶을 살지 않고
재산도 모으지 못했으니,
쏘아져 버려진 화살처럼,
누워서 옛날을 애도한다.156)

Men who have not observed proper discipline,
and have not gained treasure in their youth,
lie, like broken bows, sighing after the past.

---

156) 旣不守戒 又不積財 老羸氣竭 思故何逮 (法句經 老耄品) // Dhp. 156. acaritvā brahmacariyaṃ / aladdhā yobbane dhanaṃ / senti cāpā'tikhīṇā'va / purāṇāni anutthunaṃ //

12. 자기의 품

[Attavagga]

Chapter XII

Self

Dhp. 157.

자기가 사랑스러운 것을 알면,
자기 자신을 잘 수호해야 한다.
현명한 님이라면 세 시기 가운데
적어도 한 번 자기를 살펴야 하리.157)

If a man hold himself dear, let him watch himself carefully; during one at least out of the three watches a wise man should be watchful.

---

157) 自愛身者 愼護所守 悕望欲解 學正不寢 (法句經 愛身品) // Dhp. 157. attānaṃ ce piyaṃ jaññā / rakkheyya naṃ surakkhitaṃ / tiṇṇamaññataraṃ yāmaṃ / paṭijaggeyya paṇḍito // 세 시기란 인간생애의 세 단계를 말한다. 첫 단계 유희의 시기에 착하고 건전한 일을 하지 못하면, 중간 단계 가족을 돌보는 시기에 착하고 건전한 일을 하거나, 최소한 생애의 마지막 단계에서는 새김을 확립하고 착하고 건전한 일을 해야 한다. 수행자의 경우는 첫 단계에서 경전을 배우고 계행을 익히는 시기, 두 번째 단계에서 승원에서의 의무를 다하고 배움을 연마하는 시기, 세 번째 단계에서는 배운 것의 적용가능성을 탐구하여 실천하는 시기이다.

Dhp. 158.

현명한 님이라면 먼저 자신을
최적으로 확립하고
남을 가르쳐야 한다.
그러면 번뇌로 괴로워하지 않는다.158)

Let each man direct himself first to what is proper, then let him teach others; thus a wise man will not suffer.

---

158) *學當先求解 觀察別是非 受諦應誨彼 慧然不復惑 (法句經教學品) // Dhp. 158. attānameva paṭhamaṃ / patirūpe nivesaye / ath'aññamanusāseyya / na kilisseyya paṇḍito //*

Dhp. 159.

남을 가르치는 그대로 그렇게
자신을 만들어야 한다.
자기는 참으로 다루기 어려우니
잘 다스려야만 실로 닦여진다.[159)]

If a man make himself as he teaches others to be, then, being himself well subdued, he may subdue (others); one's own self is indeed difficult to subdue.

---

159) 當自剋修 隨其教訓 己不被訓 焉能訓彼 (出曜經我品) // Dhp. 159. attānañce tathā kayirā / yath' aññamanusāsati / sudanto vata dammetha / attā hi kira duddamo //

Dhp. 160.

자신이야말로 자신의 수호자이니
다른 누가 수호자가 되리.
자신을 잘 제어할 때
얻기 어려운 수호자를 얻는다.[160)]

Self is the lord of self, who else could be the lord? With self well subdued, a man finds a lord such as few can find.

---

160) 自己心爲師 不隨他爲師 自己爲師者 獲眞智人法 (法集要頌經己身品) // Dhp. 160. attā hi attano nātho / kohi nātho paro siyā / attanā'va sudantena / nāthaṃ labhati dullabhaṃ //

Dhp. 161.

스스로 행해진 악은 자기에게서 생겨나고
자기로부터 생산된 것이다.
다이아몬드가 단단한 보석을 부수듯,
그것이 지혜롭지 못한 자를 부순다.161)

The evil done by oneself, self-begotten, self-bred, crushes the foolish, as a diamond breaks a precious stone.

---

161) 本我所造 後我自受 爲惡自更 如剛鑽珠 (法句經 愛身品) // Dhp. 161. attanā'va kataṃ pāpaṃ / attajaṃ attasambhavaṃ / abhimatthati dummedhaṃ / vajiraṃ'v'asmam ayaṃ maṇiṃ //

Dhp. 162.

계행을 범하는 자는
말루바 덩굴이
쌀라 나무를 덮치는 것처럼,
적이 자신에게 원하는 대로
자신이 그대로를 자신에게 행한다. 162)

He whose wickedness is very great brings himself down to that state where his enemy wishes him to be, as a creeper does with the tree which it surrounds.

---

162) 人不持戒 滋蔓如藤 逞情極欲 惡行日增 (法句經 愛身品) // Dhp. 162. yassa accantadussīlyaṃ / māluvā sālam iv'otataṃ / karoti so tatha'ttānaṃ / yathā naṃ icchatī diso //

Dhp. 163.

그릇되고 해로운 일은
자신에게 행하기 쉽고,
유익하고 옳은 일은
자신을 위해 지극히 행하기 힘들다.[163)]

Bad deeds, and deeds hurtful to ourselves, are easy to do; what is beneficial and good, that is very difficult to do.

---

163) *惡行危身 愚以爲易 善最安身 愚以爲難 (法句經愛身品)* // Dhp. 163. sukarāni asādhūni / attano ahitāni ca / yaṃ ve hitañca sādhuṃ ca / taṃ ve paramadukkaraṃ //

Dhp. 164.

거룩한 님, 고귀한 님,
여법한 삶을 사는 님의 가르침을
지혜롭지 못한 자는
악한 견해에 의지해 방해한다.
자기파멸을 위해 익어가는
갈대의 열매와 같이. 164)

The foolish man who scorns the rule of the venerable (Arahat), of the elect (Ariya), of the virtuous, and follows false doctrine, he bears fruit to his own destruction, like the fruits of the Katthaka reed.

---

164) 如眞人教 以道活身 愚者嫉之 見而爲惡 行惡得惡 如種苦種 (法句經愛身品) // Dhp. 164. yo sāsanaṃ arahataṃ / ariyānaṃ dhammajīvinaṃ / paṭikkosati dummedho / diṭṭhiṃ nissāya pāpikaṃ / phalāni kaṭṭhakasseva / attaghaññāya phallati //

Dhp. 165.

자기가 실로 악을 행하고
자기가 오염된다.
자기가 악을 행하지 않고
자기가 청정해진다.
깨끗함과 더러움은 각자가 짓는 것,
누가 누구를 정화시킬 것인가?[165)]

By oneself the evil is done, by oneself one suffers; by oneself evil is left undone, by oneself one is purified. Purity and impurity belong to oneself, no one can purify another.

165) 惡自受罪 善自受福 亦各須熟 彼不相代 習善得善 亦如種甛 (法句經愛身品, 增一阿含51) //Dhp. 165. attanā'va kataṃ pāpaṃ / attanā saṃkilissati / attanā akataṃ pāpaṃ / attanā'va visujjhati / suddhi asuddhi paccattaṃ / nāññamañño visodhaye //

Dhp. 166.

남을 위해 할 일이 많다고 해도
자기가 할 일을 소홀히 하지 말라.
자기를 위해 해야 할 일을 알아
바로 그 해야 할 일에 전념해야 하리. 166)

Let no one forget his own duty for the sake of another's, however great; let a man, after he has discerned his own duty, be always attentive to his duty.

---

166) *凡用必豫慮 勿以損所務 如是意日修 事務不失時 (法句經愛身品) // Dhp. 166. attadatthaṃ paratthena / bahunā'pi na hāpaye / attadattham abhiññāya / sadatthapasuto siyā //*

13. 세상의 품

[Lokavagga]

Chapter XIII

The World

Dhp. 167.

저열한 것을 섬기지 말고
방일하게 살지 말아야 한다.
잘못된 견해를 따르지 말고
세속을 증가시키는 자가 되지 말라.[167)]

Do not follow the evil law! Do not live on in thoughtlessness! Do not follow false doctrine! Be not a friend of the world.

167) *不親卑漏法 不與放逸會 不種邪見根 不於世長惡 (出曜經無放逸品) // Dhp. 167. hīnaṃ dhammaṃ na seveyya / pamādena na saṃvase / micchādiṭṭhiṃ na seveyya / na siyā lokavaddhano // 세속을 증가시키는 것이란 영원주의와 허무주의에 바탕을 두는 모든 사견 즉 잘못된 견해를 증가시키는 것을 의미한다.*

Dhp. 168.

자제하라. 방일하지 말라.
선행의 원리를 실천하라.
이 세상에서도 저 세상에서도
진리의 행자는 편히 잠든다.168)

Rouse thyself! do not be idle! Follow the law of virtue! The virtuous rests in bliss in this world and in the next.

---

168) 隨時不興慢 快習於善法 善法善安寐 今世亦後世 (出曜經放逸品) // Dhp. 168. uttiṭṭhe nappamajjeyya / dhammaṃ sucaritaṃ care / dhammacāri sukhaṃ seti / asmiṃ loke paramhi ca //

Dhp. 169.

선행의 원리를 행하라.
악행의 원리를 행하지 말라.
이 세상에서도 저 세상에서도
진리의 행자는 편히 잠든다.169)

Follow the law of virtue; do not follow that of sin. The virtuous rests in bliss in this world and in the next.

169) 樂法樂學行 愼莫行惡法 能善行法者 今世後世樂 (出曜經樂品) // Dhp. 169. dhammaṃ care sucaritaṃ / na naṃ duccaritaṃ care / dhammacārī sukhaṃ seti / asmiṃ loke paramhi ca //

Dhp. 170.

물거품을 보는 것처럼,
아지랑이를 보는 것처럼,
이 세상을 보는 사람을
죽음의 사자는 보지 못한다. 170)

Look upon the world as a bubble, look upon it as a mirage : the king of death does not see him who thus looks down upon the world.

---

170) 當觀水上泡 亦觀幻野馬 如是不觀世 亦不見死王 (出曜經觀品) // Dhp. 170. yathā bubbulakaṃ passe / yathā passe marīcikaṃ / evaṃ lokaṃ avekkhantaṃ / maccurājā na passati //

Dhp. 171.

와서 바로 이 세상을 보라.
왕의 치장한 수레와 같다.
어리석은 자는 거기에 빠져들지만,
현명한 자는 집착하지 않는다.[171)]

Come, look at this glittering world, like unto a royal chariot; the foolish are immersed in it, but the wise do not touch it.

---

171) 如是當觀身 如王雜色車 愚者所染著 智者遠離之 (出曜經觀品) // Dhp. 171. etha passath'imaṃ lokaṃ / cittaṃ rājarathūpamaṃ / yattha bālā visīdanti / natthi saṅgo vijānataṃ //

Dhp. 172.

예전에 방일했더라도
그 뒤에 방일하지 않으면,
구름에서 벗어난 달과 같이
이 세상을 비춘다.[172)]

He who formerly was reckless and afterwards became sober, brightens up this world, like the moon when freed from clouds.

172) 人前爲過 後止不犯 是照世間 如月雲消 (出曜經 有念品. 雜阿含38, 增一阿含31) // Dhp. 172. yo ca pubbe pamajjitvā / pacchā so nappamajjati / so imaṃ lokaṃ pabhāseti / abbhā mutto'va candimā //

Dhp. 173.

악한 짓을 했어도
착하고 건전한 일로 갚으면,
그는 구름에서 벗어난 달과 같이
이 세상을 비춘다.173)

He whose evil deeds are covered by good deeds, brightens up this world, like the moon when freed from clouds.

---

173) 人前爲過 以善滅之 是照時間 如月雲消 (出曜經 雜品, 雜阿含38) // Dhp. 173. yassa pāpaṃ kataṃ kammaṃ / kusalena pithīyati / so imaṃ lokaṃ pabhāseti / abbhā mutto'va candimā //

Dhp. 174.

이 세상은 암흑이다.
여기서 통찰하여 보는 자들은 드물다.
그물을 벗어난 새와 같이
하늘로 나는 자들은 드물다. 174)

This world is dark, few only can see here; a few only go to heaven, like birds escaped from the net.

---

174) 痴覆天下 貪令不見 邪疑却道 若愚行是 (法句經 世俗品) // Dhp. 174. andhabhūto ayaṃ loko / tanukettha vipassati / sakunto jālamutto'va / appo saggāya gacchati //

Dhp. 175.

백조들이 태양의 길을 따라서
초월적인 힘으로 허공을 날듯,
악마와 그 군대를 물리치고
현명한 님들은 세상에서 벗어난다.[175)]

The swans go on the path of the sun, they go through the ether by means of their miraculous power; the wise are led out of this world, when they have conquered Mara and his train.

---

175) 如鴈將群 避羅高翔 明人導世 度脫魔衆 (法句經世俗品) // Dhp. 175. haṃsādiccapathe yanti / ākāse yanti iddhiyā / niyyanti dhīrā lokamhā / jitvā māraṃ savāhiniṃ //

Dhp. 176.

유일한 진실을 어기고
거짓을 말하는 자,
저 세상을 포기한 자에게는
행해지지 않을 악이 없다.176)

If a man has transgressed one law, and speaks lies, and scoffs at another world, there is no evil he will not do.

176) *一法脫過 謂妄語人 不免後世 靡惡不更 (法句經 世俗品) // Dhp. 176. ekaṃ dhammaṃ atītassa / musānvādissa jantūno / vitiṇṇaparalokassa / natthi pāpaṃ akāriyaṃ //*

Dhp. 177.

간탐이 있는 자는 천상계에 이르지 못하고
어리석은 자는 보시를 칭찬하지 않는다.
현명한 자는 보시를 기뻐하면서
그것으로 실로 내세에 안락을 얻는다.177)

The uncharitable do not go to the world of the gods; fools only do not praise liberality; a wise man rejoices in liberality, and through it becomes blessed in the other world.

177) 愚不修天行 亦不譽布施 信施助善者 從是到彼安 (出曜經信品, 法句經篤信品) // Dhp. 177. na ve kadariyā devalokaṃ vajanti / bālā have nappa-saṃsanti dānaṃ / dhīro ca dānaṃ anumodamāno / tene'va so hoti sūkhī parattha //

Dhp. 178.

지상에서의 유일한 왕권보다
천상계로 가는 것보다
전 세계를 지배하는 것보다
진리의 흐름에 든 것이 탁월하다.[178)]

Better than sovereignty over the earth, better than going to heaven, better than lordship over all worlds, is the reward of the first step in holiness.

---

178) 夫求爵位財 尊貴升天福 辯慧世間悍 斯聞爲第一 (法句經多聞品) // Dhp. 178. pathavyā ekarajjena / saggassa gamanena vā / sabbalokādhipaccena / sotāpattiphalaṃ varaṃ //

14. 깨달은 님의 품

[Buddhavagga]

Chapter XIV

The Buddha

Dhp. 179.

깨달은 님의 승리는 패배로 돌아가지 않으니,
아무도 세상에서 그의 승리에 이르지 못한다.
그의 행경은 무한하고 그의 자취는 없다.
그 님을 어떤 자취를 따라 이끌 수 있으랴?[179)]

He whose conquest is not conquered again, into whose conquest no one in this world enters, by what track can you lead him, the Awakened, the Omniscient, the trackless?

---

179) 己勝不受惡 一切勝世間 叡智廓無彊 開朦令入道 (法句經述佛品, 出曜經如來品, 中阿含96) // Dhp. 179. yassa jitaṃ nāvajīyati / jitamassa no yāti koci loke / tambuddhamanantagocaraṃ / apadaṃ kena padena nessatha //

Dhp. 180.

깨달은 님에게는 자신을 어딘 가로 이끄는
그물처럼 달라붙는 갈애가 없다.
그의 행경은 무한하고 그의 자취는 없다.
그 님을 어떤 자취를 따라 이끌 수 있으랴?180)

He whom no desire with its snares and poisons can lead astray, by what track can you lead him, the Awakened, the Omniscient, the trackless?

180) *決網無罣碍 愛盡無所積 佛智深無極 未踐迹令踐 (法句經述佛品) (法句經述佛品, 出曜經如來品, 中阿含96) // Dhp. 180. yassa jālinī visattikā / taṇhā natthi kuhiñci netave / tambuddhamanantagocaraṃ / apadaṃ kena padena nessatha //*

Dhp. 181.

현자로서 선정에 열중하고
멀리 떠남의 고요에 기뻐하는
올바로 원만히 깨달은 님,
새김을 확립한 님을 신들도 부러워한다.181)

Even the gods envy those who are awakened and not forgetful, who are given to meditation, who are wise, and who delight in the repose of retirement (from the world).

---

181) 勇健立一心 出家日夜滅 根絶無欲意 學正念淸明 (法句經述佛品, 出曜經如來品, 中阿含56) // Dhp. 181. ye jhānapasutā dhīrā / nekkhammūpasame ratā / devā 'pi tesaṃ pihayanti / sambuddhānaṃ satīmataṃ //

Dhp. 182.

인간의 몸을 얻는 것도 어렵고
죽어야 하는 자가 사는 것도 어렵고
올바른 가르침을 듣는 것도 어렵고
깨달은 님이 출현하는 것도 어렵다.[182)]

Difficult (to obtain) is the conception of men, difficult is the life of mortals, difficult is the hearing of the True Law, difficult is the birth of the Awakened (the attainment of Buddhahood).

182) *得生人道難 生壽亦難得 世間有佛難 佛法難得聞 (法句經述佛品) // Dhp. 182. kiccho manussapaṭilābho / kiccham maccāna jīvitaṃ / kicchaṃ saddhammasavanaṃ / kiccho buddhānaṃ uppādo //*

Dhp. 183.

모든 죄악을 짓지 않고
모든 착하고 건전한 것들을 성취하고
자신의 마음을 깨끗이 하는 것,
이것이 모든 깨달은 님들의 가르침이다.[183)]

Not to commit any sin, to do good, and to purify one's mind, that is the teaching of (all) the Awakened.

---

183) 諸惡莫作 衆善奉行 自淨其意 是諸佛教(法句經 述佛品, 增一阿含1, 增一阿含44, 四分戒本) // Dhp. 183. sabbapāpassa akaraṇaṃ / kusalassa upasampadā / sacittapariyodapanaṃ / etaṃ buddhāna sāsanaṃ //

Dhp. 184.

참아내고 인내하는 것이 최상의 고행,
열반은 궁극이다. 깨달은 님들은 말한다.
출가자는 남을 해치지 않는 님이고
수행자는 남을 괴롭히지 않는 님이다. 184)

The Awakened call patience the highest penance, long-suffering the highest Nirvana; for he is not an anchorite (pravragita) who strikes others, he is not an ascetic (sramana) who insults others.

---

184) *忍爲最自守 泥洹佛稱上 捨家不犯戒 息心無所害(法句經泥洹品, 法句經述佛品) // Dhp. 184. khantī paramaṃ tapo titikkhā / nibbānaṃ paramaṃ vadanti buddhā / na hi pabbajito parūpaghātī / samaṇo hoti paraṃ viheṭhayanto //*

Dhp. 185.

비방을 삼가고 해치지 않고
계행의 덕목을 지키고
식사에서 알맞은 분량을 알고
홀로 떨어져 앉거나 눕고
보다 높은 마음에 전념하는 것,
이것이 깨달은 님들의 가르침이다.185)

Not to blame, not to strike, to live restrained under the law, to be moderate in eating, to sleep and sit alone, and to dwell on the highest thoughts, - this is the teaching of the Awakened.

185) 不嬈亦不惱 如戒一切持 少食捨身貪 有行幽隱處 意諦以有黠 是能奉佛教 (法句經述佛品) // Dhp. 185. anūpavādo anūpaghāto / pātimokkhe ca saṃvaro / mattaññutā ca bhattasmiṃ / pantañca sayanāsanaṃ / adhicitte ca āyogo / etaṃ buddhāna sāsanaṃ //

Dhp. 186.

참으로 금화의 비가 내려도
감각적 쾌락의 욕망에 만족은 없다.
욕망에는 쾌락은 적고 고통뿐이라.
현명한 님은 이와 같이 안다.186)

There is no satisfying lusts, even by a shower of gold pieces; he who knows that lusts have a short taste and cause pain, he is wise;

---

186) 天雨七寶 欲猶無厭 樂少苦多 覺者爲賢 (法句經 利養品. 中阿含11) // Dhp. 186. na kahāpaṇavassena / titti kāmesu vijjati / appassādā dukkhā kāmā / iti viññāya paṇḍito //

Dhp. 187.

올바로 원만히 깨달은 님의 제자는
천상의 감각적 쾌락에 대한 욕망에서조차
즐거움을 구하지 않고,
단지 갈애의 부숨을 기뻐한다.[187)]

Even in heavenly pleasures he finds no satisfaction, the disciple who is fully awakened delights only in the destruction of all desires.

187) *雖有天欲 慧捨無貪 樂離恩愛 爲佛弟子 (法句經 利養品) // Dhp. 187. api dibbesu kāmesu / ratiṃ so nādhigacchati / taṇhakkhayarato hoti / sammāsambuddhasāvako //*

Dhp. 188.

많은 대부분의 사람들은
두려움을 두려워하여
산과 숲에 귀의처를 찾거나
동산이나 나무가 있는 성소에 귀의한다.188)

Men, driven by fear, go to many a refuge, to mountains and forests, to groves and sacred trees.

188) *或多自歸 山川樹神 廟立圖像 祭祠求福 (法句經述佛品) // Dhp. 188. bahū ve saraṇaṃ yanti / pabbatāni vanāni ca / ārāmarukkhacetyāni / manussā bhayatajjitā //*

Dhp. 189.

그러나 그것은 안온한 귀의처가 아니고
그것은 실로 최상의 귀의처가 아니다.
그것에 귀의한다고 해서
일체의 고통에서 벗어나는 것은 아니다.[189)]

But that is not a safe refuge, that is not the best refuge; a man is not delivered from all pains after having gone to that refuge.

---

189) 自歸如是 非吉非上 彼不能來 度我衆苦 (法句經述佛品) // *Dhp. 189. netaṃ kho saraṇaṃ khemaṃ / netaṃ saraṇamuttamaṃ / netaṃ saraṇamāgamma / sabbadukkhā pamuccati* //

Dhp. 190.

깨달은 님과 가르침과
참모임에 귀의한 님은
올바른 지혜로써
네 가지 거룩한 진리를 본다.190)

He who takes refuge with Buddha, the Law, and the Church; he who, with clear understanding, sees the four holy truths:

---

190) 如有自歸 佛法聖衆 道德四諦 必見正慧 (法句經 述佛品) // Dhp. 190. yo ca buddhañca dhammañca / saṅghañca saraṇaṃ gato / cattāri ariyasaccāni / sammappaññāya passati //

Dhp. 191.

괴로움, 괴로움의 발생,
괴로움의 초월,
괴로움의 지멸로 이끄는
고귀한 여덟 가지 길이 있다.[191)]

Namely. pain, the origin of pain, the destruction of pain, and the eightfold holy way that leads to the quieting of pain;

---

191) 生死極苦 從諦得度 度世入道 斯除衆苦 (法句經 述佛品) // Dhp. 191. dukkhaṃ dukkhasamuppādaṃ / dukkhassa ca atikkamaṃ / ariyañcaṭṭhaṅgikaṃ maggaṃ / dukkhūpasamagāminaṃ //

Dhp. 192.

바로 이것이 안온한 귀의처이고
이것이야말로 최상의 귀의처이다.
이것에 귀의하여서
일체의 고통에서 벗어난다.192)

That is the safe refuge, that is the best refuge; having gone to that refuge, a man is delivered from all pain.

---

192) 自歸三尊 最吉最上 唯獨有是 度一切苦 (法句經 述佛品) // Dhp. 192. etaṃ kho saraṇaṃ khemaṃ / etaṃ saraṇamuttamaṃ / etaṃ saraṇamāgamma / sabbadukkhā pamuccati //

Dhp. 193.

존귀한 님은 얻기 어렵고
아무 곳에서나 태어나지 않는다.
그 현자가 태어나는 곳마다
그 가문은 행복하게 번영한다.193)

A supernatural person (a Buddha) is not easily found, he is not born everywhere. Wherever such a sage is born, that race prospers.

---

193) 明人難値 亦不比有 其所生處 族親蒙慶 (法句經述佛品) // Dhp. 193. dullabho purisājañño / na so sabbattha jāyati / yattha so jāyati dhīro / taṃ kūlaṃ sukhamedhati //

Dhp. 194.

깨달은 님의 출현도 행복이고
올바른 가르침의 베풂도 행복이고
참모임의 화합도 행복이고
화합한 님들의 수행도 행복이다.194)

Happy is the arising of the awakened, happy is the teaching of the True Law, happy is peace in the church, happy is the devotion of those who are at peace.

---

194) *諸佛興快 說經道快 衆聚和快 和則常安 (法句經述佛品)* // *Dhp. 194. sukho buddhānaṃ uppādo / sukhā saddhammadesanā / sukhā saṅghassa sāmaggi / samaggānaṃ tapo sukho* //

Dhp. 195.

공양할 가치 있는 님들,
희론을 여의고
슬픔과 비탄을 건넌
깨달은 님들이나 그 제자들을
공양하는 자가 있으니.[195)]

He who pays homage to those who deserve homage, whether the awakened (Buddha) or their disciples, those who have overcome the host (of evils), and crossed the flood of sorrow,

---

195) 見諦淨無穢 已度五道淵 佛出照世間 爲除衆憂苦 (法句經述佛品) // Dhp. 195. pūjārahe pūjayato / buddhe yadi va sāvake / papañcasamatikkante / tiṇṇasokapariddave //

Dhp. 196.

열반에 드신 님들, 두려움을 여읜 님들
그러한 님들을 공양하는 자의
공덕을 두고 누군가가 '이만하다'라고
조금이라도 헤아리는 것이 불가능하다.[196)]

he who pays homage to such as have found deliverance and know no fear, his merit can never be measured by anybody.

196) *士如中正 志道不慳 利哉斯人 自歸佛者 (法句經 述佛品)* // *Dhp. 196. te tādise pūjayato / nibbute akutobhaye / na sakkā puññaṃ saṅkhātuṃ / im-ettamapi kenaci //*

15. 안락의 품

[Sukhavagga]

Chapter XV

Happiness

Dhp. 197.

아, 우리는 아주 안락하게 산다.
원한 품은 자들 속에 원한 없이
원한을 품은 사람들 사이에서
우리는 원한을 여읜 자로서 산다.197)

Let us live happily then, not hating those who hate us! among men who hate us let us dwell free from hatred!

---

197) 我生已安 不慍於怨 衆人有怨 我行無怨 (法句經安寧品) // Dhp. 197. susukhaṃ vata jīvāma / verinesu averino / verinesu manussesu / viharāma averino //

Dhp. 198.

아, 우리는 아주 안락하게 산다.
고통스러워하는 자들 속에서 고통을 여의고
고통스러워하는 사람들 사이에서
우리는 고통을 여읜 자로서 산다.198)

Let us live happily then, free from ailments among the ailing! among men who are ailing let us dwell free from ailments!

---

198) 我生已安 不病於病 衆人有病 我行無病 (法句經 安寧品) // Dhp. 198. susukhaṃ vata jīvāma / āturesu anāturā / āturesu manussesu / viharāma anāturā //

Dhp. 199.

아, 우리는 아주 안락하게 산다.
열망하는 자들 속에서 열망을 여의고
열망하는 사람들 사이에서
우리는 열망을 여읜 자로서 지낸다.[199)]

Let us live happily then, free from greed among the greedy! among men who are greedy let us dwell free from greed!

---

199) 我生已安 不慼於憂 衆人有憂 我行無憂 (法句經 安寧品) // *Dhp. 199. susukhaṃ vata jīvāma / ussūkesu anussukā / ussukesu manussesu / viharāma anussukā //*

Dhp. 200.

아, 우리는 아주 안락하게 산다.
우리의 것이라고는 결코 없어도
빛이 흐르는 하느님 세계의 하느님들처럼
기쁨을 음식으로 삼아 지내리라.[200)]

Let us live happily then, though we call nothing our own! We shall be like the bright gods, feeding on happiness!

---

200) 我生已安 清淨無爲 以樂爲食 如光音天(法句經 安寧品, 雜阿含39) // Dhp. 200. susukhaṃ vata jīvāma / yesaṃ no natthi kiñcanaṃ / pītibhakkhā bhavissāma / devā ābhassarā yathā //

Dhp. 201.

승리는 원한을 낳고
패한 자는 고통 속에 잠든다.
적멸에 든 님은
승리와 패배를 버리고 행복하게 잠든다.201)

Victory breeds hatred, for the conquered is unhappy. He who has given up both victory and defeat, he, the contented, is happy.

---

201) 勝則生怨 負則自鄙 夫勝負心 無諍自安 (法句經 安寧品) // Dhp. 201. jayaṃ veraṃ pasavati / dukkhaṃ seti parājito / upasanto sukhaṃ seti / hitvā jayaparājayaṃ //

Dhp. 202.

탐욕에 비길 불은 없고
성냄에 비길 죄악은 없다.
존재의 다발에 비길 고통은 없고
적정보다 나은 안락은 없다.[202)]

There is no fire like passion; there is no losing throw like hatred; there is no pain like this body; there is no happiness higher than rest.

---

202) 熱無過婬 毒無過怒 苦無過身 樂無過滅 (法句經安寧品) // Dhp. 202. natthi rāgasamo aggi / natthi dosasamo kali / natthi khandhasamā dukkhā / natthi santiparaṃ sukhaṃ //

Dhp. 203.

굶주림은 가장 심각한 질병이고
형성된 것들은 극심한 괴로움이다.
이것을 있는 그대로 알면,
열반 곧, 위없는 지복을 얻는다.[203)]

Hunger is the worst of diseases, the body the greatest of pains; if one knows this truly, that is Nirvana, the highest happiness.

---

203) 飢爲大病 行爲最苦 已諦知此 泥洹最樂 (法句經 泥洹品) // *Dhp. 203. jighacchāparamā rogā / saṅkhāraparamā dukhā / etaṃ ñatvā yathābhūtaṃ / nibbānaparamaṃ sukhaṃ* //

Dhp. 204.

건강이 최상의 이익이고
만족이 최상의 재보이고
신뢰가 최상의 친지이고
열반이 최상의 행복이다.204)

Health is the greatest of gifts, contentedness the best riches; trust is the best of relationships, Nirvana the highest happiness.

---

204) 無病最利 知足最富 厚爲最友 泥洹最快 (法句經 泥洹品, 十誦律25) // Dhp. 204. ārogyaparamā lābhā / santuṭṭhiparamaṃ dhanaṃ / vissāsaparamā ñātī / nibbānaparamaṃ sukhaṃ //

Dhp. 205.

멀리 여읨의 맛을 보고
적정의 맛을 보고
진리의 기쁨의 맛을 본 사람은
악을 여의고 고뇌를 여읜다.205)

He who has tasted the sweetness of solitude and tranquillity, is free from fear and free from sin, while he tastes the sweetness of drinking in the law.

---

205) 解知念待味 思將休息義 無熱無饑想 當服於法味 (出曜經惡行品) // Dhp. 205. pavivekarasaṃ pītvā / rasaṃ upasamassa ca / niddaro hoti nippāpo / dhammapītirasaṃ pibaṃ //

Dhp. 206.

고귀한 님은 만나면 좋고
함께 지내면 언제나 행복하다.
어리석은 자들을 멀리 여의면,
언제나 행복을 얻으리. 206)

The sight of the elect (Arya) is good, to live with them is always happiness; if a man does not see fools, he will be truly happy.

---

206) *見聖人快 得依附快 得離愚人 爲善獨快 (法句經 安寧品) // Dhp. 206. sādhu dassanamariyānaṃ / sannivāso sadā sukho / adassanena bālānaṃ / niccameva sukhī siyā //*

Dhp. 207.

어리석은 자와 함께 걷는 자는
오랜 세월 비탄에 젖는다.
어리석은 자와 같이 살면
적과 함께 하듯 언제나 괴롭다.
현명한 자와 같이 살면
친족과 함께 하듯 즐겁다.207)

He who walks in the company of fools suffers a long way; company with fools, as with an enemy, is always painful; company with the wise is pleasure, like meeting with kinsfolk.

207) 與愚同居難 猶與怨同處 當選擇共居 如與親親會 (出曜經親品) // Dhp. 207. bālasaṅgatacārīhi / dīghamaddhāna socati / dukkho bālehi saṃvāso / amitteneva sabbadā / dhīro ca sukhasaṃvāso / ñātīnaṃ'va samāgamo //

Dhp. 208.

견고하고 지혜롭고 많이 배우고
인내의 덕을 갖고 성실한 고귀한 님을 따르라.
마치 달이 뭇별의 길을 따르듯.
이와 같은 현명한 참사람을 따르라.208)

Therefore, one ought to follow the wise, the intelligent, the learned, the much enduring, the dutiful, the elect; one ought to follow a good and wise man, as the moon follows the path of the stars.

---

208) 是故事多聞 幷及持戒者 如是人中上 如月在衆星 (出曜經親品) // Dhp. 208. dhīrañca paññañca bahussutañca / dhorayhasīlaṃ vatavantamāriyaṃ / taṃ tādisaṃ sappurisaṃ sumedhaṃ / bhajetha nakkhattapathaṃ'va candimā //

16. 사랑하는 자의 품

[Piyavagga]

Chapter XVI

Pleasure

Dhp. 209.

알맞지 않은 것에 자신을 바치고,
알맞은 것에 헌신하지 못하고,
사랑하는 자에 매달려 목표를 버리는 자는
자기에 전념하는 자를 부러워한다.[209)]

He who gives himself to vanity, and does not give himself to meditation, forgetting the real aim (of life) and grasping at pleasure, will in time envy him who has exerted himself in meditation.

---

209) 違道則自順 順道則自違 捨義取所好 是謂順愛欲 (法句經好喜品) // Dhp. 209. ayoge yuñjamattānaṃ / yogasmiñca ayojayaṃ / atthaṃ hitvā piyaggāhī / pihetattānuyoginaṃ //

Dhp. 210.

사랑하는 자도 갖지 말라.
사랑하지 않는 자도 갖지 말라.
사랑하는 자는 만나지 못함이 괴로움이요
사랑하지 않는 자는 만남이 괴로움이다.[210)]

Let no man ever look for what is pleasant, or what is unpleasant. Not to see what is pleasant is pain, and it is pain to see what is unpleasant.

---

210) 不當趣所愛 亦莫有不愛 愛之不見憂 不愛亦見憂 (法句經好喜品) // Dhp. 210. mā piyehi samāgañchī / appiyehi kudācanaṃ / piyānaṃ adassanaṃ / dukkhaṃ appiyānañca dassanaṃ //

Dhp. 211.

그러므로 사랑하는 자를 만들지 말라.
사랑하는 자와 헤어짐은 참으로 불행이다.
사랑하는 자도 사랑하지 않는 자도 없는
그 님들에게는 참으로 속박이 없다.[211)]

Let, therefore, no man love anything; loss of the beloved is evil. Those who love nothing and hate nothing, have no fetters.

---

211) *是以莫造愛 愛憎惡所由 已除結縛者 無愛無所憎 (法句經好喜品) // Dhp. 211. tasmā piyaṃ na kayirātha / piyāpāyo hi pāpako / ganthā tesaṃ na vijjanti / yesaṃ natthi piyāppiyaṃ //*

Dhp. 212.

사랑하는 자 때문에 슬픔이 생겨나고
사랑하는 자 때문에 두려움이 생겨난다.
사랑을 여읜 님에게는 슬픔이 없으니
두려움이 또한 어찌 있으랴.212)

From pleasure comes grief, from pleasure comes fear; he who is free from pleasure knows neither grief nor fear.

---

212) *好樂生憂 好樂生畏 無所好樂 何憂何畏 (法句經 好喜品) // Dhp. 212. piyato jāyatī soko / piyato jāyatī bhayaṃ / piyato vippamuttassa / natthi soko kuto bhayaṃ //*

Dhp. 213.

애착 때문에 슬픔이 생겨나고
애착 때문에 두려움이 생겨난다.
애착을 여읜 님에게는 슬픔이 없으니
두려움이 또한 어찌 있으랴.213)

From affection comes grief, from affection comes fear; he who is free from affection knows neither grief nor fear.

---

213) *愛喜生憂 愛喜生畏 無所愛喜 何憂何畏 (法句經 好喜品) // Dhp. 213. pemato jāyatī soko / pemato jāyatī bhayaṃ / pemato vippamuttassa / natthi soko kuto bhayaṃ //*

Dhp. 214.

쾌락 때문에 슬픔이 생겨나고
쾌락 때문에 두려움이 생겨난다.
쾌락을 여읜 님에게는 슬픔이 없으니
두려움이 또한 어찌 있으랴.214)

From lust comes grief, from lust comes fear; he who is free from lust knows neither grief nor fear.

214) 愛樂生憂 愛樂生畏 無所愛樂 何憂何畏 (法句經 好喜品參照) // Dhp. 214. ratiyā jāyatī soko / ratiyā jāyatī bhayaṃ / ratiyā vippamuttassa / natthi soko kuto bhayaṃ //

Dhp. 215.

욕망에서 슬픔이 생겨나고
욕망에서 두려움이 생겨난다.
욕망을 여윈 님에게는 슬픔이 없으니
두려움이 또한 어찌 있으랴.215)

From love comes grief, from love comes fear; he who is free from love knows neither grief nor fear.

215) *愛欲生憂 愛欲生畏 無所愛欲 何憂何畏 (法句經 好喜品參照)* // *Dhp. 215. kāmato jāyatī soko / kāmato jāyatī bhayaṃ / kāmato vippamuttassa / natthi soko kuto bhayaṃ* //

Dhp. 216.

갈애에서 슬픔이 생겨나고
갈애에서 두려움이 생겨난다.
갈애를 여읜 님에게는 슬픔이 없으니
두려움이 또한 어찌 있으랴.216)

From greed comes grief, from greed comes fear; he who is free from greed knows neither grief nor fear.

---

216) 貪欲生憂 貪欲生畏 無所貪欲 何憂何畏 (法句經 好喜品) // Dhp. 216. taṇhāya jāyatī soko / taṇhāya jāyatī bhayaṃ / taṇhāya vippamuttassa / natthi soko kuto bhayaṃ //

Dhp. 217.

계행과 통찰을 갖추고
가르침에 입각하여 진리를 설하고
스스로 해야 할 일을 행하면
사람들이 그를 사랑한다. 217)

He who possesses virtue and intelligence, who is just, speaks the truth, and does what is his own business, him the world will hold dear.

---

217) 貪法戒成 至誠知慚 行身近道 爲衆所愛 (法句經 好喜品) // Dhp. 217. sīladassanasampannaṃ / dhammaṭṭhaṃ saccavedinaṃ / attano kamma kubbānaṃ / taṃ jano kurute piyaṃ //

Dhp. 218.

말해질 수 없는 것을 의욕하고
정신적으로 충만하여
감각적 욕망에 마음이 묶이지 않은 님이
흐름을 거슬러 가는 님이라 불린다.[218)]

He in whom a desire for the Ineffable (Nirvana) has sprung up, who is satisfied in his mind, and whose thoughts are not bewildered by love, he is called urdhvamsrotas (carried upwards by the stream).

---

218) *欲態不出 思正乃語 心無貪愛 必截流渡 (法句經好喜品)* // *Dhp. 218. chandajāto anakkhāte / manasā ca phuṭo siyā / kāmesu ca appaṭibaddhacitto / uddhaṃsoto'ti vuccati* //

Dhp. 219.

사랑이 오랫동안 없다가
먼 곳에서 안전하게 돌아오면,
친족들과 친구들과 동료들이
그가 돌아오는 것을 반긴다.[219)]

Kinsmen, friends, and lovers salute a man who has been long away, and returns safe from afar.

---

219) 譬人久行 從遠吉還 親厚普安 歸來喜歡 (法句經 好喜品) // Dhp. 219. cirappavāsiṃ purisaṃ / dūrato sotthimāgataṃ / ñātimittā suhajjā ca / abhinandanti āgataṃ //

Dhp. 220

이와 같이, 공덕을 닦아
이 세상에서 저 세상으로 가면,
친지들이 돌아온 벗을 맞이하듯,
공덕들이 바로 그를 맞이한다.[220)]

In like manner his good works receive him who has done good, and has gone from this world to the other; - as kinsmen receive a friend on his return.

---

220) 好行福者 從此到彼 自受福祚 如親來喜 (法句經 好喜品) // Dhp. 220. tatheva katapuññampi / asmā lokā paraṃ gataṃ / puññāni patigaṇhanti / piyaṃ ñātīva āgataṃ //

17. 분노의 품

[Kodhavagga]

Chapter XVII

Anger

Dhp. 221

분노를 버리고 자만을 버리고
일체의 결박을 벗어나라.
정신·신체적 과정에의 집착을 여의고
아무 것도 갖지 않으면,
괴로움이 따르지 않는다.221)

Let a man leave anger, let him forsake pride, let him overcome all bondage! No sufferings befall the man who is not attached to name and form, and who calls nothing his own.

---

221) 捨恚離慢 避諸愛貪 不著名色 無爲滅苦(法句經忿怒品) // Dhp. 221. kodhaṃ jahe vippajaheyya mānaṃ / saññojanaṁ sabbamatikkameyya / taṁ nāmarūpasmiṁ asajjamānaṁ / akiñcanaṁ nānupatanti dukkhā //

Dhp. 222

질주하는 수레를 제어하듯
일어난 분노를 억제할 수 있다면,
나는 그를 마부라고 부른다.
그 밖의 사람은 고삐잡이일 뿐이다.[222)]

He who holds back rising anger like a rolling chariot, him I call a real driver; other people are but holding the reins.

---

222) *恚能自制 如止奔車 是爲善御 棄冥入明 (法句經忿怒品)* // *Dhp. 222. yo ve uppatitaṁ kodhaṁ / rathaṁ bhantaṁ va dhāraye / tam aham sārathiṁ brūmi / rasmiggāho itaro jano* //

Dhp. 223

분노를 여읨으로 분노를 이기고
착함으로 악함을 이겨야 한다.
보시로 간탐을 이기고
진실로 거짓을 이겨야 한다. 223)

Let a man overcome anger by love, let him overcome evil by good; let him overcome the greedy by liberality, the liar by truth!

---

223) *忍辱勝恚 善勝不善 勝者能施 至誠勝欺 (法句經忿怒品)* // Dhp. 223. akkodhena jine kodhaṃ / asādhuṃ sādhunā jine / jine kadariyaṃ dānena / saccena alikavādinaṃ //

Dhp. 224.

진실을 말하고 화내지 말고
조금 있더라도 청하면 베풀어라.
이러한 세 가지 일로
신들의 천상계에 도달하리라.[224)]

Speak the truth, do not yield to anger; give, if thou art asked for little; by these three steps thou wilt go near the gods.

---

224) 不欺不怒 意不求多 如是三事 死則生天 (法句經 忿怒品) // Dhp. 224. saccaṃ bhaṇe na kujjheyya / dajjāppasmimpi yācito / etehi tīhi ṭhānehi / gacche devāna santike //

Dhp. 225.

항상 신체적으로 제어되어
살생을 여읜 성자들은
불사(不死)의 경지에 도달하니
거기에 이르러 근심을 여읜다.[225)]

The sages who injure nobody, and who always control their body, they will go to the unchangeable place (Nirvana), where, if they have gone, they will suffer no more.

---

225) 常自攝身 慈心不殺 是生天上 到彼無憂 (法句經 忿怒品) // Dhp. 225. ahiṃsakā ye munayo / niccaṃ kāyenasaṃvutā / te yanti accutaṃ ṭhānaṃ / yattha gantvā na socare //

Dhp. 226.

항상 깨어 있으면서
밤낮으로 배움을 익히고
열반을 지향하는 님들에게는
번뇌가 사라져버린다.226)

Those who are ever watchful, who study day and night, and who strive after Nirvana, their passions will come to an end.

---

226) 意常覺寤 明暮勤學 漏盡意解 可致泥洹 (法句經 忿怒品) // Dhp. 226. sadā jāgaramānānaṃ / ahor-atṭānusikkhinaṃ / nibbānaṃ adhimuttānaṃ / attham gacchanti āsavā //

Dhp. 227.

아뚤라여, 이것은 오래된 것이니
지금 단지 오늘의 일이 아니다.
침묵한다고 비난하고
말을 많이 한다고 비난하고
간략하게 말한다고 비난하니
세상에서 비난받지 않는 사람은 없다.227)

This is an old saying, O Atula, this is not only of today : `They blame him who sits silent, they blame him who speaks much, they also blame him who says little; there is no one on earth who is not blamed.

---

227) 人相毁謗 自古至今 旣毁多言 又毁訥訒 亦毁中和 世無不毁 (法句經忿怒品) // Dhp. 227. porāṇametaṃ atula / netaṃ ajjatanāmiva / nindanti tuṇhimāsīnaṃ / nindanti bahubhāṇinaṃ / mitabhāṇimpi nindanti / natthi loke anindito // 아뚤라는 싸밧티 시의 재가신도로 가르침을 듣고자 제따바나로 왔는데, 레바따 장로는 침묵하고, 싸리뿟따는 너무 번잡하게 아비달마를 설명하고 아난다는 너무 간력하게 가르침을 설해 불만이었다. 그래서 그는 부처님에게 찾아와 자초지종을 이야기하자 부처님께서 말씀하신 것이다.

Dhp. 228.

오로지 비난만 받는 사람이나
오로지 칭찬만 받는 사람은
과거에 없었고
미래에 없을 것이고 현재에도 없다. 228)

There never was, there never will be, nor is there now, a man who is always blamed, or a man who is always praised.

---

228) 欲意非聖 不能制中 一毁一譽 但爲利名 (法句經 忿怒品) // Dhp. 228. na cāhu na ca bhavissati / na cetarahi vijjati / ekantaṃ nindito poso / ekantaṃ vā pasaṃsito //

Dhp. 229.

매일 매일 잘 살펴서
현자들은 칭찬한다.
허물 없는 삶을 살고 총명하고
지혜와 계행을 잘 갖춘 님을.[229)]

But he whom those who discriminate praise continually day after day, as without blemish, wise, rich in knowledge and virtue,

229) 多聞能奉法 智慧常定意 如彼閻浮金 孰能說有瑕 (出曜經聞品) // Dhp. 229. yañce viññū pasaṃsanti / anuvicca suve suve / acchiddavuttiṃ medhāviṃ / paññāsīlasamāhitaṃ //

Dhp. 230.

잠부강의 금으로 만든 주화처럼
누가 그를 비난할 수 있으랴?
신들도 그를 칭찬하고
하느님들도 그를 칭찬한다. 230)

who would dare to blame him, like a coin made of gold from the Jambū river? Even the gods praise him, he is praised even by Brahman.

---

230) 如羅漢淨 莫而誣謗 諸天咨嗟 梵釋所稱 (法句經 忿怒品) // Dhp. 230. nekkhaṃ jambonadasseva / ko taṃ ninditumarahati / devā'pi naṃ pasaṃsanti / brahmunā'pi pasaṃsito //

Dhp. 231.

신체적인 방종을 막고
신체적으로 자제하라.
신체적 악행을 버리고
신체적으로 선행을 행하라.[231)]

Beware of bodily anger, and control thy body! Leave the sins of the body, and with thy body practise virtue!

---

231) 常守護身 以護瞋恚 除身惡行 進修德行 (法句經 忿怒品) // *Dhp. 231. kāyappakopaṃ rakkheyya / kāyena saṃvuto siyā / kāyaduccaritaṃ hitvā / kāyena sucaritaṃ care //*

Dhp. 232.

언어적인 방종을 막고
언어적으로 자제하라.
언어적 악행을 버리고
언어적으로 선행을 행하라. 232)

Beware of the anger of the tongue, and control thy tongue! Leave the sins of the tongue, and practise virtue with thy tongue!

---

232) *常守護口 以護瞋恚 除口惡言 誦習法言 (法句經 忿怒品)* // *Dhp. 232. vacīpakopaṃ rakkheyya / vācāya saṃvuto siyā / vacīduccaritaṃ hitvā / vācāya sucaritaṃ care* //

Dhp. 233.

정신적인 방종을 막고
정신적으로 자제하라.
정신적 악행을 버리고
정신적으로 선행을 행하라.[233)]

Beware of the anger of the mind, and control thy mind! Leave the sins of the mind, and practise virtue with thy mind!

---

233) 常守護心 以護瞋恚 除心惡念 思惟念道 (法句經 忿怒品) // Dhp. 233. manopakopaṃ rakkheyya / manasā saṃvuto siyā / manoduccaritaṃ hitvā / manasā sucaritaṃ care //

Dhp. 234.

신체적으로 자제할 뿐 아니라
또한 언어적으로 자제하는 현자들,
또한 정신적으로 자제하는 현자들은
참으로 완전히 자제된 님들이다.[234)]

The wise who control their body, who control their tongue, the wise who control their mind, are indeed well controlled.

---

234) 節身愼言 守攝其心 捨恚行道 忍辱最强 (法句經 忿怒品) // Dhp. 234. kāyena saṃvutā dhīrā / atho vācāya saṃvutā / manasā saṃvutā dhīrā / te ve suparis- aṃvutā //

18. 티끌의 품

[Malavagga]

Chapter XVIII

Impurity

Dhp. 235.

이제 그대야말로 낙엽과도 같다.
염라왕의 사자들이 그대 가까이에 있고
그대는 떠남의 문턱에 서 있으나,
그대에게는 노잣돈조차도 없구나.235)

Thou art now like a sear leaf, the messengers of death (Yama) have come near to thee; thou standest at the door of thy departure, and thou hast no provision for thy journey.

---

235) *生無善行 死墮惡道 往疾無間 到無資用 (法句經 塵垢品)* // *Dhp. 235. paṇḍupalāso'va dāni'si / yamapurisā'pi ca taṃ upaṭṭhitā / uyyogamukhe ca tiṭṭhasi / patheyyampi ca te na vijjati //*

Dhp. 236.

그대는 자신을 섬으로 만들어라.
서둘러 정진하여 현명한 님이 되라.
티끌을 날려버리고 허물을 여의면,
그대는 천상계의 고귀한 곳에 이르리.[236)]

Make thyself an island, work hard, be wise! When thy impurities are blown away, and thou art free from guilt, thou wilt enter into the heavenly world of the elect (Ariya).

---

236) 當求智慧 以然意定 去垢勿污 可離苦形 (法句經 塵垢品) // Dhp. 236. so karohi dīpamattano / khippaṁ vāyama paṇḍito bhava / niddhantamalo anaṅgaṇo / dibbaṃ ariyabhūmimehisi //

Dhp. 237.

이제 그대는 나이가 기울었고
염라왕의 앞으로 길을 떠났다.
그러나 도중에 머물 곳이 없고
그대에게는 노잣돈조차도 없다.[237)]

Thy life has come to an end, thou art come near to death (Yama), there is no resting-place for thee on the road, and thou hast no provision for thy journey.

237) 生無義行 死墮惡道 往疾無間 到無資用 (法句經塵垢品參照) // Dhp. 237. upanītavayo ca dāni'si / sampayāto'si yamassa santike / vāso'pi ca te natthi antarā / pātheyyampi ca te na vijjati //

Dhp. 238.

그대는 자신을 섬으로 만들어라.
서둘러 정진하여 현명한 님이 되라.
티끌을 날려버리고 허물이 없으면,
태어남과 늙음에 다시 떨어지지 않으리.[238]

Make thyself an island, work hard, be wise! When thy impurities are blown away, and thou art free from guilt, thou wilt not enter again into birth and decay.

238) *當求智慧 以然意定 去垢勿汚 可離苦形 (法句經 塵垢品參照)* // *Dhp. 238. so karohi dīpamattano / khippaṁ vāyama paṇḍito bhava / niddhantamalo an- aṅgaṇo / na puna jātijaraṃ upehisi //*

Dhp. 239.

현명한 자라면 점차로
순간 순간 조금씩 조금씩
대장장이가 녹을 없애듯,
자신의 티끌을 없애야 하리.[239)]

Let a wise man blow off the impurities of his self, as a smith blows off the impurities of silver one by one, little by little, and from time to time.

---

239) 慧人以漸 安徐精進 洗滌心垢 如工鍊金 (法句經塵垢品) // Dhp. 239. anupubbena medhāvī / thokathokaṃ khaṇe khaṇe / kammāro rajatasseva / niddhame malamattano //

Dhp. 240.

쇠로부터 생겨난 녹은
자신에게서 나와 자신을 삼킨다.
이와 같이 죄 많은 자를
스스로 지은 업이 악한 곳으로 이끈다.[240)]

As the impurity which springs from the iron, when it springs from it, destroys it; thus do a transgressor's own works lead him to the evil path.

---

240) *惡生於心 還自壞形 如鐵生垢 反食其身 (法句經 塵垢品) // Dhp. 240. ayasā'va malaṃ samuṭṭhitaṃ / taduṭṭhāya tameva khādati / evaṃ atidhonacāri-naṃ / sakakammāni nayanti duggatiṃ //*

Dhp. 241.

경구는 외우지 않음이 티끌이요
집은 보살피지 않음이 티끌이다.
용모는 가꾸지 않음이 티끌이고
수호자에게는 방일이 티끌이다.[241)]

The taint of prayers is non-repetition; the taint of houses, non-repair; the taint of the body is sloth; the taint of a watchman, thoughtlessness.

---

241) 不誦爲言垢 不勤爲家垢 不嚴爲色垢 放逸爲事垢 (法句經塵垢品) // Dhp. 241. asajjhāyamalā mantā / anuṭṭhānamalā gharā / malaṃ vaṇṇassa kosajjaṃ / pamādo rakkhato malaṃ //

Dhp. 242.

정숙하지 않음은 여인의 티끌이고
간탐은 보시자의 티끌이다.
그리고 악한 것들이야말로
이 세상과 저 세상의 티끌이다.[242)]

Bad conduct is the taint of woman, greediness the taint of a benefactor; tainted are all evil ways in this world and in the next.

---

242) 慳爲惠施垢 不善爲行垢 今世亦後世 惡法爲常垢 (法句經塵垢品) // Dhp. 242. malitthiyā duccaritaṃ / maccheraṃ dadato malaṃ / malā ve pāpakā dhammā / asmiṃ loke paramhi ca //

Dhp. 243.

그 모든 티끌 보다 더욱 더러운 것,
최악의 티끌은 무명이다.
이러한 티끌을 버리고
수행승들이여, 티끌을 여의어라.243)

But there is a taint worse than all taints, - ignorance is the greatest taint. O mendicants! throw off that taint, and become taintless!

243) *垢中之垢 莫甚於痴 學當斯惡 比丘無垢 (法句經塵垢品) // Dhp. 243. tato malā malataraṃ / avijjā paramaṃ malaṃ / etaṃ malaṃ pahatvāna / nimmalā hotha bhikkhavo //*

Dhp. 244.

부끄러움을 모르고
까마귀처럼 교활하고 무례하고
파렴치하고 뻔뻔스러운
오염된 삶을 사는 것은 쉽다.244)

Life is easy to live for a man who is without shame, a crow hero, a mischief-maker, an insulting, bold, and wretched fellow.

244) 苟生無恥 如烏長喙 强顏耐辱 名曰穢生 (法句經 塵垢品) // Dhp. 244. sujīvaṃ ahirikena / kākasūrena dhaṃsinā / pakkhandinā pagabbhena / saṃkiliṭṭhena jīvitaṃ //

Dhp. 245.

항상 부끄러움을 알고
청정을 찾고 집착을 여의고
겸손하고 식견을 갖추고
청정한 삶을 사는 것은 어렵다.245)

But life is hard to live for a modest man, who always looks for what is pure, who is disinterested, quiet, spotless, and intelligent.

245) *廉恥雖苦 義取淸白 避辱不妄 名曰潔生 (法句經 塵垢品)* // *Dhp. 245. hirimatā ca dujjīvaṃ / niccaṃ sucigavesinā / alīnenāpagabbhena / suddhājīvena passatā* //

Dhp. 246.

살아 있는 생명을 죽이고
거짓말을 말하고
세상에서 주지 않는 것을 취하고
남의 아내를 범하는 것.246)

He who destroys life, who speaks untruth, who in this world takes what is not given him, who goes to another man's wife;

---

246) *愚人好殺 言無誠實 不與而取 好犯人婦 (法句經塵垢品) // Dhp. 246. yo pāṇamatipāteti / musāvādaṃ ca bhāsati / loke adinnaṃ ādiyati / paradāraṃ ca gacchati //*

Dhp. 247.

곡주나 과즙주 등의
취기있는 것에 취하는 사람,
그 사람은 바로 이 세상에서
자신의 뿌리를 파내는 것이다.247)

And the man who gives himself to drinking intoxicating liquors, he, even in this world, digs up his own root.

247) 逞心犯戒 迷惑於酒 斯人世世 自堀身本 (法句經 塵垢品) // Dhp. 247. surāmerayapānaṃ ca / yo naro anuyuñjati / idheva poso lokasmiṃ / mūlaṃ khaṇati attano //

Dhp. 248.

사랑스런 벗이여, 이와 같이 알라.
악한 원리는 난폭하다.
탐욕과 부정이 그대를 오랜 세월
고통으로 괴롭히게 하지 말라.[248)]

O man, know this, that the unrestrained are in a bad state; take care that greediness and vice do not bring thee to grief for a long time!

---

248) 人如覺是 不當念惡 愚近非法 久自燒滅 (法句經 塵垢品) // Dhp. 248. evambho purisa jānāhi / pāpadhammā asaññatā / mā taṃ lobho adhammo ca / ciraṃ dukkhāya randhayuṃ //

Dhp. 249.

사람은 믿음에 따라 보시하고
기쁨에 따라 보시한다.
다른 사람에게 얻은 마실 것과 먹을 것에
불만을 품는 사람은
밤이나 낮이나 삼매를 얻지 못한다.[249)]

The world gives according to their faith or according to their pleasure : if a man frets about the food and the drink given to others, he will find no rest either by day or by night.

---

249) 若身布施 欲揚名譽 會人虛飾 非入淨定 (法句經塵垢品) // Dhp. 249. dadāti ve yathā saddhaṃ / yathā pasādanaṃ jano / tattha ve maṅku yo hoti / paresaṃ pānabhojane / na so divā vā rattiṃ vā / samādhiṃ adhigacchati //

Dhp. 250.

그러나 이것이 제거되고
뿌리째 뽑히고 폐기된 님,
그는 밤이나 낮이나
참으로 삼매를 얻는다.250)

He in whom that feeling is destroyed, and taken out with the very root, finds rest by day and by night.

250) 一切斷欲 截意根原 晝夜守一 必求定意 (法句經 塵垢品) // Dhp. 250. yassa c'etaṃ samucchannaṃ / mūlaghaccaṃ samūhataṃ / sa ve divā vā rattiṃ vā / samādhiṃ adhigacchati //

Dhp. 251.

탐욕과 같은 불이 없고
성냄에 견줄 포획자가 없다.
어리석음과 같은 그물이 없고
갈애에 견줄 강이 없다.251)

There is no fire like passion, there is no shark like hatred, there is no snare like folly, there is no torrent like greed.

---

251) 火莫熱於婬 捷莫疾於怒 網莫密於痴 愛流駛乎河 (法句經塵垢品) // Dhp. 251. natthi rāgasamo aggi / natthi dosasamo gaho / natthi mohasamaṃ jālaṃ / natthi taṇhāsamā nadī //

Dhp. 252.

남의 잘못은 보기 쉬워도
자신의 잘못은 보기 어렵다.
남의 잘못은 왕겨처럼 키로 켜지만,
자신의 잘못은 덮어버린다.
교활한 도박꾼이
잘못 던진 주사위를 감추듯.[252)]

The fault of others is easily perceived, but that of oneself is difficult to perceive; a man winnows his neighbour's faults like chaff, but his own fault he hides, as a cheat hides the bad die from the gambler.

---

252) 善觀己瑕障 使己不露外 彼彼自有隙 如彼飛輕塵 (法句經塵垢品) // Dhp. 252. sudassaṃ vajja-maññesaṃ / attano pana duddasaṃ / paresaṃ hi so vajjāni / opuṇāti yathā bhusaṃ / attano pana chādeti / kaliṃ'va kitavā saṭho //

Dhp. 253.

남의 잘못을 보고서
항상 혐책의 상념을 지니면,
그의 번뇌는 증가하니,
번뇌의 부숨과는 멀어지리.253)

If a man looks after the faults of others, and is always inclined to be offended, his own passions will grow, and he is far from the destruction of passions.

---

253) 若己稱無瑕 罪福俱幷至 但見外人隙 恒懷危害心 (法句經塵垢品) // Dhp. 253. paravajjānupassissa / niccaṃ ujjhānasaññino / āsavā tassa vaḍḍhanti / ārā so āsavakkhayā //

Dhp. 254.

허공에는 발자취가 없고
수행자는 밖에 존재하지 않는다.
뭇삶은 희론을 즐기지만,
여래는 희론의 여읨을 즐긴다.254)

There is no path through the air, a man is not a Samana by outward acts. The world delights in vanity, the Tathagatas (the Buddhas) are free from vanity.

---

254) 虛空無轍迹 沙門無外意 衆人盡樂惡 唯佛淨無穢 (法句經塵垢品) // Dhp. 254. ākāse padaṃ natthi / samaṇo natthi bāhire / papañcābhiratā pajā / nippapañcā thatāgatā //

Dhp. 255.

허공에는 발자취가 없고
수행자는 밖에 존재하지 않는다.
형성된 것은 영원한 것이 아니고
깨달은 님에게는 동요가 없다.[255)]

There is no path through the air, a man is not a Samana by outward acts. No creatures are eternal; but the awakened (Buddha) are never shaken.

255) 虛空無轍迹 沙門無外意 世間皆無常 佛無我所有 (法句經塵垢品) // Dhp. 255. ākāse padaṃ natthi / samaṇo natthi bāhire / saṅkhārā sassatā natthi / natthi buddhānaṃ iñjitaṃ //

19. 진리에 선 님의 품

[Dhammaṭṭhavagga]

Chapter XIX

The Just

Dhp. 256.

성급하게 일을 처리하면,
진리에 서 있는 님이 되지 못하니.
현명한 자라면 옳고 그름의
그 양자를 분별해야 하리.[256)]

A man is not just if he carries a matter by violence; no, he who distinguishes both right and wrong,

---

256) 好經道者 不競於利 有利無利 無欲不惑 (法句經 奉持品) // *Dhp. 256. na tena hoti dhammaṭṭho / yenattham sahasā naye / yo ca attham anatthañca / ubho niccheyya paṇḍito* //

Dhp. 257.

성급하지 않고 가르침에 의해서
공정하게 남들을 인도하는
현명한 님은 진리에 수호되어
진리에 서 있는 님이라 불린다.[257)]

who is learned and leads others, not by violence, but by law and equity, and who is guarded by the law and intelligent, he is called just.

---

257) 常懸好學 正心以行 擁懷實慧 是謂爲道 (法句經 奉持品) // Dhp. 257. asāhasena dhammena / samena nayatī pare / dhammassa gutto medhāvī / dhammaṭṭho'ti pavuccati //

Dhp. 258.

말을 많이 한다고 단지
현명한 님은 아니다.
안온하고 원한을 여의고 두려움을 여의면,
그를 현명한 님이라 한다.258)

A man is not learned because he talks much; he who is patient, free from hatred and fear, he is called learned.

258) *所謂智者 不必辯言 無恐無懼 守善爲智 (法句經 奉持品) // Dhp. 258. na tena paṇḍito hoti / yāvatā bahu bhāsati / khemī averī abhayo / paṇḍito'ti pavuccati //*

Dhp. 259.

말을 많이 한다고 단지
진리를 갖춘 님은 아니다.
배운 것이 적어도
몸소 진리를 보고
진리를 소홀히 하지 않으면
그가 진리를 갖춘 님이다.[259)]

A man is not a supporter of the law because he talks much; even if a man has learnt little, but sees the law bodily, he is a supporter of the law, a man who never neglects the law.

---

259) 奉持法者 不以多言 雖素少聞 身依法行 守道不忘 可謂奉法 (法句經奉持品) // Dhp. 259. na tāvatā dhammadharā / yāvatā bahu bhāsati / yo ca appampi sutvāna / dhammaṃ kāyena passati / sa ve dhammadharo hoti / yo dhammaṃ nappamajjati //

Dhp. 260.

머리가 희다고 해서
그가 장로는 아니다.
단지 나이가 들었으나
헛되이 늙은 자라고 불린다.260)

A man is not an elder because his head is grey; his age may be ripe, but he is called 'Old-in-vain.'

---

260) 所謂長老 不必年耆 形熟髮白 惷愚而已 (法句經奉持品) // Dhp. 260. na tena thero hoti / yenassa palitaṃ siro / paripakko vayo tassa / moghajiṇṇo'ti vuccati //

Dhp. 261.

진리 그리고 원리와
불살생과 제어와 수련을 갖추고
티끌을 떨쳐낸 현명한 님
그를 장로라고 부른다.261)

He in whom there is truth, virtue, love, restraint, moderation, he who is free from impurity and is wise, he is called an elder.

---

261) 謂懷諦法 順調慈仁 明達淸潔 是爲長老 (法句經 奉持品) // Dhp. 261. yamhi saccaṃ ca dhammo ca / ahiṃsā saṃyamo damo / sa ve vantamalo dhīro / thero iti pavuccati //

Dhp. 262.

연설에 능하고
용모가 뛰어나다 하더라도
시기하거나 간탐하거나 교활한 자는
훌륭한 님이 아니다.262)

An envious greedy, dishonest man does not become respectable by means of much talking only, or by the beauty of his complexion.

---

262) 所謂端正 非色如花 慳嫉虛飾 言行有違 (法句經 奉持品) // Dhp. 262. na vākkaraṇamattena / vaṇṇapokkharatāya vā / sādhurūpo naro hoti / issukī maccharī saṭho //

Dhp. 263.

그것을 끊고 뿌리째 뽑고
완전히 제거하고
악의를 여읜 지혜로운 님이
훌륭한 님이라 불린다.[263)]

He in whom all this is destroyed, and taken out with the very root, he, when freed from hatred and wise, is called respectable.

---

263) 謂能捨惡 根原已斷 慧而無恚 是謂端正 (法句經 奉持品) // Dhp. 263. yassa ce taṃ samucchinnaṃ / mūlaghaccaṃ samūhataṃ / sa vantadoso medhāvī / sādhurūpo'ti vuccati //

Dhp. 264.

규범이 없고 거짓말을 하면
삭발했다고 수행자가 아니다.
욕망과 탐욕을 지닌다면,
어찌 그가 수행자가 되랴?264)

Not by tonsure does an undisciplined man who speaks falsehood become a Samana; can a man be a Samana who is still held captive by desire and greediness?

264) 所謂沙門 非必除髮 妄語貪取 有欲如凡 (法句經 奉持品) // Dhp. 264 na muṇḍakena samaṇo / abbato alikaṃ bhaṇaṃ / icchālobhasamāpanno / samaṇo kiṃ bhavissati //

Dhp. 265.

그러나 미세하거나 거칠거나
일체의 악한 것을 제거하면,
악한 것들이 제거된 까닭에
그가 바로 수행자라고 불린다.265)

He who always quiets the evil, whether small or large, he is called a Samana (a quiet man), because he has quieted all evil.

---

265) 謂能止惡 恢廓弘道 息心誠意 是爲沙門 (法句經 奉持品) // Dhp. 265. yo ca sameti pāpāni / aṇuṃ thūlāni sabbaso / samitattā hi pāpānaṃ / samaṇo'ti pavuccati //

Dhp. 266.

다른 사람에게 밥을 빈다고
그것으로 수행승이 되는 것은 아니다.
부패한 원리를 지닌다면,
그만큼 수행승이 되지 못한다. 266)

A man is not a mendicant (Bhikshu) simply because he asks others for alms; he who adopts the whole law is a Bhikshu, not he who only begs.

---

266) 所謂比丘 非時乞食 邪行婬彼 稱名而已 (法句經奉持品) // Dhp. 266. na tena bhikkhū hoti / yāvatā bhikkhate pare / vissaṃ dhammaṃ samādāya / bhikkhu hoti na tāvatā //

Dhp. 267.

공덕과 악행을 버리고
여기서 청정한 삶을 살면서
신중히 세상을 거닌다면,
그가 바로 수행승이라 불린다.267)

He who is above good and evil, who is chaste, who with knowledge passes through the world, he indeed is called a Bhikshu.

267) *謂捨罪福 淨修梵行 慧能破惡 此爲比丘 (法句經奉持品)* // *Dhp. 267 yo'dha puññca pāpañca / bāhetvā brahmacariyavā / saṅkhāya loke carati / sa ce bhikkhū'ti vuccati* //

Dhp. 268.

혼미하고 무지한 자가 침묵한다고
성자가 되는 것은 아니다.
저울로 다는 것처럼,
현명한 님이라면 최선을 선택한다.[268)]

A man is not a Muni because he observes silence (mona, i.e. mauna), if he is foolish and ignorant; but the wise who, taking the balance, chooses the good.

---

268) 所謂仁明 非口不言 用心不淨 外順而已 (法句經 奉持品) // Dhp. 268. na monena muni hoti / mūḷharūpo aviddasu / yo ca tulaṃ 'va paggayha / varamādāya paṇḍito //

Dhp. 269.

모든 악을 물리치면,
그는 성자이니, 그 때문에 성자인 것이다.
세상에서 안팎을 알면,
그 때문에 그가 성자라고 불린다.[269)]

And who avoids evil, he is a Muni, and is a Muni thereby; he who in this world weighs both sides is called a Muni.

---

269) 謂心無爲 內行淸虛 此彼寂滅 是爲仁明 (法句經 奉持品) // Dhp. 269. pāpāni parivajjeti / sa munī tena so muni / yo munāti ubho loke / muni tena pavuccati //

Dhp. 270.

살아 있는 생명을 해치면,
그는 그로써 고귀한 님이 되지 못한다.
모든 생명의 해침을 여의면,
그가 바로 고귀한 님이라 불린다.270)

A man is not an elect (Ariya) because he injures living creatures; because he has pity on all living creatures, therefore is a man called Ariya.

---

270) 所謂有道 非救一物 普濟天下 無害爲道 (法句經奉持品) // Dhp. 270. na tena ariyo hoti / yena pāṇāni hiṃsati / ahiṃsā sabbapāṇānaṃ / ariyo'ti pavuccati //

Dhp. 271.

단지 금계와 의례를 지키거나
또는 박학을 얻거나
삼매를 성취하거나
한적한 곳에 취침해서만이 아니라,[271)]

Not only by discipline and vows, not only by much learning, not by entering into a trance, not by sleeping alone,

---

271) 戒衆不言 我行多誠 得定意者 要有閑損 (法句經 奉持品) // Dhp. 271. na sīlabbatamattena / bāhusaccena vā pana / atha vā samādhilābhena / vivicca sayanena vā //

Dhp. 272.

'나는 일반사람이 얻지 못한
멀리 떠남의 즐거움을 만났다.'라고 여기고
수행승이여, 번뇌가 부수어지기 전에
결코 만족한 상태에 들지 말라.272)

do I earn the happiness of release which no worldling can know. Bhikshu, be not confident as long as thou hast not attained the extinction of desires.

272) *意解求安 莫習凡夫 結使未盡 莫能得脫 (法句經 奉持品) // Dhp. 272. phusāmi nekkhammasukhaṃ / aputhujjanasevitaṃ / bhikkhu vissāsamāpādi / appatto āsavakkhayaṃ //*

20. 길의 품

[Maggavagga]

Chapter XX

The Way

Dhp. 273.

길 가운데 팔정도가 최상이고
진리 가운데 사성제가 최상이다.
가르침 가운데 사라짐이 최상이고
두발 달린 자 가운데
눈 있는 님이 최상이다.[273)]

The best of ways is the eightfold; the best of truths the four words; the best of virtues passionlessness; the best of men he who has eyes to see.

---

273) 道爲入直妙 聖諦四句上 無欲法之最 明眼二足尊 (法句經道行品, 出曜經道品) // Dhp. 273. maggān'aṭṭhaṅgiko seṭṭho / saccānaṃ caturo padā / virāgo seṭṭho dhammānaṃ / dipadānaṃ ca cakkhumā //

Dhp. 274.

통찰의 청정을 성취하기 위해
결코 다른 길은 없다.
그대는 오직 이 길을 가라.
이것이 악마를 곤혹케 한다.274)

This is the way, there is no other that leads to the purifying of intelligence. Go on this way! Everything else is the deceit of Mara (the tempter).

274) 此道無有餘 見諦之所淨 趣向滅衆苦 此能壞魔兵 (法句經道行品, 出曜經道品) // Dhp. 274. eso'va maggo natth'añño / dassanassa visuddhiyā / etaṃ hi tumhe paṭipajjatha / mārassetaṃ pamohanaṃ //

Dhp. 275.

화살의 제거를 알아서
나는 길을 선언했으니,
이렇게 실천하여
그대들은 괴로움의 종식을 이루라.275)

If you go on this way, you will make an end of pain! The way was preached by me, when I had understood the removal of the thorns (in the flesh).

---

275) *吾已說道 拔愛固刺 宣以自勗 受如來言 (法句經 道行品, 出曜經道品)* // *Dhp. 275. etaṃ hi tumhe paṭipannā / dukkhassantaṃ karissatha / akkhāto ve mayā maggo / aññāya sallasanthanaṃ //*

Dhp. 276.

그대들은 열심히 행하라.
여래는 단지 선언하는 자이다.
길을 가는 님, 선정에 드는 님은
악마의 속박에서 벗어나리라.276)

You yourself must make an effort. The Tathagatas (Buddhas) are only preachers. The thoughtful who enter the way are freed from the bondage of Mara.

---

276) *吾語汝法 愛箭爲射 宜以自勗 受如來言 (法句經道行品) //Dhp. 276. tumhehi kiccaṃ ātappaṃ / akkhātāro tathāgatā / paṭipannā pamokkhanti / jhāyino mārabandhanā //*

Dhp. 277.

'일체의 형성된 것은 무상하다'라고
지혜로 본다면,
괴로움에서 벗어나니
이것이 청정의 길이다.[277]

'All conditioned things are impermanent,' he who knows and sees this becomes passive in pain; this is the way to purity.

---

277) 一切行無常 如慧所觀察 若能覺此苦 行道淨其跡 (出曜經觀品) // Dhp. 277. sabbe saṅkhārā aniccā'ti / yadā paññāya passati / atha nibbindati dukkhe / esa maggo visuddhiyā //

Dhp. 278.

'일체의 형성된 것은 괴롭다'라고,
지혜로 본다면,
괴로움에서 벗어나니
이것이 청정의 길이다.278)

'All conditioned things are in suffering,' he who knows and sees this becomes passive in pain; this is the way that leads to purity.

---

278) 一切衆行苦 如慧之所見 若能覺此苦 行道淨其跡 (出曜經觀品) // Dhp. 278. sabbe saṅkhārā dukkhā'ti / yadā paññāya passati / atha nibbindati dukkhe / esa maggo visuddhiyā //

Dhp. 279.

'일체의 사실은 실체가 없다'라고,
지혜로 본다면,
괴로움에서 벗어나니
이것이 청정의 길이다.279)

'All dhammas are without substance,' he who knows and sees this becomes passive in pain; this is the way that leads to purity.

---

279) 一切法無我 如慧之所見 若能覺此苦 行道淨其跡 (出曜經觀品) // Dhp. 279. sabbe dhammā anattā'ti / yadā paññāya passati / atha nibbindati dukkhe / esa maggo visuddhiyā //

Dhp. 280.

노력해야 할 때에 노력하지 않고,
젊고 힘셀 때, 게으름에 빠진 자는
마음이 혼란된 생각으로 가득차고, 나태하고
혼미해서 지혜의 길을 발견하지 못한다.[280)]

He who does not rouse himself when it is time to rise, who, though young and strong, is full of sloth, whose will and thought are weak, that lazy and idle man will never find the way to knowledge.

---

280) *應起而不起 恃力不精懃 自陷人形卑 懈怠不解慧 (出曜經觀品) // Dhp. 280. uṭṭhānakālamhi anuṭṭhahāno / yuvā balī ālasiyaṃ upeto / saṃsannasaṅkappamano kusīto / paññāya maggaṃ alaso na vindati //*

Dhp. 281.

언어를 잘 수호하고
정신을 잘 제어하여
신체적으로 악을 행하지 말고
이들 세 가지 행위의 길을 청정히 하라.
선인이 설한 길로 매진하라.281)

Watching his speech, well restrained in mind, let a man never commit any wrong with his body! Let a man but keep these three roads of action clear, and he will achieve the way which is taught by the wise.

---

281) 愼言守意念 身不善不行 如是三行除 佛說是得道 (法句經道行品) // Dhp. 281. vācānurakkhī manasā susaṃvuto / kāyena ca akusalaṃ na kayirā / ete tayo kammapathe visodhaye / arādhaye maggaṃ isippaveditaṃ //

Dhp. 282.

명상에서 광대한 지혜가 생기고
명상하지 않으면 광대한 지혜가 부서진다.
성장과 퇴락의
두 가지 길을 알아서
광대한 지혜가 성장하도록
거기에 자신을 확립하라. 282)

Through zeal knowledge is gotten, through lack of zeal knowledge is lost; let a man who knows this double path of gain and loss thus place himself that knowledge may grow.

---

282) 念應念則正 念不應則邪 慧而不起邪 思正道乃成 (法句經道行品) // Dhp. 282. yogā ve jāti bhūri / ayogā bhūrisaṅkhayo / etaṃ dvedhā pathaṃ ñatvā / bhavāya vibhavāya ca / tathattānaṃ niveseyya / yathā bhūri pavaḍḍhati //

Dhp. 283.

숲을 잘라버려라.
실제의 나무는 말고.
숲에서 두려움이 생기니
수행승들이여, 숲과 덤불을 자르면,
그대들은 숲에서 벗어나리.283)

Cut down the whole forest (of lust), not a tree! Danger comes out of the forest (of lust). When you have cut down both the forest (of lust) and its undergrowth, then, Bhikshus, you will be rid of the forest and free!.

---

283) 伐樹勿休 樹生諸惡 斷樹盡株 比丘滅度 (法句經 愛欲品·道行品) // Dhp. 283. vanaṃ chindatha mā rukkhaṃ / vanato jāyatī bhayaṃ / chetvā vanañca vanathañca / nibbanā hotha bhikkhavo // 여기서 숲은 미래에 다시 태어남으로 이끄는 커다란 번뇌를 상징하고 덤불은 현세에서 지속적인 삶에 영향을 끼치는 작은 번뇌를 상징한다.

Dhp. 284.

남자의 여자에 대한 번뇌의 덤불은,
그것이 조금 있더라도 제거되지 않으면,
젖먹이 송아지가 어미에 매이듯.
그와 같이 그의 마음이 속박된다.[284)]

So long as the love of man towards women, even the smallest, is not destroyed, so long is his mind in bondage, as the calf that drinks milk is to its mother.

---

284) 夫不伐樹 少多餘親 心繫於此 如犢求母 (法句經 愛欲品·道行品) // Dhp. 284. yāvaṃ vanatho na chijjati / anumatto'pi narassa nārisu / paṭibaddhamano'va tāva / so vaccho khīrapako'va mātari //

Dhp. 285.

자신에 대한 애착을 끊어라.
가을 연못의 연꽃을 꺾듯이,
올바른 길로 잘 가신 님께서 설한
열반, 적정으로 향한 길을 걸어라.285)

Cut out the love of self, like an autumn lotus, with thy hand! Cherish the road of peace. Nirvana has been shown by Sugata (Buddha).

---

285) 當自斷戀 如秋池蓮 息跡受敎 佛說泥洹 (出曜經華品) // Dhp. 285. ucchinda sinehamattano / kumudaṃ sāradikaṃ'va pāṇinā / santimaggameva brūhaya / nibbānaṃ sugatena desitaṃ //

Dhp. 286.

'나는 여기서 우기도
여기서 겨울도 여름도 지내리라.'라고
어리석은 자는 생각하니
그 위험을 깨닫지 못한다. 286)

Here I shall dwell in the rain, here in winter and summer,' thus the fool meditates, and does not think of his death.

---

286) 暑當止此 寒當止此 愚多務慮 莫知來變 (法句經 愚闇品) // Dhp. 286. idha vassaṃ vasissāmi / idha hemantagimbhisu / iti bālo vicinteti / antarāyaṃ na bujjhati //

Dhp. 287.

자식과 가축에 도취되어
마음이 사로잡혀있는 사람,
홍수가 잠든 마을을 앗아가듯,
죽음이 그를 앗아간다.[287)]

Death comes and carries off that man, praised for his children and flocks, his mind distracted, as a flood carries off a sleeping village.

287) *人營妻子 不解病法 死明卒至 如水湍聚 (法句經 道行品) // Dhp. 287. taṃ puttapasusammattaṃ / byāsattamanasaṃ naraṃ / suttaṃ gāmaṃ mahogho'va / maccu ādāya gacchati //*

Dhp. 288.

자식들도 아버지도 친척들도
그대에게 피난처가 아니다.
죽음의 신에게 사로잡힌 자에게
친지도 물론 피난처가 아니다.288)

Sons are no help, nor a father, nor relations; there is no help from kinsfolk for one whom death has seized.

---

288) 非有子恃 亦非父母 爲死所迫 無親可怙 (法句經 無常品·道行品, 增一阿含51) // Dhp. 288. na santi puttā tāṇāya / na pitā nāpi bandhavā / antakenādhipannassa / natthi ñātisu tāṇatā //

Dhp. 289.

이러한 사실을 알고
현명한 님이라면 계행을 지키고
열반으로 이끄는 길을
서둘러 청정히 닦아야 하리.[289)]

A wise and good man who knows the meaning of this, should quickly clear the way that leads to Nirvana.

289) *慧解是意 可修經戒 勤行度世 一切除苦 (法句經道行品) // Dhp. 289. etamatthavasaṃ ñatvā / paṇḍito sīlasaṃvuto / nibbānagamanaṃ maggaṃ / khippameva visodhaye //*

21. 다양한 것의 품

[Pakiṇṇakavagga]

Chapter XXI

Miscellaneous

Dhp. 290.

작은 즐거움을 버리고
광대한 즐거움을 본다면,
현명한 님은 광대한 즐거움을 보면서
작은 즐거움을 버린다.290)

If by leaving a small pleasure one sees a great pleasure, let a wise man leave the small pleasure, and look to the great.

---

290) *施安雖少 其報彌大 慧從小施 受見景福 (法句經 廣衍品) // Dhp. 290. mattāsukhapariccāgā / passe ce vipulaṃ sukhaṃ / caje mattāsukhaṃ dhīro / sampassaṃ vipulaṃ sukhaṃ //*

Dhp. 291.

누구든 타인에게 고통을 주며
자신의 행복을 구하는 자는
원망의 얽힘에 매이나니,
원망에서 벗어나지 못한다.291)

He who, by causing pain to others, wishes to obtain pleasure for himself, he, entangled in the bonds of hatred, will never be free from hatred.

---

291) 施勞於人 而欲望祐 殃咎歸身 自遭廣怨 (法句經廣衍品) // Dhp. 291. paradukkhūpadānena / attano sukhamicchati / verasaṃsaggasaṃsaṭṭho / verā so na parimuccati //

Dhp. 292.

해야 할 일을 하지 않고
해서는 안 될 일을 행하는
오만하고 방일한 자들,
그들에게 번뇌는 늘어만 간다.[292)]

What ought to be done is neglected, what ought not to be done is done; the desires of unruly, thoughtless people are always increasing.

---

292) 己爲多事 非事亦造 伎樂放逸 惡習日增 (法句經廣衍品) // Dhp. 292. yaṃ hi kiccaṃ tadapaviddhaṃ / akiccaṃ pana kayirati / unnalānaṃ pamattānaṃ / tesaṃ vaḍḍhanti āsavā //

Dhp. 293.

신체에 대한 새김을
항상 잘 실천하고
해서는 안 될 일을 하지 말고
해야 할 일을 언제나 수호하는
새김 있고 알아차림이 있는 사람들,
그들에게 번뇌는 사라진다.[293)]

But they whose whole watchfulness is always directed to their body, who do not follow what ought not to be done, and who steadfastly do what ought to be done, the desires of such watchful and wise people will come to an end.

---

293) 精行惟行 習是捨非 修身自覺 是爲正習 (法句經廣衍品) // Dhp. 293. yesañca susamāraddhā / niccaṃ kāyagatā sati / akiccaṃ te na sevanti / kicce sātaccakārino / satānaṃ sampajānānaṃ / atthaṃ gacchanti āsavā //

Dhp. 294.

어머니와 아버지를 죽이고
왕족 출신의 두 왕을 살해하고
왕국과 그 신하를 쳐부수고
존귀한 님은 동요없이 지낸다.294)

A true Brahmana goes scatheless, though he have killed father and mother, and two valiant kings, though he has destroyed a kingdom with all its subjects.

---

294) 除其父母緣 王家及二種 遍滅至境土 無垢爲梵志 (出曜經雙要品) // Dhp. 294. mātaraṃ pitaraṃ hantvā / rājāno dve ca khattiye / raṭṭhaṃ sānuvaraṃ hantvā / anīgho yāti brāhmaṇo // 어머니는 갈애를 상징하는데, 세 가지 세계 -감각적 쾌락의 욕망계, 미세한 물질계, 비물질계 - 를 낳기 때문이고, 아버지는 '내가 있다'는 자만을 상징한다. 왕족의 두 왕은 무지한 일반사람이 의존하는 영원주의와 허무주의를 상징한다. 왕국과 그 신하는 열두 감역 -시각과 형상, 청각과 소리, 후각과 냄새, 미각과 맛, 촉각과 감촉, 정신과 사실-을 상징한다.

Dhp. 295.

어머니와 아버지를 죽이고
학자인 두 왕을 살해하고
다섯 번째 호랑이터를 쳐부수고
존귀한 님은 동요없이 지낸다.295)

A true Brahmana goes scatheless, though he have killed father and mother, and two holy kings, and an eminent man besides.

---

295) 學先斷母 率君二臣 廢諸營從 是上道人 (法句經 教學品) // Dhp. 295. mātaraṃ pitaraṃ hantvā / rājāno dve ca sotthiye / veyyagghapañcamaṃ hantvā / anīgho yāti brāhmaṇo // 어머니는 갈애를 상징하는데, 갈애가 세 가지 세계 -감각적 쾌락의 욕망계, 미세한 물질계, 비물질계 - 를 낳기 때문이고, 아버지는 '내가 있다'는 자만을 상징한다. 학자인 두 왕은 영원주의자와 허무주의자를 말하고 호랑이터란 호랑이가 출몰하는 곳으로 다섯 가지 장애 가운데 회의적 의심의 장애를 상징한다. 그러므로 다섯 번째 호랑이터를 쳐부순다는 것은 다섯 가지 장애 - 를 부순다는 뜻이다.

Dhp. 296.

고따마의 제자들은
항상 잘 깨어 있다.
밤이나 낮이나 언제나
깨달은 님에 대한 새김을 확립한다.296)

The disciples of Gotama (Buddha) are always well awake, and their thoughts day and night are always set on Buddha.

---

296) *能知自覺者 是瞿曇弟子 晝夜當念是 一心歸命佛 (法句經道行品)* // *Dhp. 296. suppabuddhaṃ pabujjhanti / sadā gotamasāvakā / yesaṃ divā ca ratto ca / niccaṃ buddhagatā sati //*

Dhp. 297.

고따마의 제자들은
항상 잘 깨어 있다.
밤이나 낮이나 언제나
가르침에 대한 새김을 확립한다.[297)]

The disciples of Gotama are always well awake, and their thoughts day and night are always set on the law.

---

297) 善覺自覺者 是瞿曇弟子 晝夜當念是 一心念於法 (法句經道行品) // Dhp. 297. suppabuddhaṃ pabujjhanti / sadā gotamasāvakā / yesaṃ divā ca ratto ca / niccaṃ dhammagatā sati //

Dhp. 298.

고따마의 제자들은
항상 잘 깨어 있다.
밤이나 낮이나 언제나
참모임에 대한 새김을 확립한다.[298)]

The disciples of Gotama are always well awake, and their thoughts day and night are always set on the church.

---

298) 善覺自覺者 是瞿曇弟子 晝夜當念是 一心念於法 (出曜經惟念品, 法句經廣衍品) // Dhp. 29 8. suppabuddhaṃ pabujjhanti / sadā gotamasāvakā / yesaṃ divā ca ratto ca / niccaṃ saṅghagatā sati //

Dhp. 299.

고따마의 제자들은
항상 잘 깨어 있다.
밤이나 낮이나 언제나
신체에 대한 새김을 확립한다.[299)]

The disciples of Gotama are always well awake, and their thoughts day and night are always set on their body.

---

299) 爲佛弟子 常悟自覺 日暮思禪 樂觀一心 (法句經道行品) // Dhp. 299. suppabuddhaṃ pabujjhanti / sadā gotamasāvakā / yesaṃ divā ca ratto ca / niccaṃ kāyagatā sati //

Dhp. 300.

고따마의 제자들은
항상 잘 깨어 있어
밤이나 낮이나 언제나
그의 마음은 폭력의 여읨을 기뻐한다.300)

The disciples of Gotama are always well awake, and their mind day and night always delights in compassion.

---

300) 爲佛弟子 常悟自覺 日暮慈悲 樂觀一心 (法句經道行品參照) // Dhp. 300. suppabuddhaṃ pabujjhanti / sadā gotamasāvakā / yesaṃ divā ca ratto ca / ahiṃsāya rato mano //

Dhp. 301.

고따마의 제자들은
항상 잘 깨어 있다.
밤이나 낮이나 언제나
그의 마음은 수행을 기뻐한다.[301)]

The disciples of Gotama are always well awake, and their mind day and night always delights in meditation.

---

301) 爲佛弟子 常悟自覺 日暮思禪 樂觀一心 (法句經 道行品參照) // Dhp. 301. suppabuddhaṃ pabujjhanti / sadā gotamasāvakā / yesaṃ divā ca ratto ca / bhāvanāya rato mano //

Dhp. 302.

출가는 어렵고 거기서 기뻐하기도 어렵다.
세상의 삶은 어렵고 재가의 삶은 고통스럽다.
걸맞지 않은 자와 사는 것도 고통스럽다.
나그네에게는 고통이 따른다.
그러므로 나그네가 되지 말고
고통에는 빠지지 말아야 하리.[302)]

It is hard to leave the world (to become a friar), it is hard to enjoy the world; hard is the monastery, painful are the houses; painful it is to dwell with equals (to share everything in common) and the itinerant mendicant is beset with pain. Therefore let no man be an itinerant mendicant and he will not be beset with pain.

---

302) 難捨罪難 居在家亦難 會止同利難 艱難無過有 比丘乞求難 何可不自勉 精進得自然 後無欲於人 (法句經道行品) // Dhp. 302. duppabbajjaṃ durabhiramaṃ / durāvāsā gharā dukhā / dukkho samānasaṃvāso / dukkhānupatitaddhagu / tasmā na caddhagu siyā / dukkhānupatito siyā //

Dhp. 303.

믿음이 있고 계행을 갖추고
명예와 재물을 갖춘 자는
어떠한 지역으로 가든지
가는 곳마다 섬김을 받는다.[303)]

Whatever place a faithful, virtuous, celebrated, and wealthy man chooses, there he is respected.

---

303) 有信則戒成 從戒多致賢 亦從得諧偶 在所見供養 (法句經道行品) // Dhp. 303. saddho sīlena sampanno / yasobhogasamappito / yaṃ yaṃ padesaṃ bhajati / tattha tattheva pūjito //

Dhp. 304.

참사람은 멀리 있어도
히말라야의 산처럼 빛난다.
참사람이 아닌 자는 가까이 있어도
밤에 쏜 화살처럼 보이지 않는다.[304)]

Good people shine from afar, like the snowy mountains; bad people are not seen, like arrows shot by night.

---

304) 近道名顯 如高山雪 遠道闇昧 如夜發箭 (法句經 道行品) // Dhp. 304. dūre santo pakāsanti / himavanto'va pabbato / asantettha na dissanti / rattiṃ khittā yathā sarā //

Dhp. 305.

홀로 앉고 홀로 눕고
홀로 걸으면서 싫증내지 않고
홀로 제어하는 자가
숲속에서 즐기는 님이 되리라.[305)]

He alone who, without ceasing, practises the duty of sitting alone and sleeping alone, he, subduing himself, will rejoice in the destruction of all desires alone, as if living in a forest.

---

305) 一坐一處臥 一行無放逸 守一以正身 心樂居樹間 (法句經道行品) // Dhp. 305. ekāsanaṃ ekaseyyaṃ / eko caramatandito / eko damayamattānaṃ / vanante ramito siyā //

22. 지옥의 품

[Nirayavagga]

Chapter XXII

The Downward Course

Dhp. 306.

진실이 아닌 것을 말하는 자,
하고도 하지 않았다고 하는 자 지옥에 간다.
이들 비천한 행위를 하는 두 사람은
죽은 뒤에 저 세상에서 동일하게 된다.306)

He who says what is not, goes to hell; he also who, having done a thing, says I have not done it. After death both are equal, they are men with evil deeds in the next world.

306) *妄語地獄近 作之言不作 二罪後俱受 自作自牽往 (法句經道行品) // Dhp. 306. abhūtavādī nirayaṃ upeti / yo cāpi katvā na karomīti cāha / ubho'pi te pecca samā bhavanti / nihīnakammā manujā parattha //*

Dhp. 307.

많은 자가 목에 가사를 걸쳤어도
악한 원리를 따르고 자제되지 못했다면,
참으로 그들 악한 자들은
악한 행위에 의해서 지옥으로 끌려가리.[307)]

Many men whose shoulders are covered with the yellow gown are ill-conditioned and unrestrained; such evil-doers by their evil deeds go to hell.

---

307) 法衣在其身 爲惡不自禁 苟沒惡行者 終則墮地獄 (法句經地獄品) // Dhp. 307. kāsāvakaṇṭhā bahavo / pāpadhammā asaññatā / pāpā pāpehi kammehi / nirayaṃ te upapajjare //

Dhp. 308.

계행을 지키지 않고 자제함이 없는 자가
나라의 음식을 축내는 것보다
불과 같은 뜨거운
쇳덩이를 먹는 것이 차라리 낫다.[308)]

Better it would be to swallow a heated iron ball, like flaring fire, than that a bad unrestrained fellow should live on the charity of the land.

---

308) 寧啖燒石 呑飮鎔銅 不以無戒 食人信施 (法句經 利養品, 中阿含3, 雜阿含38) // Dhp. 308. seyyo ayoguḷo bhutto / tatto aggisikhūpamo / yañce bhūñjeyya dussīlo / raṭṭhapiṇḍaṃ asaññato //

Dhp. 309.

방일하여 남의 아내를 범하는 자는
네 가지 경우에 떨어진다.
죄악을 얻고, 편히 잠을 이루지 못하고,
세 번째로 비난을,
네 번째로 지옥을 얻는다.[309)]

Four things does a wreckless man gain who covets his neighbour's wife, - a bad reputation, an uncomfortable bed, thirdly, punishment, and lastly, hell.

---

309) 放逸有四事 好犯他人婦 臥險非福利 毀三淫泆四 (法句經地獄品) // Dhp. 309. cattāri ṭhānāni naro pamatto / āpajjati paradārūpasevī / apuññalābhaṃ na nikāmaseyyaṃ / nindaṃ tatiyaṃ nirayaṃ catutthaṃ //

Dhp. 310.

죄악을 얻어 나쁜 곳에 떨어진다.
두려워하는 남자가
겁에 질린 여자에게 얻는 쾌락은 적다.
왕 또한 무거운 벌을 준다.
그러므로 사람들은
남의 아내를 범하지 말지니.310)

There is bad reputation, and the evil way (to hell), there is the short pleasure of the frightened in the arms of the frightened, and the king imposes heavy punishment; therefore let no man think of his neighbour's wife.

---

310) 不福利墮惡 畏而畏樂寡 王法重罰加 身死入地獄 (法句經地獄品) // Dhp. 310. apuññalābho ca gatī ca pāpikā / bhītassa bhītāya ratī ca thokikā / rājā ca daṇḍaṃ garukaṃ paṇeti / tasmā naro paradāraṃ na seve //

Dhp. 311.

꾸싸 풀이 잘못 붙잡아지면
손 자체가 베이듯,
수행자의 삶은 잘못 붙잡아지면
지옥으로 이끌어진다.311)

As a grass-blade, if badly grasped, cuts the arm, badly-practised asceticism leads to hell.

311) 譬如拔管草 執緩則傷手 學戒不禁制 獄錄乃自賊 (法句經地獄品, 四分律43) // Dhp. 311. kuso yathā duggahito / hatthamevānukantati / sāmaññaṃ dupparāmaṭṭhaṃ / nirayāyupakaḍḍhati //

Dhp. 312.

어떠한 것이든 나태한 행위와
어떠한 것이든 부정한 습관과
의혹을 지닌 청정한 삶은
커다란 공덕을 가져오지 못한다.312)

An act carelessly performed, a broken vow, and hesitating obedience to discipline, all this brings no great reward.

---

312) 人行爲慢惰 不能除衆勞 梵行有玷缺 終不受大福 (法句經地獄品) // Dhp. 312. yaṃ kiñci sithilaṃ kammaṃ / saṃkiliṭṭhaṃ ca yaṃ vataṃ / saṅkassaraṃ brahmacariyaṃ / na taṃ hoti mahapphalaṃ //

Dhp. 313.

할 일이 있으면 행해야 한다.
그것을 향해 단호히 나가야 하리.
수행자가 실로 나태하면,
단지 티끌만을 더욱 뿌릴 뿐이다.313)

If anything is to be done, let a man do it, let him attack it vigorously! A careless pilgrim only scatters the dust of his passions more widely.

---

313) 常行所當行 自持必令强 遠離諸外道 莫習爲塵垢 (法句經地獄品) // Dhp. 313. kayirā ce kayirāth'enaṃ / daḷham'enaṃ parakkame / saṭhilo hi paribbājo / bhiyyo ākirate rajaṃ //

Dhp. 314.

악행은 행하지 않는 것이 나으니
악행은 나중에 괴롭기 때문이다.
선행은 행하는 것이 나으니
행하고 나면 괴롭지 않기 때문이다.[314)]

An evil deed is better left undone, for a man repents of it afterwards; a good deed is better done, for having done it, one does not repent.

---

314) 爲所不當爲 然後致鬱毒 行善常吉順 所適無悔悕 (法句經地獄品) // Dhp. 314. akataṃ dukkataṃ seyyo / pacchā tapati dukkataṃ / katañ ca sukataṃ seyyo / yaṃ katvā nānutappati //

Dhp. 315.

변경의 요새를
안팎으로 수호하듯
자신을 수호하라.
찰나도 헛되이 보내지 말라.
찰나를 헛되이 보내는 자는
지옥에 떨어져 비탄해 한다.[315)]

Like a well-guarded frontier fort, with defences within and without, so let a man guard himself. Not a moment should escape, for they who allow the right moment to pass, suffer pain when they are in hell.

---

315) 如備邊城 中外牢固 自守其心 非法不生 行缺致憂 令墮地獄 (法句經地獄品) // Dhp. 315. nagaraṃ yathā paccantaṃ / guttaṃ santarabāhiraṃ / evaṃ gopetha attānaṃ / khaṇo ve mā upaccagā / khaṇātītā hi socanti / nirayamhi samappitā //

Dhp. 316.

부끄럽지 않은 것을 부끄러워하고
부끄러운 것을 부끄러워하지 않는
잘못된 견해를 갖추면,
뭇삶들은 나쁜 곳에 떨어진다.[316)]

They who are ashamed of what they ought not to be ashamed of, and are not ashamed of what they ought to be ashamed of, such men, embracing false doctrines enter the evil path.

---

316) 可羞不羞 非羞反羞 生爲邪見 死墮地獄 (法句經 地獄品) // Dhp. 316. alajjitāye lajjanti / lajjitāye na lajjare / micchādiṭṭhisamādānā / sattā gacchanti duggatiṃ //

Dhp. 317.

두렵지 않은 것을 두려워하고
두려운 것을 두려워하지 않는
잘못된 견해를 갖추면,
뭇삶들은 나쁜 곳에 떨어진다.[317)]

They who fear when they ought not to fear, and fear not when they ought to fear, such men, embracing false doctrines, enter the evil path.

317) *可畏不畏 非畏反畏 信向邪見 死墮地獄 (法句經 地獄品) // Dhp. 317. abhaye bhayadassino / bhaye cābhayadassino / micchādiṭṭhisamādānā / sattā gacchanti duggatiṃ //*

Dhp. 318.

잘못이 아닌 것을 잘못으로 여기고
잘못에서 잘못이 아닌 것을 보는
잘못된 견해를 갖추면,
뭇삶들은 나쁜 곳에 떨어진다.[318)]

They who forbid when there is nothing to be forbidden, and forbid not when there is something to be forbidden, such men, embracing false doctrines, enter the evil path.

---

318) 可避不避 家就不就 翫習邪見 死墮地獄 (法句經地獄品) // Dhp. 318. avajje vajjamatino / vajje cāvajjadassino / micchādiṭṭhisamādānā / sattā gacchanti duggatiṃ //

Dhp. 319.

잘못을 잘못으로 알고
잘못 없음을 잘못 없음으로 아는
올바른 견해를 갖추면,
뭇삶들은 좋은 곳으로 간다.319)

They who know what is forbidden as forbidden, and what is not forbidden as not forbidden, such men, embracing the true doctrine, enter the good path.

---

319) 可近則近 可遠則遠 恒守正見 死墮善道 (法句經 地獄品) // Dhp. 319. vajjaṃ ca vajjato ñatvā / avajjaṃ ca avajjato / sammādiṭṭhisamādānā / sattā gacchanti suggatiṃ //

23. 코끼리의 품

[Nāgavagga]

Chapter XXIII

The Elephant

Dhp. 320.

코끼리가 전쟁터에 나아가면
활에서 화살이 쏟아져도 참아내듯,
나는 근거 없는 비난을 참아내리라.
사람들은 대부분 계행이 악하니.320)

Silently shall I endure abuse as the elephant in battle endures the arrow sent from the bow : for the world is ill-natured.

---

320) 我如象鬪 不恐中箭 常以誠信 度無戒人 (法句經 象喩品) // Dhp. 320. ahaṃ nāgo'va saṅgāme / cāpāto patitaṃ saraṃ / ativākyaṃ titikkhissaṃ / dussīlo hi bahujjano //

Dhp. 321.

길들여진 것이 군중에 선보이고
왕들은 길들여진 것을 탄다.
근거 없는 비난을 참아내는 님,
인간 가운데 길들여진 님이 최상의 님이다.[321)]

They lead a tamed elephant to battle, the king mounts a tamed elephant; the tamed is the best among men, he who silently endures abuse.

---

321) 譬象調正 可中王乘 調爲尊人 乃受誠信 (法句經 象喩品) // Dhp. 321. dantaṃ nayanti samitiṃ / dantaṃ rājā'bhirūhati / danto seṭṭho manussesu / yo 'tivākyaṃ titikkhati //

Dhp. 322.

잘 조련된 노새도 훌륭하고
인더스 산 준마도 훌륭하고
상아 솟은 큰 코끼리도 훌륭하지만,
자신을 길들인 님이 더욱 훌륭하다.[322)]

Mules are good, if tamed, and noble Sindhu horses, and elephants with large tusks; but he who tames himself is better still.

---

322) 雖爲常調 如彼新馳 亦最善象 不如自調 (法句經 象喩品) // Dhp. 322. varam assatarā dantā / ājānīyā ca sindhavā / kuñjarā ca mahānāgā / attadanto tato varaṃ //

Dhp. 323.

이들 탈 것에 올라탄다고
가보지못한 곳을 갈 수는 없다.
잘 길들여진 자의 길들여진 자기로
길들여진 님이 그곳을 간다.323)

For with these animals does no man reach the untrodden country (Nirvana), where a tamed man goes on a tamed animal, viz. on his own well-tamed self.

---

323) *彼不能適 人所不至 唯自調者 能到調方 (法句經 象喩品) // Dhp. 323. na hi etehi yānehi / gaccheyya agataṃ disaṃ / yathāttanā sudantena / danto dantena gacchati //*

Dhp. 324.

거칠고 사나워 걷잡을 수 없는
'다나빨라까'라는 상아코끼리는
붙잡히면 한 입도 먹지 않는다.
상아코끼리는
오로지 코끼리 숲을 그리워한다.324)

The elephant called Dhanapalaka, his temples running with sap, and difficult to hold, does not eat a morsel when bound; the elephant longs for the elephant grove.

---

324) 如象名財守 猛害難禁制 繫絆不如食 而猶暴逸象 (法句經象喩品) // Dhp. 324. dhanapālako nāma kuñjaro / kaṭukappabhedano dunnivārayo / baddho kabalaṃ na bhuñjati / sumarati nāgavanassa kuñjaro //

Dhp. 325.

게으를 뿐만 아니라 많이 먹고
뒹굴며 자는 잠꾸러기,
곡식 먹고 자란 커다란 수퇘지처럼,
그 아둔한 자는 자꾸 모태에 든다.[325)]

If a man becomes fat and a great eater, if he is sleepy and rolls himself about, that fool, like a hog fed on wash, is born again and again.

---

325) 沒在惡行者 恒以貪自繫 其象不知厭 故數入胞胎 (法句經象喻品) // Dhp. 325. middhī yadā hoti mahagghaso ca / niddāyitā samparivattasāyī / mahāvarāho 'va nivāpapuṭṭho / punappunaṃ gabbhamupeti mando //

Dhp. 326.

일찍이 바라는 대로 원하는 대로
이 마음은 즐거움을 쫓아 다녔다.
사나운 코끼리를
조련사가 갈고리로 제어하듯,
오늘 나는 그것을 철저히 제어하리라.[326)]

This mind of mine went formerly wandering about as it liked, as it listed, as it pleased; but I shall now hold it in thoroughly, as the rider who holds the hook holds in the furious elephant.

---

326) 本意爲純行 及常行所安 悉捨降結使 如鉤制象調 (法句經象喩品) // Dhp. 326. idaṃ pure cittam acāri cārikaṃ / yenicchakaṃ yatthakāmamaṃ yathāsukhaṃ / tadajjahaṃ niggahessāmi yoniso / hatthippabhinn- aṃ viya aṅkusaggaho //

Dhp. 327.

방일하지 않음을 기뻐하고
자신의 마음을 수호하라.
진흙에 빠진 상아코끼리가 자신을 건지듯,
험한 길에서 자신을 구출하라.[327)]

Be not thoughtless, watch your thoughts! Draw yourself out of the evil way, like an elephant sunk in mud.

---

327) 樂道不放逸 常能自護心 是爲拔身苦 如象出千埳 (法句經象喩品) // Dhp. 327. appamādaratā hottha / sacittamanurakkhatha / duggā uddharath'attānaṃ / paṅke sanno'va kuñjaro //

Dhp. 328.

선량한 삶을 사는 현명한 님,
함께 할 수 있는 사려 깊은 벗을 얻는다면,
모든 위험을 극복하고
새김을 확립하여
기꺼이 그와 함께 유행하라.[328)]

If a man find a prudent companion who walks with him, is wise, and lives soberly, he may walk with him, overcoming all dangers, happy, but considerate.

---

328) 若得賢能伴 俱行行善悍 能伏諸所聞 至到不失意 (法句經象喩品, 中阿含17) // Dhp. 328. sace labhetha nipakaṃ sahāyaṃ / saddhiṃcaraṃ sādhuvihāridhīraṃ / abhibhuyya sabbāni parissayāni / careyya tenattamano satīmā //

Dhp. 329.

선량한 삶을 사는 현명한 님,
함께 할 수 있는 사려 깊은 벗을 얻지 못하면,
정복한 나라를 버리는 왕처럼,
숲속의 코끼리처럼, 홀로 가라.[329)]

If a man find no prudent companion who walks with him, is wise, and lives soberly, let him walk alone, like a king who has left his conquered country behind, - like an elephant in the forest.

---

329) 不得賢能伴 俱行行惡悍 廣斷王邑里 寧獨不爲惡 (法句經象喩品) // Dhp. 329. no ce labhetha nipakaṃ sahāyaṃ / saddhiṃcaraṃ sādhuvihāri dhīraṃ / rājā'va raṭṭhaṃ vijitaṃ pahāya / eko care mātaṅgaraññ'eva nāgo //

Dhp. 330.

홀로 유행하는 것이 낫다.
어리석은 자는 벗이 되지 못한다.
숲속의 코끼리가 힘들이지 않고 가듯.
홀로 유행하며 악을 짓지 말지니.330)

It is better to live alone, there is no companionship with a fool; let a man walk alone, let him commit no sin, with few wishes, like an elephant in the forest.

330) 寧獨行爲善 不與愚爲侶 獨而不爲惡 如象鶩自護 (法句經象喩品, 中阿含17, 四分律43) // Dhp. 330. ekassa caritaṃ seyyo / natthi bāle sahāyatā / eko care na ca pāpāni kayirā / appossukko mātaṅgaraññe'va nāgo //

Dhp. 331.

일이 일어났을 때에는 벗이 행복이고
어떠한 것에든 만족하는 것이 행복이고
목숨이 다할 때에는 공덕이 행복이고
일체의 괴로움을 버리는 것이 행복이다.[331)]

If an occasion arises, friends are pleasant; enjoyment is pleasant, whatever be the cause; a good work is pleasant in the hour of death; the giving up of all grief is pleasant.

---

331) *生而有利安 伴耎和爲安 命盡爲福安 衆惡不犯安 (法句經象喩品) // Dhp. 331. atthamhi jātamhi sukhā sahāyā / tuṭṭhī sukhā yā itarītarena / puññaṃ sukhaṃ jīvitasaṅkhayamhi / sabbassa dukkhassa sukhaṃ pahāṇaṃ //*

Dhp. 332.

세상에서 어머니를 공경하는 것도 행복이고
또한 아버지를 공경하는 것도 행복이다.
세상에서 수행자를 공경하는 것도 행복이고
또한 거룩한 님을 공경하는 것도 행복이다.332)

Pleasant in the world is the state of a mother, pleasant the state of a father, pleasant the state of a Samana, pleasant the state of a Brahmana.

---

332) 人家有母樂 有父斯亦樂 世有沙門樂 天下有道樂 (法句經象喩品) // Dhp. 332. sukhā matteyyatā loke / atho petteyyatā sukhā / sukhā sāmaññatā loke / atho brahmaññatā sukhā //

Dhp. 333.

늙어도 계행이 행복이고
믿음이 확립된 것도 행복이다.
지혜를 얻음이 행복이고
악을 짓지 않음도 행복이다. 333)

Pleasant is virtue lasting to old age, pleasant is a faith firmly rooted; pleasant is attainment of intelligence, pleasant is avoiding of sins.

---

333) 持戒終老安 信正所正善 智慧最安身 不犯惡最樂 (法句經象喩品) // Dhp. 333. sukhaṃ yāva jarā sīlaṃ / sukhā saddhā patiṭṭhitā / sukho paññāya paṭilābho / pāpānaṃ akaraṇaṃ sukhaṃ //

24. 갈애의 품

[Taṇhāvagga]

Chapter XXIV

Thirst

Dhp. 334.

방일하게 삶을 사는 사람에게
말루바 덩굴처럼 갈애가 자라니,
숲속 원숭이가 열매 찾아 옮겨 다니듯,
그는 이 생에서 저 생으로 떠다닌다.334)

The thirst of a thoughtless man grows like a creeper; he runs from life to life, like a monkey seeking fruit in the forest.

---

334) 心放在淫行 欲愛增枝條 分布生熾盛 超躍貪果猴 (法句經愛欲品) // Dhp. 334. manujassa pamattacārino / taṇhā vaḍḍhati māluvā viya / so plavati hurāhuraṃ phalam / icchaṃ'va vanasmiṃ vānaro //

Dhp. 335.

세상에 저열한 뒤얽힌 갈애에
정복당한 사람,
비를 맞은 비라나 풀이 자라듯,
그에게 근심이 자란다.[335)]

Whomsoever this fierce thirst overcomes, full of poison, in this world, his sufferings increase like the abounding Birana grass.

---

335) 以爲愛忍苦 貪欲著世間 憂患日夜長 莚如蔓草生 (法句經愛欲品) // Dhp. 335. yā esā sahatī jammī / taṇhā loke visattikā / sokā tassa pavaḍḍhanti / abhivaṭṭhaṃ'va bīraṇaṃ //

Dhp. 336.

세상에서 극복하기 어려운
저열한 갈애를 극복한 사람,
연꽃에서 물방울이 떨어져나가듯,
그에게 근심이 떨어져나간다.336)

He who overcomes this fierce thirst, difficult to be conquered in this world, sufferings fall off from him, like water-drops from a lotus leaf.

---

336) 人爲恩愛惑 不能捨情欲 如是憂愛多 潺潺盈干池 夫所以憂悲 世間苦非一 但爲緣愛有 離愛則無憂 (法句經愛欲品, 法句要誦經貪品) // Dhp. 336. yo ce taṃ sahatī jammiṃ / taṇhaṃ loke duraccayaṃ / sokā tamhā papatanti / udabindū'va pokkharā //

Dhp. 337.

나는 그대들에게 말한다.
'여기 모여 있는 그대들에게 행복이 있기를!
우씨라 향을 찾아 비라나 풀을 파내듯,
갈애의 뿌리를 파내라.
흐르는 물이 갈대를 공격하듯,
악마가 거듭해서
그대들을 파괴하게 하지 말라.'[337)]

This salutary word I tell you, 'Do ye, as many as are here assembled, dig up the root of thirst, as he who wants the sweet-scented Usira root must dig up the Birana grass, that Mara (the tempter) may not crush you again and again, as the stream crushes the reeds.'

---

337) 爲道行者 不與欲會 先誅愛本 無所植根 勿如刈葦 令心復生 (法句經愛欲品) // Dhp. 337. taṃ vo vadāmi bhaddaṃ vo / yāvantettha samāgatā / taṇhāya mūlaṃ khaṇatha / usīrattho'bīraṇaṃ / mā vo naḷaṃ'va soto'va / māro bhañji punappunaṃ //

Dhp. 338.

나무뿌리가 상하지 않고 단단하면
나무가 잘려도 다시 자라듯,
갈애의 경향이 뽑히지 않으면,
그 고통은 거듭해서 일어난다.338)

As a tree, even though it has been cut down, is firm so long as its root is safe, and grows again, thus, unless the feeders of thirst are destroyed, the pain (of life) will return again and again.

338) *如樹根深固 雖截猶復生 愛意不盡除 趣當還受苦 (法句經愛欲品) // Dhp. 338. yathāpi mūle anupaddave daḷhe / chinno'pi rukkho punareva rūhati / evampi taṇhānusaye anūhate / nibbatti dukkhamidaṃ punappunaṃ //*

Dhp. 339.

쾌락을 좇아 달리는 강력한
서른여섯 가지 흐름을 지닌 자,
탐욕에 기초한 사유의 격류가
그 사견을 지닌 자를 떠내려 보낸다.339)

He whose thirst running towards pleasure is exceeding strong in the thirty-six channels, the waves will carry away that misguided man, namely. his desires which are set on passion.

---

339) 三十六駃流 幷及心意漏 數數有邪見 依於欲想結 (出曜經心意品) // Dhp. 339. yassa chattiṃsati sotā / manāpassavanā bhusā / vāhā vahanti duddiṭṭhiṃ / saṅkappā rāganissitā // 서른여섯 가지 흐름이란 세 가지 갈애의 활동 – 감각적 쾌락에 대한 갈애, 존재에 대한 갈애, 비존재에 대한 갈애 –이 내적 감역<시각, 청각, 후각, 미각, 촉각, 정신>과 외적 감역<형상, 소리, 냄새, 맛, 감촉, 사실>에 작용하여 생겨나는 갈애의 흐름을 말한다. 여기에 세 가지 시간 – 과거, 현재, 미래 – 이 작용하면 백팔번뇌의 흐름이 생겨나는 것이다. 그 밖에 서른여섯 가지 흐름을 두고 세 가지 시간이 열두 내외감역에 작용하는 의식의 흐름이라고 말하기도 한다.

Dhp. 340.

흐름이 모든 곳으로 흘러가
덩굴의 싹이 터 무성해진다.
그 생겨난 덩굴을 보고
지혜로써 그 뿌리를 자르라. 340)

The channels run everywhere, the creeper (of passion) stands sprouting; if you see the creeper springing up, cut its root by means of knowledge.

---

340) 一切意流衍 愛結如葛藤 唯慧分明見 能斷意根原 (法句經愛欲品) // Dhp. 340. savanti sabbadhi sotā / latā ubbhijja tiṭṭhati / tañca disvā lataṃ jātaṃ / mūlaṃ paññāya chindatha //

Dhp. 341.

움직여지고 적셔져
사람들에게 쾌락이 생겨난다.
이 쾌락에 매여 즐거움을 찾는 사람들은
태어남과 늙음을 겪는다.341)

A creature's pleasures are extravagant and luxurious; sunk in lust and looking for pleasure, men undergo (again and again) birth and decay.

---

341) 夫從愛潤澤 思想爲滋蔓 愛欲深無底 老死是用增 (法句經愛欲品) // Dhp. 341. saritāni sinehitāni ca / somanassāni bhavanti jantuno / te sātasitā sukhesino / te ve jātijarūpagā narā //

Dhp. 342.

갈애를 선구로 하여
사람들은 덫에 걸린 토끼처럼 날뛴다.
장애와 집착에 걸려,
거듭해서 오랜 세월 고통을 받는다.[342)]

Men, driven on by thirst, run about like a snared hare; held in fetters and bonds, they undergo pain for a long time, again and again.

---

342) *衆生愛纏裏 猶兎在於罝 爲結使所纏 數數受苦惱 (出曜經愛品)* // *Dhp. 342. tasiṇāya purakkhatā pajā / parisappanti saso'va bādhito / saṃyojanasaṅgasattā / dukkhamupenti punappunaṃ cirāya* //

Dhp. 343.

갈애를 선구로 하여
사람들은 덫에 걸린 토끼처럼 날뛴다.
그러므로 자신의 여읨을 바라며,
수행승은 갈애를 제거해야 하리라.343)

Men, driven on by thirst, run about like a snared hare; let therefore the mendicant drive out thirst, by striving after passionlessness for himself.

---

343) 若能滅彼愛 三有無復愛 比丘已離愛 寂滅歸泥洹 (出曜經愛品) // Dhp. 343. tasiṇāya purakkhatā pajā / parisappanti saso'va bādhito / tasmā tasiṇaṃ vinodaye / bhikkhu ākaṅkhī virāgamattano //

Dhp. 343.

덤불을 벗어나 숲을 향하고
숲에서 벗어나서도 숲으로 달린다.
와서 그 사람을 보라.
벗어나서 다시 속박으로 향해 달린다.[344)]

He who having got rid of the forest (of lust) gives himself over to forest-life (i.e. to lust), and who, when removed from the forest (i.e. from lust), runs to the forest (i.e. to lust), look at that man! though free, he runs into bondage.

---

344) 非園脫於園 脫園復就園 當復觀此人 脫縛復就縛 (出曜經觀品) // Dhp. 344. yo nibbanatho vanādhimutto / vanamutto vanameva dhāvati / taṃ puggalametha passatha / mutto bandhanameva dhāvati //

Dhp. 345.

쇠나 나무나 밥바자 풀로 만든 것을
현명한 님은 강한 족쇄라고 말하지 않는다.
보석이나 귀걸이에 대한 탐착,
자식과 아내에의 애착이 강한 족쇄이다.[345)]

Wise people do not call that a strong fetter which is made of iron, wood, or hemp; far stronger is the care for precious stones and rings, for sons and a wife.

---

345) 雖獄有鉤鎖 慧人不爲牢 愚見妻子息 染着愛甚牢 (法句經愛欲品) // *Dhp. 345. na taṃ daḷhaṃ bandhanamāhu dhīrā / yadāyasaṃ dārujaṃ babbajañca / sārattarattā maṇikuṇḍalesu / puttesu dāresu ca yā apekhā* //

Dhp. 346.

현명한 님은 그 족쇄는 강하다고 말한다.
잡아당기고 늦추지만 벗어나기 힘들다.
소망을 여의고 감각적 쾌락의 욕망을 버리고,
이것을 끊고 슬기로운 님은 출가한다.346)

That fetter wise people call strong which drags down, yields, but is difficult to undo; after having cut this at last, people leave the world, free from cares, and leaving desires and pleasures behind.

---

346) *慧脫愛爲獄 深固難得出 是故當斷棄 不視欲能安 (法句經愛欲品) // Dhp. 346. etaṃ daḷhaṃ bandhanamāhu dhīrā / ohārinaṃ sithilaṃ duppamuñcaṃ / etampi chetvāna paribbajanti / anapekkhino kāmasukhaṃ pahāya //*

Dhp. 347.

거미가 스스로 만든 그물에서 지내듯,
탐욕에 물든 자들은
스스로 만든 흐름에 떨어진다.
소망을 여의고 일체의 괴로움을 버리고,
현명한 님은 이것을 끊고 나아간다.[347)]

Those who are slaves to passions, run down with the stream (of desires), as a spider runs down the web which he has made himself; when they have cut this, at last, wise people leave the world free from cares, leaving all affection behind.

---

347) 以婬樂自裹 譬如蠶作繭 智者能斷棄 不眄除衆苦 (法句經愛欲品) // Dhp. 347. ye rāgarattānupatanti sotaṃ / sayaṃ kataṃ makkaṭako'va jālaṃ / etampi chetvāna vajanti dhīrā / anapekkhino sabbadukkhaṃ pahāya //

Dhp. 348.

과거에서 벗어나라 미래에서도 벗어나라.
그 가운데서도 벗어나라.
존재의 피안에 도달하여 마음이
일체에서 벗어나면,
그대는 결코 다시
태어남과 늙음에 다가가지 않는다.[348)]

Give up what is before, give up what is behind, give up what is in the middle, when thou goest to the other shore of existence; if thy mind is altogether free, thou wilt not again enter into birth and decay.

---

348) 捨前捨後 捨間越有 一切盡捨 不受生老 (出曜經雙要品) // Dhp. 348. muñca pure muñca pacchato / majjhe muñca bhavassa pāragū / sabbattha vimuttamānaso / na puna jātijaraṃ upehisi //

Dhp. 349.

사유가 혼란되고 탐욕이 격심한데
아름다운 것을 찾는다면,
그 사람에게 갈애는 더욱 증가한다.
그는 참으로 속박을 강화시킨다.349)

If a man is tossed about by doubts, full of strong passions, and yearning only for what is delightful, his thirst will grow more and more, and he will indeed make his fetters strong.

---

349) 心念放逸者 見淫以爲淨 恩愛意盛增 從是造獄牢 (法句經愛欲品) // Dhp. 349. vitakkapamathitassa jantuno / tibbarāgassa subhānupassino / bhiyyo taṇhā pavaḍḍhati / esa kho daḷhaṃ karoti bandhanaṃ //

Dhp. 350.

사유의 적정을 즐기고
항상 새김을 갖고 부정(不淨)을 닦으면,
실로 종식에 이르는 자가 그이니
그가 악마의 속박을 끊으리.350)

If a man delights in quieting doubts, and, always reflecting, dwells on what is not delightful (the impurity of the body, &c.), he certainly will remove, nay, he will cut the fetter of Mara.

---

350) 覺意滅淫者 常念欲不淨 從是出邪獄 能斷老死患 (法句經愛欲品) // Dhp. 350. vitakkupasame ca yo rato / asubhaṃ bhāvayati sadā sato / esa kho vyantikāhiti / esa checchati mārabandhanaṃ //

Dhp. 351.

궁극에 이르러 두려움이 없고
갈애를 여의고 더러움을 여의고
존재의 화살을 끊었으니
이것이야말로 최후의 몸이다.[351)]

He who has reached the consummation, who does not tremble, who is without thirst and without sin, he has broken all the thorns of life: this will be his last body.

351) *無欲無有畏 恬淡無憂患 欲除使結解 是爲長出淵 (法句經愛欲品) // Dhp. 351. niṭṭhaṃ gato asantāsī / vītataṇho anaṅgaṇo / acchindi bhavasallāni / antimo'yaṃ samussayo //*

Dhp. 352.

갈애를 떠나 취착을 여의고
표현하는 언어에 능숙하고
앞에 오거나 나중에 오는
음절의 결합을 잘 안다면,
그를 두고 최후의 몸을 지닌 님,
광대한 지혜를 지닌 님,
위대한 사람이라 부른다.352)

He who is without thirst and without affection, who understands the words and their interpretation, who knows the order of letters (those which are before and which are after), he has received his last body, he is called the great sage, the great man.

---

352) 盡道除獄縛 一切此彼解 已得度邊行 是爲大智士 (法句經愛欲品) // Dhp. 352. vītataṇho anādāno / niruttipadakovido / akkharānaṃ sannipātaṃ / jaññā pubbaparāni ca / sa ve antimasārīro / mahāpañño mahāpuriso'ti vuccati //

Dhp. 353.

나는 일체를 극복한 자, 일체를 아는 자이다.
일체의 사실에 오염되지 않았고,
일체가 버려졌고 갈애가 부수어져 해탈되었다.
스스로 곧바로 알았으니,
누구를 스승으로 삼으랴?[353)]

I have conquered all, I know all, in all conditions of life I am free from taint; I have left all, and through the destruction of thirst I am free; having learnt myself, whom shall I teach?

---

353) 若覺一切法 能不著諸法 一切愛意解 是爲通聖意 (法句經愛欲品) // Dhp. 353. sabbābhibhū sabbavidū'hamasmi / sabbesu dhammesu anūpalitto / sabbañjaho taṇhakkhaye vimutto / sayaṃ abhiññāya kamuddiseyyaṃ // 일체를 극복한 자란 세 가지 세계 – 감각적 쾌락의 욕망계, 미세한 물질계, 비물질계 –를 극복한 자를 말하고, 일체를 아는 자란 네 가지 세계 – 세간계<감각적 쾌락의 욕망계, 미세한 물질계, 비물질계>와 출세간계 –를 아는 자를 말한다.

Dhp. 354.

가르침의 보시는 일체의 보시를 이기고
가르침의 맛은 일체의 맛을 이긴다.
가르침의 즐거움은 일체의 즐거움을 이기고
갈애의 부숨은 일체의 괴로움을 이긴다.354)

The gift of the law exceeds all gifts; the sweetness of the law exceeds all sweetness; the delight in the law exceeds all delights; the extinction of thirst overcomes all pain.

---

354) 衆施經施勝 衆味道味勝 衆樂法樂勝 愛盡勝衆苦 (法句經愛欲品) // Dhp. 354. sabbadānaṃ dhammadānaṃ jināti / sabbaṃ rasaṃ dhammaraso jināti / sabbaṃ ratiṃ dhammaratī jināti / taṇhakkhayo sabbadukkhaṃ jināti //

Dhp. 355.

재물이 지혜롭지 못한 자를 해치지만,
피안을 구하는 자를 해치지는 못한다.
지혜롭지 못한 자는 재물에 대한 갈애로
자신뿐만 아니라 타인을 해친다.355)

Pleasures destroy the foolish, if they look not for the other shore; the foolish by his thirst for pleasures destroys himself, as if he were his own enemy.

355) *愚以貪自縛 不求度彼岸 爲貪愛欲故 害人亦自害 (法句經愛欲品)* // *Dhp. 355. hananti bhogā dummedhaṃ / no ve pāragavesino / bhogataṇhāya dummedho / hanti aññe'va attanā //*

Dhp. 356.

밭에는 잡초가 독이고
이 세상의 뭇삶에게는 탐욕이 독이다.
그러므로 탐욕을 여읜 님에게
보시한 것이야말로
커다란 열매를 가져온다.356)

The fields are damaged by weeds, mankind is damaged by passion: therefore a gift bestowed on the passionless brings great reward.

---

356) *愛欲意爲田 婬怨癡爲種 故施度世者 得福無有量 (法句經愛欲品參照) // Dhp. 356. tiṇadosāni khettāni / rāgadosā ayaṃ pajā / tasmā hi vītarāgesu / dinnaṃ hoti mahapphalaṃ //*

Dhp. 357.

밭에는 잡초가 독이고
이 세상의 뭇삶에게는 성냄이 독이다.
그러므로 성냄을 여읜 님에게
보시한 것이야말로
커다란 열매를 가져온다.357)

The fields are damaged by weeds, mankind is damaged by hatred : therefore a gift bestowed on those who do not hate brings great reward.

---

357) *愛欲意爲田 婬怨癡爲種 故施度世者 得福無有量 (法句經愛欲品參照)* // *Dhp. 357. tiṇadosāni khettāni / dosadosā ayaṃ pajā / tasmā hi vītadosesu / dinnaṃ hoti mahapphalaṃ //*

Dhp. 358.

밭에는 잡초가 독이고
이 세상의 뭇삶에게는 어리석음이 독이다.
그러므로 어리석음을 여읜 님에게
보시한 것이야말로
커다란 열매를 가져온다.358)

The fields are damaged by weeds, mankind is damaged by vanity: therefore a gift bestowed on those who are free from vanity brings great reward.

---

358) *愛欲意爲田　婬怨癡爲種 故施度世者　得福無有量 (法句經愛欲品參照)* // *Dhp. 358. tiṇadosāni khettāni / mohadosā ayaṃ pajā / tasmā hi vītamohesu / dinnaṃ hoti mahapphalaṃ* //

Dhp. 359.

밭에는 잡초가 독이고
이 세상의 뭇삶에게는 욕망이 독이다.
그러므로 욕망을 여읜 님에게
보시한 것이야말로
커다란 열매를 가져온다.359)

The fields are damaged by weeds, mankind is damaged by lust : therefore a gift bestowed on those who are free from lust brings great reward.

---

359) 愛欲意爲田 婬怨癡爲種 故施度世者 得福無有量 (法句經愛欲品參照) // Dhp. 359. tiṇadosāni khettāni / icchādosā ayaṃ pajā / tasmā hi vigaticchesu / dinnaṃ hoti mahapphalaṃ //

25. 수행승의 품

[Bhikkhuvagga]

Chapter XXV

The Bhikshu

Dhp. 360.

눈을 수호하는 것도 훌륭하고
훌륭하다, 귀를 수호하는 것도,
코를 수호하는 것도 훌륭하고
훌륭하다, 혀를 수호하는 것도,[360)]

Restraint in the eye is good, good is restraint in the ear, in the nose restraint is good, good is restraint in the tongue.

360) *端目耳鼻口 身意常守正 比丘行如是 可以免衆苦 (法句經沙門品參照) // Dhp. 360. cakkhunā saṃvaro sādhu / sādhu sotena saṃvaro / ghāṇena saṃvaro / sādhu sādhu jivhāya saṃvaro //*

Dhp. 361.

신체를 수호하는 것도 훌륭하고
훌륭하다, 언어를 수호하는 것도,
정신을 수호하는 것도 훌륭하고
훌륭하다, 일체를 수호하는 것도,
일체를 수호하는 수행승은
일체의 괴로움에서 벗어난다.[361)]

In the body restraint is good, good is restraint in speech, in thought restraint is good, good is restraint in all things. A Bhikshu, restrained in all things, is freed from all pain.

---

361) 端目耳鼻口 身意常守正 比丘行如是 可以免衆苦 (法句經沙門品參照) // Dhp. 361. kāyena saṃvaro sādhu / sādhu vācāya saṃvaro / manasā saṃvaro sādhu / sādhu sabbattha saṃvaro / sabbattha saṃvuto bhikkhu / sabbadukkhā pamuccati //

Dhp. 362.

손을 수호하고 발을 수호하고
말을 수호하는 최상의 제어자,
삼매에 들어 안으로 기뻐하고
홀로 지내며 만족하는 님,
그를 두고 수행승이라 부른다.[362)]

He who controls his hand, he who controls his feet, he who controls his speech, he who is well controlled, he who delights inwardly, who is collected, who is solitary and content, him they call Bhikshu.

---

362) 手足莫妄犯 節言愼所行 常內樂定意 守一行寂然 (法句經沙門品) // Dhp. 362. hatthasaññato pādasaññato / vācāya saññato saññatuttamo / ajjhattarato samāhito / eko santusito tamāhu bhikkhuṃ //

Dhp. 363.

수행승이 입을 수호하고
진실을 말하고 들뜨지 않고
가르침과 의미를 설명하면,
그가 말하는 것이야말로 감미롭다.363)

The Bhikshu who controls his mouth, who speaks wisely and calmly, who teaches the meaning and the law, his word is sweet.

363) 學當守口 寡言安徐 法義爲定 言必柔軟 (法句經 沙門品) // Dhp. 363. yo mukhasaññato bhikkhu / mantabhāṇī anuddhato / atthaṃ dhammaṃ ca dīpeti / madhuraṃ tassa bhāsitaṃ //

Dhp. 364.

가르침으로 살고 가르침을 기뻐하고
가르침에 따라 사유하고
가르침을 새기는 수행승은
올바른 가르침에서 퇴전하지 않는다.[364)]

He who dwells in the law, delights in the law, meditates on the law, follows the law, that Bhikshu will never fall away from the true law.

364) 樂法欲法 思惟安法 比丘依法 正而不費 (法句經 沙門品) // Dhp. 364. dhammārāmo dhammarato / dhammaṃ anuvicintayaṃ / dhammaṃ anussaraṃ bhikkhu / saddhammā na parihāyati //

Dhp. 365.

스스로 얻은 것을 경멸하지 말고
다른 사람들을 부러워하지 말아야 하리.
다른 사람들을 부러워하면,
그 수행승은 삼매를 얻지 못한다.[365)]

Let him not despise what he has received, nor ever envy others: a mendicant who envies others does not obtain peace of mind.

---

365) *學無求利 無愛他行 比丘好他 不得定意 (法句經沙門品) // Dhp. 365. salābhaṃ nātimaññeyya / nāññesaṃ pihayaṃ care / aññesaṃ pihayaṃ bhikkhu / samādhiṃ nādhigacchati //*

Dhp. 366.

수행승이 조금 얻었더라도
자신이 얻은 것을 경멸하지 않는다면,
게으름 없이 청정한 삶을 영위하는 님,
신들 조차 그를 칭찬한다.366)

A Bhikshu who, though he receives little, does not despise what he has received, even the gods will praise him, if his life is pure, and if he is not slothful.

---

366) 比丘少取 以得無積 天人所譽 生淨無穢 (法句經沙門品) //Dhp. 366. appalābho'pi ce bhikkhu / salābhaṃ nātimaññati / taṃ ve devā pasaṃsanti / suddhājīviṃ atanditaṃ //

Dhp. 367.

일체의 정신·신체적 과정 가운데
모든 것에 나의 것이라는 것은 없다.
나의 것이 없다고 슬퍼하지 않으면,
실로 그가 수행승이라 불리리.[367)]

He who never identifies himself with name and form, and does not grieve over what is no more, he indeed is called a Bhikshu.

---

367) 一切名色 非有莫惑 不近不憂 乃爲比丘 (法句經 沙門品) // Dhp. 367. sabbaso nāmarūpasmiṃ / yassa natthi mamāyitaṃ / asatā ca na socati / sa ve bhikkhū'ti vuccati //

Dhp. 368.

수행승이 자애롭게 살고
깨달은 님의 가르침에 기쁨을 발견하면,
모든 형성이 지멸하여
행복한 적멸의 경지를 얻는다.368)

The Bhikshu who acts with kindness, who is calm in the doctrine of Buddha, will reach the quiet place (Nirvana), cessation of natural desires, and happiness.

368) 比丘爲慈 愛敬佛教 深入止觀 滅行乃安 (法句經 沙門品) // Dhp. 368. mettāvihārī yo bhikkhū / pasanno buddhasāsane / adhigacche padaṃ santaṃ / saṅkhārūpasamaṃ sukhaṃ //

Dhp. 369.

수행승이여, 이 배의 물을 퍼내라.
물을 퍼내면 그대를 위해 가볍게 나갈 것이다.
탐욕과 성냄을 끊어버리면,
그대는 열반에 도달할 수 있으리.[369)]

O Bhikshu, empty this boat! if emptied, it will go quickly; having cut off passion and hatred thou wilt go to Nirvana.

---

369) 比丘扈船 中虛則輕 除婬怒痴 是爲泥洹 (法句經沙門品) // Dhp. 369 siñca bhikkhu imaṃ nāvaṃ / sittā te lahumessati / chetvā rāgaṃ dosaṃ ca tato nibbānamehisi //

Dhp. 370.

다섯 가지를 끊고 다섯 가지를 버려라.
그리고 특히 다섯 가지를 닦아라.
다섯 가지 집착을 넘어선 수행승은
거센 흐름을 넘어선 님이라고 불린다.370)

Cut off the five, leave the five, rise above the five. A Bhikshu, who has escaped from the five fetters, he is called Oghatinna, 'saved from the flood.'

---

370) 捨五斷五 思惟五根 能分別五 乃渡河淵 (法句經沙門品) // Dhp. 370 pañca chinde pañca jahe / pañca c'uttari bhāvaye / pañcasaṅgātigo bhikkhu / oghatiṇṇo'ti vuccati // 다섯 가지 버려야 할 것은 다섯 가지 낮은 단계의 결박 — 개체가 있다는 견해, 회의적 의심, 규범과 금기에 대한 집착, 감각적 쾌락에 대한 탐욕, 분노 — 과 다섯 가지 끊어야 할 것은 다섯 가지 높은 단계의 결박 — 미세한 물질계에 대한 탐욕, 비물질계에 대한 탐욕, 자만 — 을 말하고 다섯 가지 닦아야 할 것은 다섯 가지 능력 — 믿음, 정진, 새김, 집중, 지혜 — 이고 다섯 가지 극복해야 할 것은 다섯 가지 집착 — 탐욕, 성냄, 어리석음, 자만, 사견 — 을 말한다. 거센 흐름은 네 가지 거센 흐름 — 욕망, 존재, 견해, 무지 — 를 말한다.

Dhp. 371.

수행승이여, 선정을 닦아라, 방일하지 말라.
그대의 마음을
욕망의 대상을 따라 돌게 하지 말라.
방일하여 뜨거운 쇳덩이를 삼키지 말라.
'이것이 괴로움이다'라고
그대는 불타면서 울부짖지 않기를!371)

Meditate, O Bhikshu, and be not heedless! Do not direct thy thought to what gives pleasure that thou mayest not for thy heedlessness have to swallow the iron ball (in hell), and that thou mayest not cry out when burning, 'This is pain.'

---

371) *禪無放逸 莫爲欲亂 不呑鎔銅 自惱憔形 (法句經 沙門品) // Dhp. 371 jhāya bhikkhu mā ca pāmado / mā te kāmaguṇe bhamassu cittaṃ / mā lohaguḷaṃ gilī pamatto / mā kandi dukkhamidanti ḍayhamāno //*

Dhp. 372.

지혜가 없는 자에게 선정이 없고
선정이 없는 자에게 지혜가 없다.
선정과 지혜가 있으면,
참으로 그에게 열반이 현전한다.[372)]

Without knowledge there is no meditation, without meditation there is no knowledge : he who has knowledge and meditation is near unto Nirvana.

---

372) 無禪不智 無智不禪 道從禪智 得至泥洹 (法句經沙門品) // Dhp. 372 natthi jhānaṃ apaññassa / paññā natthi ajhāyato / yamhi jhānaṃ ca paññā ca / sa ve nibbānasantike //

Dhp. 373.

텅 빈 집에 들어가서
마음을 고요히 하고
수행승이 사실을 통찰하면,
인간을 뛰어넘는 기쁨이 있다.373)

A Bhikshu who has entered his empty house, and whose mind is tranquil, feels a more than human delight when he sees the law clearly.

---

373) 當學入空 靜居止意 樂獨屏處 一心觀法 (法句經沙門品) // Dhp. 373 suññāgāraṃ paviṭṭhassa / santacittassa bhikkhuno / amānusī rati hoti / sammā dhammaṃ vipassato //

Dhp. 374.

존재의 다발의 생성과 소멸을
누구든지 철저히 알면,
그는 기쁨과 즐거움을 얻는다.
그것이 인지하는 자의 감로수이다.374)

As soon as he has considered the origin and destruction of the elements (khandha) of the body, he finds happiness and joy which belong to those who know the immortal (Nirvana).

374) *當制五陰 伏意如水 淸淨和悅 爲甘露味 (法句經沙門品) ∥ Dhp. 374 yato yato sammasati / khandhānaṃ udayabbayaṃ / labhati pītipāmojjaṃ / amataṃ taṃ vijānataṃ ∥ 존재의 다발은 다섯 가지 존재의 다발 즉, 물질, 느낌, 지각, 형성, 의식을 말한다.*

Dhp. 375.

여기 지혜로운 수행승에게
이것이야말로 바로 시작이다.
감관을 수호하고, 만족하고,
계율의 덕목에 따라 자제하는 것이다.[375)]

And this is the beginning here for a wise Bhikshu : watchfulness over the senses, contentedness, restraint under the law; keep noble friends whose life is pure, and who are not slothful.

---

375) 不受所有 爲慧比丘 攝根知足 戒律悉持 (法句經 沙門品) // Dhp. 375 tatrāyamādi bhavati / idha paññassa bhikkhuno / indriyagutti santuṭṭhī / pātimokkhe ca saṃvaro //

Dhp. 376.

청정한 삶을 살고 나태함이 없는
선한 친구와 사귀어라.
우정의 삶을 살고 덕행의 삶에 밝아라.
그로써 기쁨이 가득하면,
그대는 괴로움을 종식시킬 것이다.[376)]

Let him live in charity, let him be perfect in his duties; then in the fulness of delight he will make an end of suffering.

---

376) 生當行淨 求善師友 知者成人 度苦致意 (法句經 沙門品) // Dhp. 376 mitte bhajassu kalyāṇe / suddhājīve atandite / paṭisanthāravutty'assa / ācārakusalo siyā / tato pāmojjabahulo / dukkhassantaṃ karissasi //

Dhp. 377.

시들어버린 꽃잎을
재스민이 떨어뜨리듯,
수행승들이여,
탐욕과 성냄을 떨쳐버려라. 377)

As the Vassika plant sheds its withered flowers, men should shed passion and hatred, O ye Bhikshus!

---

377) 如衛師華 熟知自墮 釋淫怒痴 生死自解 (法句經沙門品) // Dhp. 377 vassikā viya pupphāni / maddavāni pamuñcati / evaṃ rāgaṃ ca dosaṃ ca / vippamuñcetha bhikkhavo //

Dhp. 378.

신체가 그치고 언어가 그치고
적정에 들고 훌륭하게 정립되어
세속의 자양을 버리면,
수행승은 '적멸의 님'이라 불린다.378)

The Bhikshu whose body and tongue and mind are quieted, who is collected, and has rejected the baits of the world, he is called quiet.

378) *止身止言 沈守玄默 比丘棄世 是爲受寂 (法句經 沙門品)* // *Dhp. 378 santakāyo santavāco / santavā susamāhito / vantalokāmiso bhikkhu / upasanto'ti vuccati* //

Dhp. 379.

스스로 자신을 훈계하고
스스로 자신을 성찰하라.
자신이 수호되고 새김이 확립되어
그대는 수행승으로 안락하게 지내리.[379)]

Rouse thyself by thyself, examine thyself by thyself, thus self-protected and attentive wilt thou live happily, O Bhikshu!

---

379) 當自勅身 內與心爭 護身念諦 比丘惟安 (法句經 沙門品) // Dhp. 379 attanā coday'attānaṃ / paṭimāse 'ttamattanā / so attagutto satimā / sukhaṃ bhikkhu vihāhisi //

Dhp. 380.

자신이 자신의 의지처이고
자신이 자신의 안내자이다.
상인이 훌륭한 말을 다루듯,
그대는 자기 자신을 다스리라.[380)]

For self is the lord of self, self is the refuge of self; therefore curb thyself as the merchant curbs a good horse.

---

380) 我自爲我 計無有我 故當損我 調乃爲賢 (法句經沙門品) // Dhp. 380 attā hi attano nātho / attā hi attano gati / tasmā saññamay'attānaṃ / assaṃ bhadraṃ'va vāṇijo //

Dhp. 381.

넘치는 기쁨으로 가득 차
수행승이 깨달은 님의 가르침을 깨우치니,
모든 형성의 지멸,
적정의 경지, 안락을 얻는다.381)

The Bhikshu, full of delight, who is calm in the doctrine of Buddha will reach the quiet place (Nirvana), cessation of natural desires, and happiness.

---

381) 喜在佛教 可以多喜 至到寂寞 行滅永安 (法句經沙門品) // Dhp. 381 pāmojjabahulo bhikkhu / pasanno buddhasāsane / adhigacche padaṃ santaṃ / saṅ- khārūpasamaṃ sukhaṃ //

Dhp. 382.

비록 수행승이 어려도
깨달은 님의 가르침에 전념하면,
구름에서 벗어난 달처럼
이 세상을 밝게 비춘다.382)

He who, even as a young Bhikshu, applies himself to the doctrine of Buddha, brightens up this world, like the moon when free from clouds.

---

382) 儻有少行 應佛教戒 此照世間 如日無曀 (法句經 沙門品) // Dhp. 382 yo have daharo bhikkhu / yuñjati buddhasāsane / so imaṃ lokaṃ pabhāseti / abbhā mutto'va candimā //

26. 존귀한 님의 품

[Brāhmaṇavagga]

Chapter XXVI

The Brahmana

Dhp. 383.

정진하여 흐름을 끊어라.
존귀한 님이여, 감각적 욕망을 제거하라.
형성들의 부서짐을 알면,
존귀한 님이여,
그대는 무위를 아는 님이다.383)

Stop the stream valiantly, drive away the desires, O Brahmana! When you have understood the destruction of all that was made, you will understand that which was not made.

---

383) 截流而渡 無欲如梵 知行已盡 是謂梵志 (法句經 梵志品) // Dhp. 383 chinda sotaṃ parakkamma / kāme panuda brāhmaṇa / saṅkhārānaṃ khayaṃ ñatvā / akataññū'si brāhmaṇa //

Dhp. 384.

존귀한 님이 멈춤과 통찰로
피안에 도달할 때,
바로 그 님, 그것을 아는 님에게
모든 결박이 사라진다.384)

If the Brahmana has reached the other shore in both laws (in restraint and contemplation), all bonds vanish from him who has obtained knowledge.

---

384) 以無二法 清淨渡淵 諸欲結解 是謂梵志 (法句經 梵志品) // Dhp. 384 yadā dvayesu dhammesū / pāragū hoti brāhmaṇo / ath'assa sabbe saṃyogā / atthaṃ gacchanti jānato //

Dhp. 385.

이 언덕도 저 언덕도 여의어
차안과 피안을 여읜 님,
걱정이 없고 결박을 벗어난 님,
나는 그를 존귀한 님이라 부른다.385)

He for whom there is neither this nor that shore, nor both, him, the fearless and unshackled, I call indeed a Brahmana.

---

385) 適彼無彼 彼彼已空 捨離貪婬 是謂梵志 (法句經梵志品) // Dhp. 385 yassa pāraṃ apāraṃ vā / pārāpāraṃ na vijjati / vītaddaraṃ visaṃyuttaṃ / tamahaṃ brūmi brāhmaṇaṃ //

Dhp. 386.

선정을 이루고 티끌을 떠나고 정좌한,
해야 할 일을 이룬, 번뇌를 여읜 님,
위없는 목표에 도달한 님,
나는 그를 존귀한 님이라고 부른다.386)

He who is thoughtful, blameless, settled, dutiful, without passions, and who has attained the highest end, him I call indeed a Brahmana.

386) *思惟無垢 所行不漏 上求不起 是謂梵志 (法句經 梵志品)* // *Dhp. 386 jhāyiṃ virajam āsīnaṃ / katakiccaṃ anāsavaṃ / uttamatthaṃ anuppattaṃ / tamahaṃ brūmi brāhmaṇaṃ* //

Dhp. 387.

태양은 낮에 빛나고
달은 밤에 빛난다.
전사는 무장하여 빛나고
존귀한 님은 선정으로 빛난다.
그런데 깨달은 님은
일체의 밤낮으로 빛난다.387)

The sun is bright by day, the moon shines by night, the warrior is bright in his armour, the Brahmana is bright in his meditation; but Buddha, the Awakened, is bright with splendour day and night.

---

387) 日照於晝 月照於夜 甲兵照軍 禪照道人 佛出天下 照一切冥 (法句經梵志品) // Dhp. 387 divā tapati ādicco / rattiṃ ābhāti candimā / sannaddho khattiyo tapati / jhāyī tapati brāhmaṇo / atha sabbamahorattiṃ / buddho tapati tejasā //

Dhp. 388.

악을 제거했으므로 존귀한 님이라 하고
고요한 삶을 살므로 수행자라고 한다.
자신의 티끌을 몰아내면,
그 때문에 그를 출가자라고 한다.[388)]

Because a man is rid of evil, therefore he is called Brahmana; because he walks quietly, therefore he is called Samana; because he has sent away his own impurities, therefore he is called Pravragita (Pabbagita, a pilgrim).

---

388) *出惡爲梵志 入正爲沙門 棄我衆穢行 是則爲捨家 (法句經梵志品)* // *Dhp. 388 bāhitapāpo'ti brāhmaṇo / samacariyā samaṇo'ti vuccati / pabbājaya 'ttano malaṃ / tasmā pabbajito'ti vuccati* //

Dhp. 389.

존귀한 님이 존귀한 님을 공격하거나
그렇다고 그에게 화를 내서는 안 된다.
존귀한 님을 공격하는 자는 부끄러워할지라.
그렇다고 화내는 자는 더욱 부끄러워할지라.389)

No one should attack a Brahmana, but no Brahmana (if attacked) should let himself fly at his aggressor! Woe to him who strikes a Brahmana, more woe to him who flies at his aggressor!

---

389) 不捶梵志 不放梵志 咄捶梵志 放者亦咄 (法句經 梵志品) // Dhp. 389 na brāhmaṇassa pahareyya / nāssa muñcetha brāhmaṇo / dhī brāhmaṇassa hantāraṃ / tato dhī yassa muñcati //

Dhp. 390.

정신에 쾌감을 주는 것을 제어하면,
존귀한 님에게 더 이상 좋은 어떠한 것도 없다.
그 폭력의 정신이 멈출 때마다,
그때마다 괴로움이 바로 가라앉는다.[390)]

It advantages a Brahmana not a little if he holds his mind back from the pleasures of life; when all wish to injure has vanished, pain will cease.

---

390) 若猗於愛 心無所着 已捨已正 是滅衆苦 (法句經梵志品) // Dhp. 390 na brāhmaṇass'etad akiñci seyyo / yadā nisedho manaso piyehi / yato yato hiṃsamano nivattati / tato tato sammati-m-eva dukkhaṃ //

Dhp. 391.

신체와 언어와 정신으로
악행이 결코 없어
이 세 가지로 잘 제어된 님,
나는 그를 존귀한 님이라고 부른다.[391)]

Him I call indeed a Brahmana who does not offend by body, word, or thought, and is controlled on these three points.

---

391) *身口與意 淨無過失 能攝三行 是謂梵志 (法句經梵志品) // Dhp. 391 yassa kāyena vācāya / manasā natthi dukkaṭaṃ / saṃvutaṃ tīhi ṭhānehi / tam-ahaṃ brūmi brāhmaṇaṃ //*

Dhp. 392.

올바로 원만히 깨달은 님의 가르침을
누군가로부터 알 수 있다면,
사제가 제화(祭火)를 섬기듯.
공손히 그에게 경의를 표해야 하리.392)

After a man has once understood the law as taught by the Well-awakened (Buddha), let him worship it carefully, as the Brahmana worships the sacrificial fire.

---

392) 若心曉了 佛所說法 觀心自歸 淨於爲水 (法句經梵志品) // Dhp. 392 yamhā dhammaṃ vijāneyya / sammāsambuddhadesitaṃ / sakkaccaṃ taṃ namasseyya / aggihuttaṃ'va brāhmaṇo //

Dhp. 393.

상투나 성씨나 태생에 의해서
존귀한 님이 되는 것이 아니다.
진리와 원리를 지닌 님,
그가 청정한 님,
그가 바로 존귀한 님이다.393)

A man does not become a Brahmana by his platted hair, by his family, or by birth; in whom there is truth and righteousness, he is blessed, he is a Brahmana.

---

393) 非族結髮 名爲梵志 誠行法行 清白則賢 (法句經 梵志品) // Dhp. 393 na jaṭāhi na gottena / jaccā hoti brāhmaṇo / yamhi saccañca dhammo ca / so sucī so'va brāhmaṇo //

Dhp. 394.

어리석은 자여, 상투가 무슨 소용이고
양가죽 옷이 무슨 소용이랴.
그대의 안은 정글인데,
그대는 밖을 닦고 있구나. 394)

What is the use of platted hair, O fool! what of the raiment of goat-skins? Within thee there is ravening, but the outside thou makest clean.

---

394) 飾髮無慧 草衣何施 內不離著 外捨何益 (法句經 梵志品) // Dhp. 394 kiṃ te jaṭāhi dummedha / kiṃ te ajinasāṭiyā / abbhantaraṃ te gahaṇaṃ / bāhiraṃ parimajjasi //

Dhp. 395.

누더기를 꿰매어 입은 사람,
여위고 핏줄이 드러난 채,
홀로 숲속에서 선정에 드는 님,
나는 그를 존귀한 님이라고 부른다.395)

The man who wears dirty raiments, who is emaciated and covered with veins, who lives alone in the forest, and meditates, him I call indeed a Brahmana.

---

395) 彼服弊惡 躬承法行 閑居思惟 是謂梵志 (法句經梵志品) // Dhp. 395 paṃsukūladharaṃ jantuṃ / kisaṃ dhamanisanthataṃ / ekaṃ vanasmiṃ jhāyantaṃ / tamahaṃ brūmi brāhmaṇaṃ //

Dhp. 396.

모태에서 나와 태생이 그렇다고
나는 존귀한 님이라고 부르지 않는다.
만약에 무엇인가 있다면,
그는 단지 '존자여'라고 말하는 자일뿐이다.
아무 것도 없고 집착이 없다면,
나는 그를 존귀한 님이라고 부른다. 396)

I do not call a man a Brahmana because of his origin or of his mother. He is indeed arrogant, and he is wealthy : but the poor, who is free from all attachments, him I call indeed a Brahmana.

---

396) *我不說梵志 託父母生者 彼多衆瑕穢 滅則爲梵志 (出曜經梵志品)* ∥ *Dhp. 396 na cāhaṃ brāhmaṇaṃ brūmi / yonijaṃ mattisambhavaṃ / bhovādī nāma so hoti / sace hoti sakiñcano / akiñcanaṃ anādānaṃ / tamahaṃ brūmi brāhmaṇaṃ* ∥

Dhp. 397.

일체의 결박을 끊어버리고
결코 두려워하지 않고
집착을 뛰어넘어 속박에서 벗어난 님,
그를 나는 존귀한 님이라고 부른다.397)

Him I call indeed a Brahmana who has cut all fetters, who never trembles, is independent and unshackled.

---

397) 絶諸可欲 不淫其志 委棄欲數 是謂梵志 (法句經 梵志品) // Dhp. 397 sabbasaṃyojanaṃ chetvā / yo ve na paritassati / saṅgātigaṃ visaṁyuttaṃ / tamahaṃ brūmi brāhmaṇaṃ //

Dhp. 398.

가죽띠와 가죽끈과 동아줄을
고삐와 함께 자르고,
빗장을 뽑아버린 깨달은 님,
그를 나는 존귀한 님이라고 부른다.[398)]

Him I call indeed a Brahmana who has cut the strap and the thong, the chain with all that pertains to it, who has burst the bar, and is awakened.

---

398) 斷生死河 能忍超度 自覺出塹 是謂梵志 (法句經梵志品) // Dhp. 398 chetvā nandhiṃ varattañca / sandāmaṃ sahanukkamaṃ / ukkhittapalighaṃ buddhaṃ / tamahaṃ brūmi brāhmaṇaṃ //

Dhp. 399.

매도하고 학대하고 구속하여도
화내지 않고 참아내는,
인욕의 힘을 갖춘 님,
군대의 힘을 갖춘 님,
그를 나는 존귀한 님이라고 부른다.399)

Him I call indeed a Brahmana who, though he has committed no offence, endures reproach, bonds, and stripes, who has endurance for his force, and strength for his army.

---

399) 見罵見擊 嘿受不怒 有忍耐力 是謂梵志 (法句經 梵志品) // Dhp. 399 akkosaṃ vadhabandhaṃ ca / aduṭṭho yo titikkhati / khantibalaṃ balānīkaṃ / tamahaṃ brūmi brāhmaṇaṃ //

Dhp. 400.

분노하지 않고 의무를 다하고
계행을 지키고 번뇌가 없고
제어된, 최후의 몸을 지닌 님,
그를 나는 존귀한 님이라고 부른다.400)

Him I call indeed a Brahmana who is free from anger, dutiful, virtuous, without appetite, who is subdued, and has received his last body.

---

400) 若見侵欺 但念守戒 端身自調 是謂梵志 (法句經梵志品) // Dhp. 400 akkodhanaṃ vatavantaṃ / sīlavantaṃ anussutaṃ / dantaṃ antimasārīraṃ tamahaṃ brūmi brāhmaṇaṃ //

Dhp. 401.

연꽃잎 위에 있는 물처럼
송곳 끝에 있는 겨자씨처럼,
감각적 쾌락의 욕망에 오염되지 않는 님,
그를 나는 존귀한 님이라고 부른다.401)

Him I call indeed a Brahmana who does not cling to pleasures, like water on a lotus leaf, like a mustard seed on the point of a needle.

---

401) 心棄惡法 如蛇脫皮 不爲欲汚 是謂梵志 (法句經 梵志品) // Dhp. 401 vāri pokkharapatte'va / āragge -r-iva sāsapo / yo na lippati kāmesu / tamahaṃ brūmi brāhmaṇaṃ //

Dhp. 402.

자신의 괴로움의 소멸을
세상에서 분명히 알고
짐을 내려 놓고 결박을 푼 님,
그를 나는 존귀한 님이라고 부른다.402)

Him I call indeed a Brahmana who, even here, knows the end of his suffering, has put down his burden, and is unshackled.

---

402) *覺生爲苦 從是滅意 能下重擔 是謂梵志 (法句經 梵志品)* // *Dhp. 402 yo dukkhassa pajānāti* / *idheva khayam attano* / *pannabhāraṃ visaṃyuttaṃ tam-ahaṃ brūmi brāhmaṇaṃ* //

Dhp. 403.

심오한 지혜가 있고 슬기롭고
길과 길이 아닌 것을 잘 알고
최상의 목표에 도달한 님,
그를 나는 존귀한 님이라고 부른다.[403)]

Him I call indeed a Brahmana whose knowledge is deep, who possesses wisdom, who knows the right way and the wrong, and has attained the highest end.

403) *解微妙慧 辯道不道 體行上義 是謂梵志 (法句經 梵志品)* // Dhp. 403 gambhīrapaññaṃ medhāviṃ / maggāmaggassa kovidaṃ / uttamatthaṃ anuppattaṃ / tamahaṃ brūmi brāhmaṇaṃ //

Dhp. 404.

집에 사는 자나 집이 없는 자나
그 양자와의 교제를 여의고
집없이 유행하며 욕망을 떠난 님,
그를 나는 존귀한 님이라고 부른다.404)

Him I call indeed a Brahmana who keeps aloof both from laymen and from mendicants, who frequents no houses, and has but few desires.

---

404) 棄損家居 無家之畏 少求寡欲 是謂梵志 (法句經 梵志品) // Dhp. 404 asaṃsaṭṭhaṃ gahaṭṭhehi / anāgārehi cūbhayaṃ / anokāsariṃ appicchaṃ / tamahaṃ brūmi brāhmaṇaṃ //

Dhp. 405.

동물에게나 식물에게나
모든 존재에게 폭력을 내려 놓고
죽이지도 죽게 하지도 않는 님,
그를 나는 존귀한 님이라고 한다.405)

Him I call indeed a Brahmana who finds no fault with other beings, whether feeble or strong, and does not kill nor cause slaughter.

---

405) 棄放活生 無賊害心 無所嬈惱 是謂梵志 (法句經 梵志品) // Dhp. 405 nidhāya daṇḍaṃ bhūtesu / tasesu thāvaresu ca / yo na hanti na ghāteti / tamahaṃ brūmi brāhmaṇaṃ //

Dhp. 406.

적대하는 자에게 적대하지 않고
폭력을 쓰는 자 가운데 평온하고
집착하는 자 가운데 집착을 여읜 님,
그를 나는 존귀한 님이라고 한다.[406)]

Him I call indeed a Brahmana who finds no fault with other beings, whether feeble or strong, and does not kill nor cause slaughter.

---

406) 避爭不爭 犯而不殘 惡來善待 是謂梵志 (法句經 梵志品) // Dhp. 406 aviruddhaṃ viruddhesu / attadaṇḍesu nibbutaṃ / sādānesu anādānaṃ / tamahaṃ brūmi brāhmaṇaṃ //

Dhp. 407.

탐욕과 성냄과
자만과 위선이 떨어져나간 님,
송곳 끝의 겨자씨처럼,
그를 나는 존귀한 님이라고 부른다.[407)]

Him I call indeed a Brahmana from whom anger and hatred, pride and envy have dropt like a mustard seed from the point of a needle.

---

407) 去淫怒痴 驕慢諸惡 如蛇脫皮 是謂梵志 (法句經 梵志品) // *Dhp. 407 yassa rāgo ca doso ca / māno makkho ca pātito / sāsapo riva āraggā / tamahaṃ brūmi brāhmaṇaṃ* //

Dhp. 408.

거칠지 않고 교훈적인
진실한 말을 함으로써
누구에게도 화내지 않는 님,
그를 나는 존귀한 님이라고 부른다.408)

Him I call indeed a Brahmana who utters true speech, instructive and free from harshness, so that he offend no one.

408) 斷絕世事 口無麤言 入道審諦 是謂梵志 (法句經 梵志品) // Dhp. 408 akakkasaṃ viññāpaniṃ / giraṃ saccaṃ udīraye / yāya nābhisaje kañci / tamahaṃ brūmi brāhmaṇaṃ //

Dhp. 409.

세상에서 길거나 짧거나
작거나 크거나 좋거나 나쁘거나
세상에서 주지 않은 것을 빼앗지 않는 님,
그를 나는 존귀한 님이라고 한다.409)

Him I call indeed a Brahmana who takes nothing in the world that is not given him, be it long or short, small or large, good or bad.

---

409) 所世惡法 脩短巨細 無取無捨 是謂梵志 (法句經梵志品) // Dhp. 409 yo'dha dīghaṃ va rassaṃ vā / aṇuṃ thūlaṃ subhāsubhaṃ / loke adinnaṃ nādiyati / tamahaṃ brūmi brāhmaṇaṃ //

Dhp. 410.

이 세상이나 저 세상에 대한
갈망이 없는 님,
갈망을 여의고 속박을 벗어난 님,
그를 나는 존귀한 님이라고 부른다.410)

Him I call indeed a Brahmana who fosters no desires for this world or for the next, has no inclinations, and is unshackled.

---

410) 今世行淨 後世無穢 無習無捨 是謂梵志 (法句經 梵志品) // Dhp. 410 āsā yassa na vijjanti / asmiṃ loke paramhi ca / nirāsayaṃ visaṃyuttaṃ / tam-ahaṃ brūmi brāhmaṇaṃ //

Dhp. 411.

집착의 성향이 없고
잘 알아 의혹을 여의고
불사(不死)에 뛰어든 님,
그를 나는 존귀한 님이라고 부른다.411)

Him I call indeed a Brahmana who has no interests, and when he has understood (the truth), does not say How, how? and who has reached the depth of the Immortal.

---

411) 棄身無猗 不誦異言 行甘露滅 是謂梵志 (法句經 梵志品) // Dhp. 411 yassālayā na vijjanti / aññāya akathaṃkathī / amatogadhaṃ anuppattaṃ / tam-ahaṃ brūmi brāhmaṇaṃ //

Dhp. 412.

공덕과 악행, 양자를 뛰어넘고
세상의 집착에서 벗어나
슬픔이 없고 티끌을 여의고 청정한 님,
그를 나는 존귀한 님이라고 부른다.[412)]

Him I call indeed a Brahmana who in this world is above good and evil, above the bondage of both, free from grief from sin, and from impurity.

---

412) 於罪與福 兩行永除 無憂無塵 是謂梵志 (法句經 梵志品) // Dhp. 412 yo'dha puññca pāpañca / ubho saṅgaṃ upaccagā / asokaṃ virajaṃ suddhaṃ / tamahaṃ brūmi brāhmaṇaṃ //

Dhp. 413.

달과 같이 티끌을 여의고
청정하고 평온하고 혼란되지 않고
환락의 존재를 부순 님,
그를 나는 존귀한 님이라고 부른다.413)

Him I call indeed a Brahmana who is bright like the moon, pure, serene, undisturbed, and in whom all gaiety is extinct.

---

413) 心喜無垢 如月盛滿 謗毁已除 是謂梵志 (法句經 梵志品) // Dhp. 413 candaṃ'va vimalaṃ / suddhaṃ vippasannam anāvilaṃ / nandībhavaparikkhīṇaṃ / ta- mahaṃ brūmi brāhmaṇaṃ //

Dhp. 414.

이 진흙탕길, 이 험로,
이 윤회, 이 미혹을 뛰어 넘어서
저 언덕에 이르러 선정을 성취하고
욕망을 여의고 의혹을 여의고
집착 없이 적멸에 든 님,
그를 나는 존귀한 님이라고 부른다.414)

Him I call indeed a Brahmana who has traversed this miry road, the impassable world and its vanity, who has gone through, and reached the other shore, is thoughtful, guileless, free from doubts, free from attachment, and content.

---

414) *見痴往來 墮塹受苦 欲單渡岸 不好他語 唯滅不起 是謂梵志 (法句經梵志品)* // *Dhp. 414 yo imaṃ paḷipathaṃ duggaṃ / saṃsāraṃ moham accagā / tiṇṇo pāragato jhāyī / anejo akathaṃkatī / anupādāya nibbuto / tamahaṃ brūmi brāhmaṇaṃ* //

Dhp. 415.

세상의 감각적 욕망을 버리고
집 없이 유행하는 님,
감각적 욕망과 존재가 부수어진 님,
그를 나는 존귀한 님이라고 부른다.[415)]

Him I call indeed a Brahmana who in this world, leaving all desires, travels about without a home, and in whom all concupiscence is extinct.

---

415) 已斷恩愛 離家無欲 愛有已盡 是謂梵志 (法句經 梵志品) // *Dhp. 415 yo'dha kāme pahātvāna* / *anāgāro paribbaje* / *kāmabhavaparikkhīṇaṃ* / *tamahaṃ brūmi brāhmaṇaṃ* //

Dhp. 416.

세상의 갈애를 버리고
집 없이 유행하는 님,
갈애와 존재가 부수어진 님,
그를 나는 존귀한 님이라고 부른다.416)

Him I call indeed a Brahmana who, leaving all longings, travels about without a home, and in whom all covetousness is extinct.

---

416) 已斷恩愛 離家無欲 愛有已盡 是謂梵志 (法句經 梵志品參照) // Dhp. 416 yo'dha taṇhaṃ pahātvāna / anāgāro paribbaje / taṇhābhavaparikkhīṇaṃ / tamahaṃ brūmi brāhmaṇaṃ //

Dhp. 417.

인간의 멍에도 버리고
천상계의 멍에도 뛰어넘은 님,
일체의 멍에에서 벗어난 님,
그를 나는 존귀한 님이라고 부른다.417)

Him I call indeed a Brahmana who, after leaving all bondage to men, has risen above all bondage to the gods, and is free from all and every bondage.

---

417) 離人聚處 不墮天聚 諸聚不歸 是謂梵志 (法句經 梵志品) // Dhp. 417 hitvā mānusakaṃ yogaṃ / dibbaṃ yogaṃ upaccagā / sabbayogavisaṃyuttaṃ / tamahaṃ brūmi brāhmaṇaṃ //

Dhp. 418.

쾌락과 불쾌를 버리고
집착대상이 없어 청량한 님,
일체의 세계를 정복한 영웅,
그를 나는 존귀한 님이라고 부른다. 418)

Him I call indeed a Brahmana who has left what gives pleasure and what gives pain, who is cold, and free from all germs (of renewed life), the hero who has conquered all the worlds.

---

418) 棄樂無樂 滅無熖燸 健違諸世 是謂梵志 (法句經梵志品) // Dhp. 418 hitvā ratiṃ ca aratiṃ ca / sītibhūtaṃ nirūpadhiṃ / sabbalokābhibhuṃ vīraṃ / tamahaṃ brūmi brāhmaṇaṃ //

Dhp. 419.

어떠한 방식으로든 뭇삶이
죽고 다시 태어나는 것을 자각하고
집착을 여읜 잘 가신 님, 깨달은 님,
그를 나는 존귀한 님이라고 부른다.[419)]

Him I call indeed a Brahmana who knows the destruction and the return of beings everywhere, who is free from bondage, welfaring (Sugata), and awakened (Buddha).

419) *所生已訖 死無所趣 覺安無依 是謂梵志 (法句經 梵志品)* // *Dhp. 419 cutiṃ yo'vedi sattānaṃ / upapattiṃ ca sabbaso / asattaṃ sugataṃ buddhaṃ / tamahaṃ brūmi brāhmaṇaṃ //*

Dhp. 420.

신들도 건달바도 인간도
그 행방을 알 수 없는 사람,
번뇌가 부수어진 거룩한 님,
그를 나는 존귀한 님이라고 부른다.420)

Him I call indeed a Brahmana whose path the gods do not know, nor spirits (Gandharvas), nor men, whose passions are extinct, and who is an Arhat (venerable).

---

420) *已度五道 莫知所墮 習盡無餘 是謂梵志 (法句經梵志品) // Dhp. 420 yassa gatiṃ na jānanti / devā gandhabbamānusā / khīṇāsavaṃ arahantaṃ / tam-ahaṃ brūmi brāhmaṇaṃ //*

Dhp. 421.

앞에도 뒤에도 중간에도
결코 아무것도 없으니,
아무것도 없고 집착을 여읜 님,
그를 나는 존귀한 님이라고 부른다.421)

Him I call indeed a Brahmana who calls nothing his own, whether it be before, behind, or between, who is poor, and free from the love of the world.

421) 于前于後 及中無有 無操無捨 是謂梵志 (法句經梵志品) // Dhp. 421 yassa pure ca pacchā ca / majjhe ca natthi kiñcanaṃ / akiñcanaṃ anādānaṃ / tamahaṃ brūmi brāhmaṇaṃ //

Dhp. 422.

황소처럼 기품 있는
영웅, 위대한 선인, 승리자,
욕망을 여읜 님,
목욕재계한 님, 깨달은 님,
그를 나는 존귀한 님이라고 부른다.422)

Him I call indeed a Brahmana, the manly, the noble, the hero, the great sage, the conqueror, the impassible, the accomplished, the awakened.

---

422) *最雄最勇 能自解度 覺意不動 是爲梵志 (法句經梵志品)* //*Dhp. 422 usabhaṃ pavaraṃ / vīraṃ mahesiṃ vijitāvinaṃ / anejaṃ nhātakaṃ buddhaṃ / tamahaṃ brūmi brāhmaṇaṃ //*

Dhp. 423.

전생의 삶을 알고,
천상계와 지옥을 보며,
태어남의 부서짐에 이른 님,
곧바른 앎이 완성된 성자,
일체의 궁극을 성취한 님,
그를 나는 존귀한 님이라고 부른다.[423)]

Him I call indeed a Brahmana who knows his former abodes, who sees heaven and hell, has reached the end of births, is perfect in knowledge, a sage, and whose perfections are all perfect. (The End)

---

423) 自知宿命 本所更來 得要生盡 叡通道玄 明如能默 是謂梵志 (法句經梵志品) // Dhp. 423 pubbenivāsaṃ yo'vedī / saggāpāyaṃ ca passati / atho jātikkhayaṃ patto / abhiññāvosito muni / sabbavositavosānaṃ / tamahaṃ brūmi brāhmaṇaṃ //

쌍의 품, 방일하지 않음의 품, 마음의 품, 꽃의 품, 어리석은 자의 품, 현명한 님의 품, 거룩한 님의 품, 천(千)의 품, 악의 품, 폭력의 품, 늙음의 품, 자기의 품, 세상의 품, 깨달은 님의 품, 안락의 품, 사랑하는 자의 품, 분노의 품, 티끌의 품, 진리에 서 있는 님의 품, 길의 품으로 스무 품. 다양한 것의 품, 지옥의 품, 코끼리의 품, 갈애의 품, 수행승의 품, 존귀한 님의 품으로 모두 스물여섯 품을 태양의 후예께서 가르쳤다.

법구경 - 진리의 말씀이 끝났다

법구경-진리의 말씀

부 록

약어표
참고문헌
빠알리어의 한글표기법
불교의 세계관
주요번역술어
고유명사와 비유의 색인
빠알리성전협회안내

참 고 문 헌

● 법구경과 법구의석의 빠알리원전

『Dhammapada(法句經)』 ed. by Sūriyagoḍa Sumangala(London : PTS, 1914)

『Dhammapada(法句經)[Khuddakanikāya vol. I.』 ed. by J. Kashyap. Nālandā-Devanāgarī Pali Series.

『Dhamapadaṭṭhakathā(法句義釋)』 The Commentary of Dhammapada, 4vols. ed. by H. C. Norman, M. A.(London : PTS, 1906-1915; 1993)

● 법구경과 싱할리어 주석서 및 연구서

Dhammakusala, Ambalangoda. Saddharmasāgara nam vū dharmapadavarṇanā, 9vols. Colombo : Maha Bodhi Press, 1926.

Kamburupiṭiye Dhammaratana Sthavira. Dhammapada purāṇa sannaya, Colombo : M. D. Gunasena & Co., 1956

Dharmananda, Morontuduve Śrī Ñāneśvara. Saddharmakaumudī nam bhāvārtthavivaraṇasahitā dhammapadapāḷiya("The Dhammapada with a Snhalese Translation, Commentary, and Annotation Entitled Saddharmakaumudī"), Finally revised and approved by Kahāvē Śrī Sumaṅgala Ratanasāra, 3rd edition. Colombo : Śrī Bhāratī Press, 1946.

Pajñājsekhara, Ratgama Śrī. Dharmmārthadīpanī nam vū dharmapadārttha vyākhyāva, revised by Dehigaspe Pannasara. Mudrapita, Sri Lamka : Lawco Press, 1953.

D. E. Hettiarattchi. Dhampiyā-aṭuvā-gäṭapadaya, Press Board of Sri Lanka University at the University Press. 1974

Ñānobhāsatissa, Morogallē Siri. Dhammapada vivaraṇaya. Col-

ombo : M. D. Gunasena 1962.
Dhammakīrti Devamitrā, Heyiyantuduvē Śrī. Sanna sahita dhammapadaya, Colombo : Laṅkabhinava viśräta yantrālayehi. 1911
Śrīnivāsa, V Dhammakīrti Śrī. Dharmapada pradīpaya. Colombo : M. D. Gunasena 1966.

● 범어-법구경 관련서

E. Senart. Le manusrit Kharoṣṭhi du Dhammapada. Les fragments Dutreuil de Rhins, Journal. Asiatique 1898 II. 193ff. 545ff.
Benimadhab Barua and Sailendranath Mitra. Prākrit Dhammapada based upon M. Senart's Kharoṣṭhi manuscript, with text, translation and notes, Calcutta 1921.
H. Beckh. Udānavarga, nach dem Kanjur und Tanjur, Berlin 1911.
W. W. Rockhill. Udānavarga, trs. from the Tibetan of the Bka'-'gyur with notes and extracts from the commantary of Prājñavarman, Lodon 1883, Trubner's Or. Ser. 1982.
L. de la Vallée Poussin. Essai d'identification des gāthas et des udānas en prose le l'Udānavarga de Dharmatrātas, Journ. Asiatique 1912
E. Sieg und W. Siegling : Udānavarga-Übersetzungen in Kucischer Sparache Volume Rapson, London 1931.
E. Sieg und W. Siegling : Bruckstücke eines Udānavarga-Kommentars (Udānālaṃkāra) im Tocharischen, Festschrift für M. Winternitz, Leifzig 1933.
H. Beckh. Udānavarga, nach dem kanjur und Tanjur, Berlin 1911.
Sylvain Lévi. L'Apramādavarga. Étude sur les recensions des Dharmapadas, Journ. Asiatique 1912, P. 203-294.
Sylvain Lévi. Fragments de textes kontchéens, Udānastotra, Udānālaṃkāra et Karmavibhaṅga, Paris 1933.

P. N. Chakravarti. L'Udānavarga sanskrit. Tome I. (chapitres I-XXI), Paris 1930.

John Brough. The Gāndhārī Dharmapada : Edited with an Introduction and Commentary, London Oriental Series, vol. 7. London Oxford University Press. 1962.

Franz Bernhard. Udānavarga, Band I. Abhandlungen der Akademie der Wissenschaften in Göttingen Philologisch-Historische Klasse. Göttingen : Vandenhoeck & Ruprecht, 1965.

Gustav Roth. "Text of Patna Dharmapada" Die Sprache der ältesten buddhistischen Überlieferung : The language of the Earliest Budddhist Tradition, herausgegeben von Heinz Bechert, pp. 97-135, Abhandlungen der Akademie der Wissenschaften in Göttingen, Göttingen : Vandenhoeck & Ruprecht, 1980.

Gustav Roth. "Supplement : Note on Patna Dharmapada" Die Sprache der ältesten buddhistischen Überlieferung : The language of the Earliest Budddhist Tradition, herausgegeben von Heinz Bechert, pp. 93-97. Abhandlungen der Akademie der Wissenschaften in Göttingen, Göttingen : Vandenhoeck & Ruprecht, 1980.

● 한역대장경-법구경

法救撰二卷 吳維祇難譯 法句經 A. D. 224년[大正 4, 559-574]

法救撰西秦法炬共法立譯 法句比喩經四卷 A. D. 209-306[大正 4, 575-608]

法救撰姚秦竺佛念譯 出曜經三十經 A. D. 398-389[大正 4, 609-776]

法救撰宋天息災譯 法集要頌經四卷 A. D. 980-1000[大正 4, 777-798]

● 티베트대장경-법구경

Chos-skyob(Dharmatrāta : 法救), trs. by Rin-chen-mchog (Vidyāparabhakara), Che-du brjod-pa'i tshoms(Udānavarga : 優陀那遍), Tibetan Tripiṭaka 36, Peking edition. no. 992.

Chos-skyob(Dharmatrāta : 法救), trs. by Rin-chen-mchog (Vidyāparabhakara). Che-du brjod-pa'i tshoms(Udānavarga: 法集要頌經), Tibetan Tripiṭaka 119, Peking edition. no. 5600.

Prajñāvarman, trs. by Śākya blo-gros(Janadhana). Che-du brjod-pa'i tshoms kyi rnam-par 'grel-pa(Udānavargavivaraṇa : 優陀那遍註解), Tibetan Tripiṭaka 119, Peking edition. no. 5601.

● 법구경의 현대적 번역

V. Fausbøll. Dhammapadam : Ex tribus codicibus hauniensibus palice edidit, latine vertitt, exertis ex commentario palico nostique illustravit, Copenhagen : 1855. Second edition(text and Latin traslation only) London, 1900.

F. Max Müller. The Dhammapada : A Collection of Verses, being one of the canonical books of the Buddhist. Translated from Pali, Sacred Books of the East, vol. 10. Oxford : Clarendon Press, 1881.

K. E. Neumann. Dhammapadam - Der Wahrheitpfad, R. Piper & Co. Verlag München, 1918.

R. Otto Franke. Dhamma-Worte, dhammapada des südbuddhistischen Kanons. Eugen Diederichs. 1923.

Paul Dalke. Dhammapada, Die älteste buddhistische Sammlung. Heidelberg. Arkana Verlag. 1923.

R. et M. de Maratray. Le Dhammapada, Paris. 1931.

C. A. F. Rhys Davids. The Minor Anthologies the Pali Canon; Part I, Dhammapada and Khuddakapaṭha. London : Pali Text

Society, 1931(Sacred Books of the Buddhist, vol. 7)
P. L. Vaidya. The Dhammapadam. Text in Devanāgarī, with English translation. 2ed. in Poona 1934
Irving Babbitt. The Dhammapada. New York and London, Oxford University Press, 1936
Radhakrishnan, S. The Dhammapada, with Introductory Essays, Pali Text, English Translation and Notes. London : Oxford University Press, 2nd impression, 1950.
Nārada, The Dhammapada, Pāli Text and translation with stories in brief and note. B.M.S. Publication. Colombo. 1963
Juan Mascaro, The Dhammapada - The Path of Perfection, Penquin Books, Juan Mascaro. 1973
Nyanatiloka, Dhammapada - Worte des Buddhas. Jhana Verlag Uttenbrühl 1995.
Eknath Easwaren, The Dhammapada, The Blue Mountain Center of Meditation. CA. USA. 1985/ Dhammapada, Buddhas zentrale Lehren, Aus dem Englishen von Peter Kobbe. Goldmann Arkana, Wilhelm Goldmann Verlag Müchen. 2006
Guy Serraf, Dhammapada, Les Versets de la Coctrine Bouddique. Pagode Buddharatanarama. 1985
John Ross Carter & Mahinda Paliwadana, The Dhammapada, A New English Translation with Pali Text and the First English Translation of Commentary's Explanation of the Verses with Notes Translated from Sinhala Sources and Critical Textual Comments. New York, Oxford. Oxford University Press 1987
Munish B. Schickel, Dhammapada - die Weisheitslehren des Buddha. Herder Verlag, Freiburg. Base. Wien. 1998.
Eugene Watson Burlingame, Buddhist Legends, trs. from original Pali Text of Dhammapada Commentary. (London : PTS, 1995)

Gil Fronsdal, The Dhammapada, A New Translation of the Buddhist Classics with Annotations. Shambala Publications, Inc. Boston. 2005.

dGe-'dun Chos-'phel, Dhammapada, trs. into English from Tibetan by Dharma Publishing Staff. Dharma Publishing. Califonia 1985.

常般大定著, 『英漢對照和譯法句經』, 東京, 森江書店(大正13年)

立花俊道譯, 『國譯大藏經』 經部, 第12卷 (1918年)

荻原雲來譯, 『法句經』, 岩派文庫1191 東京, 岩派書店 1935年

辻直四郎譯, 『法句經』, 南傳大藏經 第23卷 小部 1 東京, 1937年

長井眞琴譯, 『ダンマパダ』, 玄同社, 1948年

渡辺照宏譯, 『新譯法句經講話』, 東京大法輪閣, 1951年

友松圓諦譯, 『ダンマパダ(法句經)』, 東京, 神田寺, 1961年

丹生實憲, 『法句經對照硏究』, 高野山, 日本印度學會, 1967年

水野弘元, <法句經對照表>, 佛敎硏究. 國際佛敎徒協會, 제3호(昭和48年), 제5호(昭和51년)

中村元, 『眞理のことば』, 岩派文庫 33-302-1 東京, 1978年

● 법구경의 한글번역

서경수, 『법구경』, 홍법원, 서울, 1966

정태혁, 『법구경 에피소드』, 민족사, 서울, 1991

이병두, 『영어로 읽는 법구경』, 불교시대사, 서울, 2003

활 안, 『법구경』, 불교통신교육원, 서울, 2003

한갑진, 『법구경』, 한진출판사, 서울, 1994

석지현, 『법구경』, 민족사, 서울, 1994

법정, 『진리의 말씀』, 이레, 서울, 1999

한명숙, 『법구경』, 홍익출판사, 서울, 1999

거해 스님, 『법구경 Ⅰ·Ⅱ』, 고려원, 서울, 1996

빠알리어 한글표기법

빠알리어는 구전되어 오다가 각 나라 문자로 정착되었으므로 고유한 문자가 없다. 그러므로 일반적으로 빠알리성전협회(Pali Text Society)의 표기에 따라 영어 알파벳을 보완하여 사용한다. 빠알리어의 알파벳은 41개이며, 33개의 자음과 8개의 모음으로 되어 있다. 모음에는 단모음과 장모음이 있다. a, ā, i, ī, u, ū, e, o 모음의 발음은 영어와 같다. 단 단음은 영어나 우리말의 발음보다 짧고, 장음은 영어나 우리말보다 약간 길다. 단음에는 a, i, u가 있고, 장음에는 ā, ī, ū, e, o가 있다. 유의할 점은 e와 o는 장모음이지만 종종 복자음 앞에서 짧게 발음된다 : metta, okkamati.

ka는 '까'에 가깝게 발음되고, kha는 '카'에 가깝게 소리나므로 그대로 표기한다. ga, gha는 하나는 무기음이고 하나는 대기음이지만 우리말에는 구별이 없으므로 모두 '가'으로 표기한다. 발음에서 특히 유의해야 할 것은 aṅ은 '앙'으로, añ은 '얀'으로, aṇ은 '안, 언'으로, an은 '안'으로, aṁ은 그 다음에 오는 소리가 ① ② ③ ④ ⑤일 경우에는 각각 aṅ, añ, aṇ, an, am으로 소리나며, 모음일 경우에는 '암', 그 밖의 다른 소리일 경우에는 '앙'으로 소리난다.

그리고 y와 v일 경우에는 일반적으로 영어처럼 발음되지만 그 앞에 자음이 올 경우와 모음이 올 경우 각각 발음이 달라진다. 예를 들어 aya는 '아야'로 tya는 '띠야'로 ava는 엄밀하게 '아봐'로 일반적으로 '아바'로 tva는 '뜨와'로 소리난다. 또한 añña

는 어원에 따라 '앙냐' 또는 '안냐'로 소리난다. 예를 들어 *sk.* saṁjñā에서 유래한 saññā는 쌍냐로 *sk.* prajñā에서 유래한 paññā는 '빤냐'로 읽는 것이 좋다. yya는 '이야'로 소리난다. 폐모음 ② ③ ④가 묵음화되어 받침이 될 경우에는 ㅅ, ①은 ㄱ ⑤는 ㅂ으로 표기한다.

글자의 사전적 순서는 위의 모음과 자음의 왼쪽부터 오른쪽으로의 순서와 일치한다. 단지 ṁ은 항상 모음과 결합하여 비모음에 소속되므로 해당 모음의 뒤에 배치된다.

빠알리어나 범어에 대한 정확한 발음은 본 협회의 개정판 ≪빠알리-한글사전≫을 참고하기 바란다. 그리고 이미 관행으로 굳어진 발음은 그대로 채용한다.

자음(子音)	폐쇄음(閉鎖音)				비음(鼻音)
	무성음(無聲音)		유성음(有聲音)		
	무기음	대기음	무기음	대기음	무기음
① 후음(喉音)	ka 까	kha 카	ga 가	gha 가	ṅa 나
② 구개음(口蓋音)	ca 짜	cha 차	ja 자	jha 자	ña 냐
③ 권설음(捲舌音)	ṭa 따	ṭha 타	ḍa 다	ḍha 다	ṇa 나
④ 치음(齒音)	ta 따	tha 타	da 다	dha 다	na 나
⑤ 순음(脣音)	pa 빠	pha 파	ba 바	bha 바	ma 마
⑥ 반모음(半母音)	ya 야, 이야 va 바, 와				
⑦ 유활음(流滑音)	ra 라 la ㄹ라 ḷa ㄹ라				
⑧ 마찰음(摩擦音)	sa 싸				
⑨ 기식음(氣息音)	ha 하				
⑩ 억제음(抑制音)	ṁ -ㅇ, -ㅁ, -ㄴ				

불교의 세계관

불교의 세계관은 일반적으로 알려진 것처럼 단순히 신화적인 비합리성에 근거하는 것이 아니라 인간의 정신세계인 명상수행의 차제에 대응하는 방식으로 합리적으로 조직되었다. 물론 고대 인도의 세계관을 반영하고 있는 것은 사실이지만 언어의 한계를 넘어선다면 보편적인 우주의 정신세계를 다루고 있다고 볼 수 있다.

여기서 세계의 존재(有 : bhavo)라고 하는 것은, 엄밀히 말하면 육도윤회하는 무상한 존재를 의미하며, 감각적 쾌락에 대한 욕망의 세계(欲界), 미세한 물질의 세계(色界), 비물질의 세계(無色界)라는 세 가지 세계의 존재가 언급되고 있다. 감각적 쾌락에 대한 욕망의 세계, 즉 감각적 욕망계의 존재(欲有 : kāmabhava)는 지옥, 아귀, 축생, 수라, 인간뿐만 아니라 욕계의 하늘에 사는 거친 신체를 지닌 존재를 의미한다.

미세한 물질의 세계, 즉 색계에 사는 존재(色有 : rūpabhava)는 하느님의 세계의 하느님의 권속인 신들의 하늘(梵衆天)에서 궁극적인 미세한 물질로 이루어진 신들의 하늘(色究竟天=有頂天)에 이르기까지 첫 번째 선정에서 네 번째 선정에 이르기까지 명상의 깊이를 조건으로 화생되는 세계를 말한다. 따라서 이들 세계는 첫 번째 선정의 하느님의 세계의 신들(初禪天)에서부터 청정한 삶을 사는 하늘나라의 신들(Suddhāvāsakāyikā devā : 淨居天은 無煩天, 無熱天, 善現天, 善見天, 色究竟天)까지의 이름으로도 불린다. 초선천부터는 하느님의 세계에 소속

된다.

가장 높은 단계의 세계인 비물질의 세계, 즉 무색계에 사는 존재(無色有 : arūpabhava)에는 '무한공간의 하느님의 세계의 신들'(空無邊處天), '무한의식의 하느님의 세계의 신들'(識無邊處天), '아무 것도 없는 하느님의 세계의 신들'(無所有處天), '지각하는 것도 아니고 지각하지 않는 것도 아닌 하느님의 세계의 신들'(非想非非想處天)이 있다. '무한공간의 세계'에서 '지각하는 것도 아니고 지각하지 않는 것도 아닌 세계'에 이르기까지는 첫 번째 비물질계의 선정에서 네 번째의 비물질계의 선정에 이르기까지의 명상의 깊이를 조건으로 화현하는 비물질의 세계이다.

이들 하늘나라(天上界)나 하느님세계(梵天界)에 사는 존재들은 화생, 인간은 태생, 축생은 태생·난생·습생·화생의 발생방식을 택하고 있다. 그것들의 형성조건은 윤리적이고 명상적인 경지를 얼마만큼 성취했는지에 달려있다.

하늘나라의 감각적 쾌락에 대한 욕망의 세계에 태어나려면 믿음과 보시와 지계와 같은 윤리적인 덕목을 지켜야 한다. 인간으로 태어나기 위해서는 오계에 대한 인식이 있어야 한다. 그리고 아수라는 분노에 의해서, 축생은 어리석음과 탐욕에 의해서, 아귀는 간탐(慳貪)과 집착(執着)에 의해서, 지옥은 잔인함과 살생을 저지르는 것에 의해서 태어난다.

미세한 물질의 세계에 속해 있는 존재들은 첫 번째 선정[初禪]에서부터 네 번째 선정[四禪]에 이르기까지 명상의 깊이에 따라 차별적으로 하느님의 세계에 태어난다. 미세한 물질의 세계의 최상층에 태어나는 존재들은 돌아오지 않는 님[不還者]

의 경지를 조건으로 한다. 물질이 소멸한 비물질적 세계의 존재들은 '무한공간의 세계'에서 '지각하는 것도 아니고 지각하지 않는 것도 아닌 세계'에 이르기까지 비물질적 세계의 선정의 깊이에 따라 차별적으로 각각의 세계에 태어난다.

불교에서 여섯 갈래의 길(六道)은 천상계, 인간, 아수라, 축생, 아귀, 지옥을 말하는데, 이 때 하늘나라(天上界)는 감각적 쾌락의 욕망이 있는 하늘나라(欲界天)와 하느님의 세계(梵天界)로 나뉘며, 하느님의 세계는 다시 미세한 물질의 세계와 비물질의 세계로 나뉜다. 그리고 부처님께서는 이러한 육도윤회의 세계를 뛰어넘어 불생불멸하는 자이다. 여기 소개된 천상의 세계, 즉 하늘의 세계에 대하여 이 책에서는 다음과 같이 번역한다.

1) 감각적 쾌락에 대한 욕망의 세계의 여섯 하늘나라

① 네 위대한 왕들의 하늘나라(Cātummahārājikā devā : 四王天) ② 서른셋 신들의 하늘나라(Tāvatiṁsā devā : 三十三天=忉利天) ③ 축복 받는 신들의 하늘나라(Yāmā devā : 夜摩天) ④ 만족을 아는 신들의 하늘나라(Tusitā devā : 兜率天) ⑤ 창조하고 기뻐하는 신들의 하늘나라(Nimmānaratī devā : 化樂天) ⑥ 다른 신들이 창조한 것을 누리는 신들의 하늘나라(Paranimmitavasavattino devā : 他化自在天),

2) 첫 번째 선정의 세계의 세 하느님의 세계

⑦ 하느님의 권속인 신들의 하느님의 세계(Brahmakāyikā devā : 梵衆天) ⑧ 하느님을 보좌하는 신들의 하느님의 세계

(Brahmapurohitā devā : 梵輔天) ⑨ 위대한 신들의 하느님의 세계(Mahābrahmā devā : 大梵天)

3) 두 번째 선정의 세계의 세 하느님의 세계

⑩ 작게 빛나는 신들의 하느님의 세계(Parittābhā devā : 小光天) ⑪ 한량없이 빛나는 신들의 하느님의 세계(Appamāṇābhā devā : 無量光天) ⑫ 빛이 흐르는 신들의 하느님의 세계(Ābhāssarā devā : 極光天, 光音天)

4) 세 번째 선정의 세계의 세 하느님의 세계

⑬ 작은 영광의 신들의 하느님의 세계(Parittasubhā devā : 小淨天) ⑭ 한량없는 영광의 신들의 하느님의 세계(Appa-māṇasubhā devā : 無量淨天) ⑮ 영광으로 충만한 신들의 하느님의 세계(Subhakiṇṇā devā : 遍淨天)

5) 네 번째 선정의 세계의 아홉 하느님의 세계

⑯ 번뇌의 구름이 없는 신들의 하느님의 세계(Anabbhakā devā : 無雲天「大乘」) ⑰ 공덕이 생겨나는 신들의 하느님의 세계(Puññappasavā devā : 福生天「大乘」) ⑱ 위대한 경지를 얻는 신들의 하느님의 세계(Vehapphalā devā : 廣果天) ⑲ 지각을 초월한 신들의 하느님의 세계(Asaññasattā devā : 無想有情天) = 승리하는 신들의 하느님의 세계(Abhibhū devā : 勝者天) ⑳ 성공으로 타락하지 않는 신들의 하느님의 세계(Avihā devā : 無煩天) ㉑ 괴로움이 없는 신들의 하느님의 세계(Atappā devā : 無熱天) ㉒ 선정이 잘 이루어지는 신들의 하느님의 세

계(Sudassā devā : 善現天) ㉓ 관찰이 잘 이루어지는 신들의 하느님의 세계(Sudassī devā : 善見天) ㉔ 궁극적인 미세한 물질로 이루어진 신들의 하느님의 세계(Akaniṭṭhā devā : 色究竟天=有丁天) 그리고 이 가운데 ⑳-㉔의 다섯 하느님 세계는 청정한 삶을 사는 신들의 하느님 세계(Suddhāvāsa devā : 淨居天)이라고도 한다.

6) 비물질적 세계에서의 네 하느님의 세계

㉕ 무한공간의 신들의 하느님의 세계(Ākāsānañcāyatanūpagā devā : 空無邊處天) ㉖ 무한의식의 신들의 하느님의 세계(Viññāṇañcāyatanūpagā devā : 識無邊處天) ㉗ 아무 것도 없는 신들의 하느님의 세계(Ākiñcaññāyatanūpagā devā : 無所有處天) ㉘ 지각하는 것도 아니고 지각하지 않는 것도 아닌 신들의 하느님의 세계(Nevasaññānāsaññāyatanūpagā devā : 非想非非想處天

형성조건	발생방식	명 칭(漢譯 : 수명)		분 류			
無形象	化生	nevasaññanāsaññāyatana(非想非非想處天 : 84,000劫) akiñcaññāyatana (無所有處天 : 60,000劫) viññāṇañcāyatana(識無邊處天 : 40,000劫) ākāsānañcāyatana(空無邊處天 : 20,000劫)		梵天界	無色界	天上界	善業報界
형 상 또는 물질의 소 멸							
不還者의 清淨 (四禪)	化生	akaniṭṭha(色究竟天=有頂天 : 16000劫) sudassin(善見天 : 8,000劫) sudassa(善現天 : 4,000劫) atappa(無熱天 : 2,000劫) aviha(無煩天 : 1,000劫)	suddhāvāsa (淨居天)	梵天界	色界	天上界	善業報界
四禪	化生	asaññasatta(無想有情天)=abhibhū(勝者天 : 500劫) vehapphala(廣果天 : 500劫) puññappasava(福生天 : 大乘) anabhaka(無雲天 : 大乘)		梵天界	色界	天上界	善業報界
三禪	化生	subhakiṇṇa(遍淨天 : 64) appamāṇasubha(無量淨天 : 32) parittasubha(小淨天 : 16)		梵天界	色界	天上界	善業報界
二禪	化生	ābhassara(極光天 : 8劫) appamāṇābha(無量光天 : 4劫) parittābha(小光天 : 2劫)		梵天界	色界	天上界	善業報界
初禪	化生	mahābrahmā(大梵天 : 1劫) brahmapurohita(梵輔天 : 1/2劫) brahmapārisajja(梵衆天 : 1/3劫)		梵天界	色界	天上界	善業報界
다섯 가지 장애(五障)의 소멸							
信 布施 持戒	化生	paranimmitavasavattī (他化自在天 : 500天上年=9,216百萬年) nimmāṇarati(化樂天 : 8,000天上年=2,304百萬年) tusita(兜率天 : 4,000天上年=576百萬年) yāma(夜摩天 : 2,000天上年=144百萬年) tāvatiṁsa(三十三天 : 1,000天上年=36百萬年) cātumāharājikā(四天王 : 500天上年=9百萬年)		天上의欲界	欲界	天上界	善業報界
五戒	胎生	manussa(人間 : 非決定)			欲界	人間	善業報界
瞋恚	化生	asura(阿修羅 : 非決定)			欲界	修羅	惡業報界
慳貪 執著	化生	peta(餓鬼 : 非決定)			欲界	餓鬼	惡業報界
愚癡 貪欲	胎生 卵生 濕生 化生	tiracchāna(畜生 : 非決定)			欲界	畜生	惡業報界
殘忍 殺害	化生	niraya(地獄 : 非決定)			欲界	地獄	惡業報界

※ 天上의 欲界의 하루는 四天王부터 他化自在天까지 각각 인간의 50년, 100년, 200년, 400년, 800년, 1,600년에 해당하고 人間이하의 수명은 결정되어 있지 않다.

고유명사와 비유의 색인

한국빠알리성전협회

Korea Pali Text Society

Founded 1997 by Cheon, Jae Seong

한국빠알리성전협회는 빠알리성전협회의 한국대표인 전재성 박사가 빠알리성전, 즉 불교의 근본경전인 빠알리삼장의 대장경을 우리말로 옮겨 널리 알리기 위한 목적으로, 당시 빠알리성전협회 회장인 리챠드 곰브리지 박사의 승인을 맡아 1997년 설립하였습니다. 그 구체적 사업으로써 빠알리성전을 우리말로 옮기는 한편, 부처님께서 사용하신 빠알리어의 이해를 돕기 위하여, 사전, 문법서를 발간하였으며, 기타 연구서, 잡지, 팸플릿, 등을 출판하고 있습니다. 부처님의 가르침을 빠알리어에서 직접 우리말로 옮겨 보급함으로써 부처님의 가르침이 누구에게나 쉽게 다가가고, 명료하게 이해되도록 더욱 노력할 것입니다. 한국빠알리성전협회는 부처님의 가르침으로써, 이 세상이 지혜와 자비가 가득한 사회로 나아가게 되기를 바랍니다.

한국빠알리성전협회

120-090 서울 서대문구 모래내로430 # 102-102

TEL : 02-2631-1381 FAX : 02-2219-3748

홈페이지 www. kptsoc. org

빠알리성전협회

Pali Text Society

세계빠알리성전협회는 1881년 리스 데이비드 박사가 '빠알리성전의 연구를 촉진시키고 발전시키기 위해' 영국의 옥스퍼드에 만든 협회로 한 세기가 넘도록 동남아 각국에 보관되어 있는 빠알리 성전을 로마자로 표기하고, 교열 출판한 뒤에 영어로 옮기고 있습니다. 또한 사전, 색인, 문법서, 연구서, 잡지 등의 보조서적을 출판하여 부처님 말씀의 세계적인 전파에 불멸의 공헌을 하고 있습니다.

President : Dr. R. M. L. Gethinn, Pali Text Society

73 Lime Walk Headington Oxford Ox3 7AD, England

빠알리성전 간행에 힘을 보태주십시오

이 세상에 꽃비가 되어 흩날리는 모든 공덕의 근원은 역사적인 부처님께서 몸소 실천하신 자비의 한걸음 한걸음 속에 있습니다. 한국빠알리성전협회는 부처님의 가르침을 생생한 원음으로 만나고자 원하는 분들을 위하여 부처님말씀을 살아 있는 오늘의 우리말로 번역 보급하고 있습니다. 불교를 알고자 하는 분이나 좀 더 깊은 수행을 원하는 분에게 우리말 빠알리대장경은 세상에 대한 앎과 봄의 지혜를 열어줄 것입니다. 한국빠알리성전협회에 내시는 후원금이나 회비 그리고 책판매수익금은 모두 빠알리성전의 우리말 번역과 출판, 보급을 위해 쓰입니다. 작은 물방울이 모여서 바다를 이루듯, 작은 정성이 모여 역경불사가 원만히 성취되도록 많은 격려와 성원을 부탁드립니다.

신한은행 313-04-195605 국민은행 752-21-0363-543
우리은행 110-319399-02-101 농 협 023-02-417420
전재성

명예 발간인을 초빙합니다.

빠알리성전협회에서는 경전은 기본적으로 천권 단위로 출간을 합니다. 새로 번역되는 경전의 출간뿐만 아니라 이미 역출하여 발간된 경전도 지속적으로 재간하여 가르침의 혈맥이 법계에 끊이지 않고 전파되도록 개인이나 가족단위로 기부가 이루어지고 있습니다. 본협회에서는 한 번에 천권 단위의 경전을 출간할 때에 필요한 최소한의 출판비를 전액 기부하시는 분에게는 그 경전의 명예 발간인으로 초대되어 발간사를 헌정하는 전통을 갖고 있습니다. 이미 출간된 많은 경전이 오 년 내지 칠 년이 지나 재출간을 기다리고 있습니다. 명예발간인은 역경된 빠알리성전의 출간뿐만 아니라 그러한 재출간이나 개정본출간에도 발간사를 헌정할 수 있습니다. 또한 원한다면, 명예발간인은 본협회발행의 경전들 가운데 어떤 특정한 경전을 지정하여 출간비를 보시할 수도 있습니다. 단, 그럴 경우 경전에 따라서 재출간되기까지 상당한 시일이 소요될 수 있습니다.

빠알리대장경구성과 약어표시	
빠알리삼장	주석서
Vinaya Piṭaka(律藏)	Samantapāsādikā(Smp.善見律毘婆沙疏) Kaṅkhāvitaraṇī(on Pātimokkha) (解疑疏 : 戒本에 대한 것)
Sutta Piṭaka(經藏);	
Dīgha Nikāya(DN.長部阿含)	Sumaṅgalavilāsinī(Smv.妙吉祥讚)
Majjhima Nikāya(MN.中部阿含)	Papañcasūdanī(Pps.滅戱論疏)
Saṁyutta Nikāya(SN.相應阿含)	Sāratthappakāsinī(Srp.要義解疏)
Aṅguttara Nikāya(AN.增部阿含)	Manorathapūraṇī(Mrp.如意成就)
Khuddaka Nikāya(小部阿含);	
Khuddakapāṭha(小誦經)	Paramatthajotikā(I)(Prj.勝義明疏)
Dhammapada(Dhp.法句經)	Dhamapadaṭṭhakathā(DhpA.法句義釋)
Udāna(Ud.自說經)	Paramatthadīpanī(I)(UdA.勝義燈疏)
Itivuttaka(It.如是語經)	Paramatthadīpanī(II)(ItA.勝義燈疏)
Suttanipāta(Stn.經集)	Paramatthajotikā(II)(Prj.勝義明疏)
Vimānavatthu(天宮事)	Paramatthadīpanī(III)(勝義燈疏)
Petavatthu(餓鬼事)	Paramatthadīpanī(IV)(勝義燈疏)
Theragāthā(Thag.長老偈)	Paramatthadīpanī(V)(勝義燈疏)
Therīgāthā(Thig.長老尼偈)	
Jātaka(Jāt.本生經)	Jātakaṭṭhavaṇṇanā(本生經讚)
Niddesa(Nid.義釋)	Saddhammapajotikā(妙法解疏)
Paṭisambhidāmagga(Paṭis.無碍解道)	Saddhammappakāsinī(妙法明釋)
Apadāna(Ap.譬喩經)	Visuddhajanavilāsinī(淨人贊疏)
Buddhavaṁsa(佛種姓經)	Madhuratthavilāsinī(如蜜義讚)
Cariyāpiṭaka(所行藏)	Paramatthadīpanī(VII)(勝義燈疏)
Abhidhamma Piṭaka(論藏);	
Dhammasaṅgaṇi(法集論)	Aṭṭhasālinī(勝義論疏)
Vibhaṅga(分別論)	Sammohavinodani(除迷妄疏)
Dhātukathā(界論)	Pañcappakaraññatthakathā(五論義疏)
Puggalapaññatti(人施設論)	Pañcappakaraññatthakathā(五論義疏)
Kathavatthu(論事)	Pañcappakaraṇatthakathā(五論義疏)
Yamaka(雙論)	Pañcappakaraṇatthakathā(五論義疏)
Tikapaṭṭhāna(發趣論)	Pañcappakaraṇatthakathā(五論義疏)
Dukapaṭṭhāna(發趣論)	Pañcappakaraṇatthakathā(五論義疏)

Dhp. 129.

어느 누구나 폭력을 무서워한다.
모든 존재들에게 죽음은 두렵기 때문이다.
그들 속에서 너 자신을 인식하라.
괴롭히지도 말고 죽이지도 말라.

All men tremble at punishment, all men fear death; remember that you are like unto them, and do not kill, nor cause slaughter.